钱文忠说佛

钱文忠/著

开解人生困惑的觉悟指南

线装书局

图书在版编目（CIP）数据

钱文忠说佛：开解人生困惑的觉悟指南 / 钱文忠著. —— 北京：线装书局，2022.9
ISBN 978-7-5120-4673-3

Ⅰ.①钱… Ⅱ.①钱… Ⅲ.①佛学－通俗读物 Ⅳ.①B94-49

中国版本图书馆CIP数据核字（2022）第009934号

钱文忠说佛——开解人生困惑的觉悟指南
QIAN WENZHONG SHUOFO——KAIJEI RENSHENG KUNHUO DE JUEWU ZHINAN

作　　者：	钱文忠
责任编辑：	程俊蓉
出版发行：	线裝書局
	地　址：北京市丰台区方庄日月天地大厦B座17层（100078）
	电　话：010-58077126（发行部）010-58076938（总编室）
	网　址：www.zgxzsj.com
经　　销：	新华书店
印　　制：	石家庄继文印刷有限公司
开　　本：	710mm×1000mm　1/16
印　　张：	21.5
字　　数：	230千字
版　　次：	2022年9月第1版第1次印刷
印　　数：	00001—50000册
定　　价：	59.80元

线装书局官方微信

序　用出世的心态，做入世的事情

我的老师季羡林先生在晚年提出过"大国学"的概念。季羡林先生讲，国学绝不仅仅是汉族的文化传统和文化成就，更不仅仅是儒家的文化传统或者文化成就。国学的范围应该更大，它最起码应该包括在漫长的历史时期，中华民族向其他民族、其他国家、其他文化学习的结果。

同时，中国有五十六个民族，所以，大国学还包括除汉族以外，其他五十五个民族的文化成就。其中，佛教文化是重要的组成部分，有着重要的地位和作用。

今天为大家讲述佛的故事和佛的文化。

可能很多朋友会问，为什么我们要在今天讲"佛"呢？"佛"这个课题有什么意义和价值？我想用最简单的办法给大家做个介绍。

我们都知道人类历史上出现过很多宗教。就我们中国而言，除了影响力比较大的五大宗教——佛教、道教、基督教、天主教、伊斯兰教以外，还在一定的时间、地域和人群内流行过其他一些宗教。这些宗教没有能够像五大宗教特别是佛教那样，在中国产生过时间如此之长、范围如此之广、信奉人数如此之多的影响和作用。

佛教作为世界性的大宗教，在最近几十年里，有了长足的发展。佛教逐渐在世界各地传播开来，比如在美洲、欧洲，甚至在非洲。所以，佛教毫无疑问是一个世界性的大宗教。佛教曾经对人类文化做出过重大贡献。今天依然在为人类文化做着贡献。在未来，它一定还会对人类文化做出它的贡献。

佛教和其他宗教有很多相通点。但是也许有人会问，佛教和其他宗教相比，它有没有自己的特点呢？它最大的特点或者说不同到底在哪里呢？毫无疑问，佛教有它自己的特点。

佛教几乎没有排他性，它的包容性非常强，而且历史上有些学者，包括现代也有学者，甚至认为不能用一般意义上的宗教概念来界定佛教。

我们可以看到，从某种意义上来讲，佛教更像是一种教育，一种入世的社会教育。佛教提倡用出世的心态做入世的事情。佛教及其文化不是独立于世界之外的世外桃源，它不消极，不逃避。佛教入世于这个社会，它的核心表现为智慧、清净、圆满、庄严、真诚、大爱、平等、慈悲，等等。它可以在相当程度上推动社会的道德文明，净化人心，净化社会，推动大众、家庭、社会净土化。

另外，佛教也是净化心灵的教育，它提倡破迷开悟，去除掉人们的愚痴无明、业障习气、颠倒邪见，洗涤人的心灵。所以佛教也是心灵的教育，还是生活的教育。佛教不离世间法。

具体地说，佛教本来就在生活当中。它告诉我们，色身是四大假合，本来就是无常。所以我们在因果规律的作用下，得此人生，来到世间。今世，你从何处来？来世，你往何处去？这个取决于个人的觉或者迷。你是有觉悟，还是有痴迷，是由个人所造成的因果业力来决定的。换句话说，人要对自己的行为负责。

所以，佛教在很大程度上，是一种教育。在今天，中国正在快速地现代化，我们的社会飞速地发展。正因为佛教及其文化有四大功能，它的价值就能够得到特别彰显，我把它总结为——

第一，佛教具有超地域的凝聚功能。它能够突破各种地域的局限，把大家凝聚起来。第二，佛教具有超专业的教育功能。现代社会专业化程度越来越高，不同的专业领域之间很难交流，但是佛教文化能够突破专业的阻隔，提供一种普世的、大家都需要的教育。第三，佛教在现代社会具有抚慰功能。现代人经常有各种烦恼，好多烦恼是莫名的，说不清、道不明，就是它好像无法像过去那样简单而明确地归在哪一类里面。佛教文化在这个问题上，能够提供很多启示。它能够发挥抚慰功能，抚慰我们的身心。第四，它还有超界别的社会功能。

基于这样的理由，我打算为大家讲述佛、佛教和佛教文化的故事。先讲述佛教的创始人佛陀的生平故事。我们知道，佛教的说教色彩不是那么强烈。佛教里边有很多故事，大部分都非常生动。我还会讲述佛陀在世的时候和他涅槃以后不久的那个历史阶段里提出的、确立的、弘扬的一些学说和道理,或者也叫佛法。

讲完这些,如果因缘仍在,那么我们接着再讲。希望我在后面六十讲的篇幅里,能够用尽量生动的语言,为大家讲述佛和佛教文化丰富的历史内涵,讲述它精彩的历史轨迹。感谢大家的陪伴和阅读。

目录

1	文化的交融：来得好	001
2	原来如此，这些话的出处在这里	005
3	那些古代名人名字里的秘密	012
4	古印度的主流思想	019
5	如何看待种姓制度	024
6	对外道的批判	031
7	诞生自"轴心时代"	037
8	从印度经典里寻找历史的足迹	042
9	稀缺的个人档案	047
10	身份证信息（上）：姓名和籍贯	054
11	身份证信息（下）：出生和民族	061
12	以平息人间苦难之名出世	066
13	当母亲做了白象梦	071
14	作为觉悟者来到世上	076

15	仙人的预言	083
16	养尊处优，却与众不同	089
17	无争无抢的自然品性	095
18	少年之身却心如老树	101
19	无欲无求	106
20	以提高择偶标准来拒绝婚姻	112
21	直面：当爱情来临时	118
22	有过世俗生活，也许会获得更高的智慧	123
23	比武招亲	128
24	面对亲情的羁绊，如何选择	133
25	"在家"还是"出家"	138
26	追求：精进无为，护念众生	144
27	爱欲：最大的诱惑和考验	151
28	有相会的欢喜，就有别离的痛苦	157
29	从苦海里解救众生	163
30	断发割须，舍弃了一切物欲	169

31	寻找自己的道路	174
32	最初的守护者	179
33	远离贪欲，除却烦恼	184
34	一味苦行，并不能脱离苦痛	189
35	制伏和折磨自己的身体	194
36	放弃苦修，寻找新的解脱方式	200
37	愉快禅定，降伏心魔	206
38	破晓时分，思索一切之源头	212
39	到底悟出了智慧	218
40	最早的居士	223
41	说服自己为众生说法	228
42	黑暗世界中，捶响不死鼓	232
43	宣说四谛妙法	238
44	船人憾失修法之机	244
45	后夜时分，初转法轮	249
46	"中道"和"四谛"	255

47	耶舍求法：第六位比丘来了	261
48	队伍不断壮大	265
49	迦叶三兄弟	269
50	竹林精舍，传道授业解惑	274
51	浩荡的僧团	279
52	因材施教，有教无类	283
53	施主的善举	288
54	被教化了的波斯匿王	294
55	无法摆脱历史的制约	299
56	追随，因果已经成熟	304
57	内部的激烈斗争	309
58	谤毁圣说，决生邪见，定断善根	315
59	涅槃之前	321
60	尾声　涅槃	326

① 文化的交融：来得好

今天能与大家分享关于佛与佛教文化的故事，我觉得就不能仅仅用"因缘"两个字来描述了。按照佛教文化和佛教传统的说法，还应在"因缘"这两个字前面加上"殊胜"两个字，叫"殊胜因缘"。也就是说，这是特别好的一种因缘，非常圆满的一种因缘。

今年是 2019 年，三十五年以前，也就是 1984 年，当时我才十八岁，我以第一志愿考进了北京大学梵文、巴利文专业（当时叫东方语言文学系）学习，开始了我的大学生活。我们在练习梵文发音的时候，都觉得有点儿郁闷，因为梵文有些音很奇怪。

但是在我个人的记忆当中，当我经过了一段时间的学习以后，我突然吟诵到了这样一个句子（三十五年后的今天，我还能背诵出来）。

这句梵文的意思是说，吉祥天女躺在莲花上；湿婆坐在雪山上（雪山就是喜马拉雅）；毗湿奴睡在乳海上。大家一看到这三个主角的名字，都知道他们并不是佛教的,而是印度教的主神。

这个句子描写的这三个人很奇怪,吉祥天女在印度到今天也很重要,她睡在莲花上;湿婆当然很重要,大家如果到印度去旅游,到处可以见到湿婆的身影,他坐在喜马拉雅雪山上;毗湿奴也是个大神,他睡在乳海上,在印度的文化传统中,乳海是指用最纯洁的牛奶汇成的海洋。

为什么这三个人一个要睡在莲花上,一个要坐在喜马拉雅雪山上,一个要睡在乳海上呢?我认为他们是因为害怕臭虫。这说明喜马拉雅雪山和莲花、乳海一样的圣洁,一样的神圣,一样的纯洁。

大家如果读过佛经就会发现,当描写一个非常好的地方的时候,往往会说这个地方没有害虫,没有毒蛇猛兽,没有毒草,没有任何对人不好的东西。在印度文化传统当中,认定喜马拉雅雪山是一个不会有臭虫、不会有任何不好的东西的地方,非常圣洁、神圣。

在讲述佛陀和佛教文化的故事之前,我先向大家介绍一下佛陀和他所创立的佛教及其文化与中华文化之间水乳交融、密不可分的关系。

举几个简单的例子。比如理学的形成,就跟佛教有非常密切的关系;比如王阳明的"阳明心学"的形成,就跟佛教有非常密切的关系。再往前说一点儿,汉民族的一个本土宗教——道教,我们知道,道教从道家——当然还有别的来源——发展并最终形成道教,它又和佛教有密不可分的关系。更不必说禅宗,完全就是佛教中国化以后,形成的一个非常独特的佛教文化的流派。所以佛教与中华文化的关系非常密切。

我选一个词来说明佛教和中华文化的关系。什么词呢?这个又要把话题稍微扯得远一点儿。

很多人可能都看过《水浒传》吧,当然它与佛教没有什么太特别的关系。但是大家经常会看到一些打斗场面,当一个好汉碰到另一个好汉的时候,或者梁山一百单八将里边的某一位碰到官兵的时候,两家碰头,最早说的一句话是什么?

"来得好。""来将通名,来得好!"完了以后,大家啪啪啪打起来。

古代打仗跟今天不一样,按照《水浒传》里边的说法是,将军跟将军先打,然后小兵在旁边起哄。如果一个将军败了,那小兵就跟着跑了,然后得胜的将军就会率领他的部下进行掩杀。

好,我的问题来了:"来得好"是什么意思?《水浒传》里用的当然不是古汉语,它用的是近代汉语。实际上这三个字就是来自佛教的传统。佛教里边经常有人双手合十说:"善来善来。"当然,今天更多的人说:"善哉善哉。"其实"善来"和"善哉"是有所区别的,咱们在这里暂不展开讲。

"善来善来",什么意思?善,就是"好"的意思;来,就是"其来";"善来"就是"其来正好"。"善来"就出自印度的梵文。今天我们到印度去,会看到很多人向游客、来宾表示欢迎,双手合十,微微欠身,说:"善来!"比如现在咱们很多人到泰国去旅游,也会听到类似的发音,表示欢迎。后来到了汉语里边就变成了"来得好",意思还是"欢迎"。

大家把思路再拓展一点,想一想。很多读者朋友都学过英语,英语表示欢迎是哪个词呢?

welcome!"well"不就是"好"吗,"come"不就是"来"吗,这不就是"来得好"吗?德文里边的"willkommen"差不多是一样的情况。

"来得好"，这几个字就透露出很多信息，透露出佛教和中华文化的关系，透露出中华文化形成和发展壮大的过程，走向博大精深的过程，本身就是不断地对外交流，不断地从其他民族的优秀文化当中汲取养分和资源的过程。

所以，大家看来自梵文的这个词，在佛经里边翻译成了"善来善来"，到了近代汉语当中它变成了"来得好"。到今天，它就是欢迎的意思。所以，我特此用它对有缘接触到本书的读者表达一份"欢迎"的心意，用来自佛教文化的话，这个词咱们已经耳熟能详了，但是很多人不再意识到它的来源是佛教。"来得好"，让我们大家一起来分享佛陀和佛教文化的故事。

② 原来如此,这些话的出处在这里

"来得好"这个词实际上来自佛经中的"善来",它的根源在梵文中就是"欢迎"的意思。那么,有些朋友可能觉得很新奇,说,你能不能再举几个例子啊?没有问题,我非常乐意。

这些词并不仅仅是词语那么简单,它本身也是我和大家一起分享佛和佛教文化故事的理由和原因。这些词都可以反映出佛教文化和中华文化有着非常密切的关系。

我们知道,佛教传入中国,有明确文献记载的,是从汉代开始的,但实际传入时间可能比汉代要早。从东汉到五代这个时期,佛教的传入,特别是大规模的佛经翻译工作,在文化交流领域发挥了巨大的作用。这件事可谓前无古人,后无来者。到今天为止,我看我们的翻译工作还没有能超过这个阶段的。所以,我说它是前无古人,后无来者。这样的翻译、文化交流的工作持续了一千多年,翻译佛经过程中可谓大师辈出,我们很熟悉的鸠摩罗什、玄奘、义净等，都做出了巨大的贡献。这股翻译的浪潮一直到宋朝才逐渐停止。我们知道，大致在中国宋朝时期，佛教在它的发源地印度走向了衰落。

我只能用一个最简单的方式向大家介绍一下，来自佛经、佛教的这些字词，是怎样进入我们汉语话语体系的。

我们知道，语言和文化传统、习俗、思维方式、表达方式，都有着根本的重要性。所以，如果一种语言受某一种外来文化的影响，渗透到你的语言里，那么就可以反映出这种外来文化的影响力是非常大的。这其实很容易理解。

比如，中国改革开放以来，我国港台地区的汉语方言，或者一些特殊的表达方式，就对普通话产生过很大的影响。现在内地（大陆）很多年轻人在不知不觉中，用的一些表达方式就受到港台地区语言习惯的影响。随便举个例子，比如，我问一个年轻人："你好，你吃饭了吗？"他可能会回答："我有吃过了。"或者我问："这部电影你看过吗？"他可能会回答："我有看过。"大家想想，这是不是有些别扭？在我们普通话当中应该说"我吃过了""我看过了"，怎么会是"我有吃过""我有看过"呢？这完全是受港台地区"普通话"的影响。

所以，如果我们回到佛教和中华文化的关系上，从语言的角度去观察，就会有很多发现。在这个漫长的把佛经翻译成汉语的过程中，有很多来自佛教、来自佛经的外来语进入了汉语话语体系。这些外来语本来来自梵语、巴利语，或者当时中部亚洲的各种古代语言，这些古代语言有好多已经灭绝了，不再使用了。比如吐火罗语，曾经一度流行在今天中国新疆的库车、焉耆、阿克苏一带，现已灭绝了。比如，和田语，也就是曾流行于今天新疆和田地区的语言，也不再使用了。

这些外来语随着佛教的传入，进入我们的汉语话语体系，我在这里随便举一些常用的。比如"般若"，它应该念成 bō rě，比如"般若波罗蜜多心经"，它来自梵文，或中亚一些古语言。再比如，"南无"这两个字写成"南无"，其实念的时候应该念成"ná mó"，是向什么表示敬意、皈依的意思。陈毅元帅的诗句"旌旗十万斩阎罗"里边的"阎罗"也是个外来语。再比如菩提、菩萨、罗汉、和尚、沙门、夜叉、袈裟、僧伽、摩诃等。我要举出成百上千个例子，毫不费力，当然咱们这儿不再赘述了。

这些外来语在进入汉语话语体系时，其中不少为了符合汉语的习惯而缩略了。咱们古汉语都是单音节词，一般来讲一个词就是一个字，当然也有例外。外来语缩略后就变得和汉语很像。比如"僧伽"，这个词看起来怪怪的，可能是外来语。可如果我们把它缩略成"僧"，大家一看，就很像汉语言。但是这种缩略会导致误解。

现在有很多对佛教文化感兴趣的朋友会念诵三皈依：皈依佛，皈依法，皈依僧。皈依佛，是向佛陀表示敬意，他是佛教的创立者；皈依法，是向佛法表示敬意，它是佛教的教义；皈依僧，实际上不是皈依某一个具体的僧人，而是皈依僧伽，皈依这个僧人的团体，皈依这个僧人所构成的传承。大家看，缩略了可能会出问题，对吧？

比如"摩罗"被缩略成了"魔"，这个字在我们汉字当中非常年轻，很多朋友可能会惊讶，为什么它特别年轻？我们知道，"魔鬼"的"魔"，它就是魔鬼的意思，实际上"魔"就是"鬼"，"鬼"就是"魔"。这个词来自佛教，来自梵文，最早被翻译成"摩罗"。

但是，据说后来大概到了梁武帝时期，梁武帝信奉佛教，而且很有可能学过梵文，懂梵文，所以他知道"摩罗"就是"鬼"的意思。但是他又想表明这个词是从佛经、佛教当中来的，想保留"摩"字的读音。所以他就把下面的"手"改成了"鬼"字，才有了今天的"魔"字。一说将"磨"改成"魔"。你看，这个字就是从"摩罗"缩略并经过变形的。

梁武帝和中国佛教的关系非常大。我们汉土佛教、汉地佛教吃素的流行，都跟梁武帝有关，这个我们后面慢慢再讲。

再比如"塔"。今天我们讲的宝塔，它原来叫"塔婆"，我们把它缩略了，变成了"塔"。比如劫难的"劫"，原来是来自"劫波"，后来我们把它缩略为"劫"。

比如禅宗的"禅"。现在禅宗非常流行，坐禅也非常流行，现在茶文化也很发达，很多人讲茶禅一味，但是"禅"字最早来自"禅那"，是双音节的词，我们把它缩略了。

比如衣钵传人。我们现在形容接过了某个传承，继承了某个传统，叫"继承了他的衣钵"。这个"钵"原来叫"钵多罗"，也是来自佛教的三音节词。这样的词还有很多很多。到后来我们还衍生出很多复合词，比如高僧、恶魔、魔鬼、宝塔、浩劫、劫难等。

大家看，这种词进入汉语中，越来越像汉语，很多人会忘了它其实来源于佛教。随着佛经的翻译，有更多的词进入了汉语，这些词的本来面目越来越模糊，久而久之，我们都忘了它是来自佛教的了。

实际上，世界、法宝、天堂、地狱、信心、因果、变相，也来自佛教。真理、圆满、平等、慈悲、烦恼、方便、庄严、报应等，这些词也都是来自佛教的。

它们随着佛典被翻译成汉语而进入我们的语言系统当中，大家想想，这些词难道不是经常见于报刊文章吗？这些词难道不是经常挂在我们的嘴边吗？可我们还有多少人能意识到，它们是来自佛教，来自佛经的呢？

说句玩笑话，如果今天我们禁止使用这些来自佛教的词，汉语里不用了，咱们还能开口说话吗？咱们还能动笔写文章吗？恐怕不行了。所以，单从语言这一个角度，从外来语的角度，我们就可以看出佛教文化和中华文化有多深的关系。

还有一些词，我们今天在用，但是如果我们不知道它是来自佛教文化，或者来自印度古代文化的话，我们就不知道它的意思，就没有办法解释。我随便举例子，比如，刹那。

一刹那，用来形容稍纵即逝、非常快速和短暂。但是很多朋友不知道它是来自佛教的。那么，我问：刹那，很短，这个没有问题；但是如果我要跟你较真，我说它很短，但是再短，总归有个时间，它到底有多短？几分几秒？如果我真要这么较真的话，很多朋友就不一定答得出来。

大家去查字典，也不一定查得到。其实它就是翻译佛经带进来的。它本来的意思是织女纺出最短一根线所需要的时间。在古代，印度女人也是要纺线的，慢慢就引申出短暂、快速的意思。

可是，这个还是没有办法计量，对吧？那么刹那究竟有多长、有多短呢？佛经里边讲："壮士一疾弹指顷，六十五刹那。"壮士，身强力壮的人，成年人；一疾弹指顷，疾就是快速；弹指是什么意思？就是用中指和大拇指相碰这么弹一下。这一弹里边有六十五刹那，可想而知，一刹那有多短。如果我们不知道它来源于佛教的话，又怎么能知道它的原意呢？

好，接着讲这个弹指。"弹指一挥间"，大家都知道这句诗非常有名。在中国历史上有这样的一个记载。西晋到东晋是衣冠南渡，这在中国历史上是非常重要的一个变化。在西晋和东晋之间，佛教大规模地传入中国，当时的中国受佛教文化的影响太深了，几乎是无处不在，盛极一时。

在西晋到东晋的转折过程中，有一个对中国南方的稳定和发展发挥过重大作用的历史人物，叫王导。这个人是个宰相，非常善于交际和应酬，几百个人的大场面，他可以面面俱到，做到任何人都不被冷落，使举座皆欢。

据史书记载，有一次王导应酬时看到座位当中有个胡人，是来自中亚丝绸之路沿线的其他民族的一位客人。王导是世家大族，来自中原，他就走过去跟这个胡人打招呼。这个史书上怎么记载的？说他走过去，弹指曰："兰阇兰阇。"于是"群胡同笑，四座并欢"。所有的外国来宾，大家特别开心，都笑了。

但是这个"兰阇"是什么意思呢？这两个都是汉字，见于正史。为什么这些魏晋南北朝时期的外国来宾，听到这两个字，看到中国的宰相王导弹指打招呼，大家都很高兴呢？其实这个"兰阇"就是随着佛教传进来的梵文。什么意思啊？就是：各位开心，各位放松，各位一定要玩得爽，各位好好享受啊。用英语说，就是"Hello everyone, relax and enjoy yourself"。

大家能想到吗？在魏晋南北朝时期，一个鼎鼎大名的宰相，历史上的重要人物，用弹指这样一个动作打招呼，并且用来自佛教、来自梵文的语言，来表达他对外宾的祝愿。

所以，我们可以看到，在历史上佛教对我们中华文化的影响实在是太大了，而且这是不是也非常有意思呢？

③ 那些古代名人名字里的秘密

在前两讲的内容中，我们通过一些进入汉语当中的字和词，来说明佛教文化和中国文化这种水乳交融的关系，也想说明佛教文化对中国文化的影响。

如果按照佛教的传统，我们不妨把它看作是缘起，或者也算是一个开篇。看完前两讲有人会感觉有点儿不过瘾："您提到的都是一个词，或者几个字。有没有比较大一点的事，或者更有名一点的事，可以说明佛教文化和中国文化的密切关系呢？"

我想了一下，还真有。而且不光是有，还很多。我们就选两个耳熟能详的中国传统美谈，或者说中国传统故事，再加上中国历史上两个鼎鼎大名的人物的名字，一共四个例子，向大家再展示一下，了解佛教文化对我们有多么重要。

很多朋友喜欢《三国演义》，它背后的历史事实，或者说它的历史基础则是《三国志》。《三国志》是一部正史，二十四史之一，不是道听途说之类的东西。《三国志》的成书时间很早，在二十四史当中它属于前四史。在那个时候，尽管佛教传入中国的时间还不是很久，在《三国志》里边就已经隐藏着很多来自佛教的故事。

陈寅恪先生是中国近现代学术史上泰斗级的人物，他学贯中西，兼通华梵，对中国和印度的文化都有很深的造诣，在当年被称作"教授中的教授"。距今89年的1930年，他写了一篇很短的文章，一共才几页，发表以后却引起了轰动，大家叹为观止。这篇文章的题目就叫《〈三国志〉曹冲、华佗传与佛教故事》，这里边牵涉两个人物，一个曹冲，一个华佗。这两个人在中国历史上可是太有名了。

在《三国志》里有这么一段记载，说当时孙权送给曹操一头大象。大象非常大，曹操想知道大象有多重，他就问他的部下，部下都说不出来，也没法称它，因为这大象太大了，拿它没办法，又没有今天这样的起重机或者吊车能把它吊起来。

这个时候，曹冲就说："我有一个办法。你把这头象牵到一艘船上去，这头象有分量，不就把船给压下去了吗？压下去后水不就上来了吗？完了你就在船旁边刻下它的'水痕所至'，做个标记，这样你就知道水上来了多少。然后把象牵下去，再换别的东西上来，把船压下去，也压到这个水痕标记线。然后你再称那些东西，不就知道它的重量了吗？"

这是一个脍炙人口的故事，叫"曹冲称象"。现在我们一般用来形容一个小孩特别聪明，是天才。

这个故事当然非常有意思，很精彩，但是这件事情恐怕是子虚乌有的。陈寅恪先生就说，这原本就是来自印度的故事，通过佛经翻译，不知道怎么就进入了《三国志》，附会为"曹冲称象"的故事，用来彰显他的聪明。而当时曹魏境内恐怕根本就没有大象，所以只能说是孙权送的。因为孙权管辖的东吴在南方，还真有大象。所以这是一个受到印度影响的故事，附会在曹冲身上，用来说明一个孩子聪明，大家能想到吗？恐怕很多朋友想不到。

其实，中国古代好像就有同样称东西的办法，只不过称的是猪。大家一想也是。在中国北方，猪、牛、羊都可以用这个方法称，达到的效果也是一样的。但是在《三国志》里，正是因为通过佛教传入，受到印度的影响，所以用大象来代替了当时在中国北方常见的牛、马这类的动物。你看，这就是一个很有趣的事！

接着我们讲华佗，他是中国中医史上非常重要的一个人物。现在在药店里，依然可以看到打着华佗招牌的药品，比如华佗的"十全大补膏"等。近年中医文化越来越受到重视，大家有没有意识到，华佗这个人物背后也隐藏着佛教文化和印度文化的影响呢？

《三国志》里是有《华佗传》的，他是一个真实的人物。扁鹊就不一定了，虽然被称作名医、神医，比华佗的出现也要早得多得多，但扁鹊是不是历史上真实存在的人物？咱们不敢说，但华佗确有其人。问题是，在《三国志》里，华佗是有名字的，叫华旉（fū），字元化。中国古代人的名和字是相对应的，有关系的，为什么这个"旉"字要对应"元化"呢？因为"旉"的意思是"朱明盛长，旉与万物"。

在我们的印象当中，华佗医术了得，他甚至非常擅长中医不太涉的外科手术。他能够开膛破腹，把病人的肠子拿出来，洗洗干净，再放回去，几天就好。以今天的医学水平来看这也是非常了不起的。我们都知道，曹操的头疼病是指望华佗来治疗，他提出的方案也是外科手术式的，要进行开颅手术，对不对？

那么问题是，他明明叫华旉，字元化，他怎么又叫华佗？

其实，华佗这两个字根本就不是中国名字。在佛经当中经常可以看到有一个医药之神，名字叫"a gɑ dɑ"。而华佗的"华"字，在古代读"gā"。华佗这个名字在古代念成"gā dá"。我们中国人把佛经中的名称翻译过来的时候有个习惯，喜欢把前面的"阿"字给扔掉。例子很多，比如我们今天讲的罗汉，原来叫阿罗汉，但我们把"阿"给扔掉了，就叫罗汉；比如我们今天讲的阿弥陀佛，很多人就念成弥陀、弥陀佛，把那个"阿"字也给扔掉了。

所以，在当时（三国时期）有一个名医，他的中国名字叫华旉，他的医术十分高明，而且他用的好多医疗手段好像是受到了通过佛经传过来的印度的影响，擅长开刀、擅长外科。世人实在佩服他，无以名之，就用一个印度药神的名字来称呼他。这就好比今天有一个人非常擅长高科技，我们就称他为"中国的比尔·盖茨"。久而久之，他的本名华旉被人忘掉了，现在知道华佗的本名叫华旉的大概很少了。

我要举的另一个例子是，我们都知道，在魏晋南北朝时期有"竹林七贤"，七个了不起的贤人，都非常有个性。在魏晋时期，人们用各种各样的方式来表达对当时社会的一种不满、一种不合作，追求一种自由放达的生活状态。但是这七个人跟竹林到底有什么关系呢？他们当时生活的地方有那么多竹子吗？他们是不是就在竹林里聚会呢，不然为什么叫"竹林七贤"？

还是陈寅恪先生指出，这七个人是有的，但是不是一定在竹林里边聚会，就不好说了。因为这个"竹林"实际上还是来自佛教，是佛教历史上非常有名的佛陀说法的地方。那么佛陀说法的时候，就有各种各样的人物聚在一起了，对吧？都是贤人毕至。所以人们就用佛教里边的一个典故，来说明魏晋时期七个贤人在一起聚会的场景。久而久之，我们都知道竹林七贤，但是很多人恐怕不知道这个典故也来自佛教。关于这一点我会在后面详细讲述。

不仅如此，在中国古代还有很多有名的人物，干脆将佛经当中的名字拿来作自己的名字。我们随便举一个例子。大家都知道隋炀帝，他在历史上名声不太好。但是实际上，他不是一个简单的人物。隋炀帝的小名叫"那罗延"，大家一看这三个字就知道不是来自汉语。"那罗延"在佛经里的意思就是金刚力士。

大家看，隋炀帝也是一代名帝，虽然名声不太好，但也是非常有名的一位皇帝，而他居然有个小名，还是外国名字。这就好比今天很多父母喜欢给孩子取个小名弗兰克、托马斯什么的。如果说，隋炀帝这个外国名字一眼就能看出来的话，有一位咱们都很熟悉的唐朝大诗人，他的名字你轻易看不出来源。

我们都知道，中国古人有名有字，字和名必须呼应，比如韩愈，字退之，"愈"就是好了。我今天问："你的病好了吗？""我的病痊愈了。""愈"就是退之、减退了。

在中国古代，你是不能直呼人家名字的。这叫指名道姓，或者叫直呼其名，是非常不礼貌的事情。你一定要称人家的字，这就可以，就比较文明。那么，我们知道唐朝时期有一个著名的诗人叫王维，他的字是什么？他的字是"摩诘"。那么"摩诘"这两个字跟"维"有什么关系？从汉语的角度看，实在是没有什么关系，违反了中国传统当中的名与字要关联的这么一条规定。

实际上，这是因为王维来自一个佛教世家，他的父亲信佛，而在佛教里有一个大菩萨，名字叫维摩诘，就是王维的名"维"和他的字"摩诘"加一块儿。

这个菩萨特别有意思，他没有出家，是个居士，他一方面享受着在家庭的各种各样繁华的、讲究的生活；另一方面又拥有很高的佛学造诣，甚至有很多著名的高僧、天上的菩萨都要来向他致敬和请教。

大家看，维摩诘的行事方式非常符合中国人的理想，不愿意出家，日常的好日子要过，但是佛法的好处也想得到。所以，维摩诘在中国佛教当中地位非常高，影响非常大，是很多人特别是读书人的梦想。现在还有一部经叫《维摩诘经》，是专门说这个菩萨的佛经。

所以王维的父亲就给他起了这么一个名字：王维，字摩诘，把一个菩萨、一个大居士的名字生生地拆了开来。这就好比，我姓钱，有个外国名字叫"弗兰克·钱"，但是居然就把我的名字弄成名叫钱弗，字兰克；或者好比把"托马斯·钱"这个名字改成名叫钱托，字马斯。大家想想这是不是非常搞笑的一种做法。

而且，维摩诘这个名字本身是很有意思的。维摩诘这几个汉字，是根据梵语发音音译过来的，意思是"无垢称"，就是非常清净，没有污垢。"称"的意思比较复杂，类似匀称、恰当、合适等意思。那么，你如果把"无垢称"的意思套进去，王维，字摩诘，不就变成了王无，字垢称吗？姓王，名"没有"，字垢称——身上有污垢，还很合适。

当然，这是开玩笑，不能这么去说，但它从另外一个角度说明，在中国文化的高峰时期——隋唐就是高峰时期，佛教文化对中国文化的影响有多深，它已经渗入我们的传统美谈里，进入我们历史上标志性人物的名字里了。

④ 古印度的主流思想

前面我们主要是讲佛教与中国文化的关系有多么紧密，甚至达到了水乳交融的程度。这一讲开始，我们就进入讲佛的正题。

一进入讲佛的正题，我们就会面临一个问题，很多朋友也会马上提出这个问题：佛教，为什么会在距今两千五六百年以前诞生在印度次大陆，或者叫南亚次大陆？为什么佛教就在这个时间产生，为什么又会产生在这块地域，这到底有什么道理，或者说有什么原因？这是一个我们无法回避的问题。实际上这也就是佛教产生的历史背景。

印度次大陆或者叫南亚次大陆，是一片非常神奇的土地。大家都知道，两千五六百年前，那是一个非常遥远的过去了。但是如果要回答朋友们的这个问题，我们还得把时间再往前推一千年，才能把这个问题多多少少说清楚。公元前 1500 年左右，换句话说，就是距今三千五六百年以前，有一个民族叫雅利安，这个民族的人叫雅利安人。"雅利安"

的意思是高贵的、神圣的。听到这个名字大家可能马上就会想起,第二次世界大战期间,德国也曾经用过"雅利安"这个名字。当然,实际上这两者完全不是一回事,这里要强调一下。

雅利安人越过了兴都库什山脉,经过今天的阿富汗、巴基斯坦一带,从西北方向进入印度,从而建立起了雅利安文明,这在人类文明史上是非常重要的一个文明。

在雅利安人进入印度以前,印度已经有了原住民族,比如孟达人、达罗毗荼人。其中达罗毗荼人人口非常多,而且文化也很发达,很早就建立起印度河文明。这是人类四大古文明之一。

印度河文明主要是在印度河流域,它的代表就是举世闻名的两大遗址:一个叫哈拉帕,一个叫摩亨佐·达罗。考古学家在这里进行了非常全面和长期的考古发掘,出土文物品类非常丰富,我们完全可以断定,哈拉帕和摩亨佐·达罗,这是两座相当成熟发达的城市,而其年代应该在公元前2000年到公元前1000年,也就是距今天四千年前到三千年前,其城市形态非常完整,已经拥有青铜文明。发掘发现,这两座城市甚至有非常完善的下水道系统,而且以它们为代表的文明,影响的地域非常辽阔。

除此之外,这里还出土了很多明显与宗教有关的文物,学者们都认为这些文物和后来的印度教有极深的关系。印度这片土地,盛产各种宗教与玄学,所以显得格外神秘。但是,印度河文明在繁荣了将近一千年之后,突然消失得无影无踪。难道它是和外来的雅利安文明融合了吗?不知道,这是一个谜,答案我们到今天都不得而知。

在这两座古城里出土了很多印章,但是很可惜,上面的文字到今天还没有被破译,所以,我们无法掌握印度河古文明的文字材料。

外来的雅利安人逐渐和达罗毗荼人融合,直到今天,他们仍居住在印度半岛的南部,依然使用达罗毗荼语。而进入印度西北部的雅利安人则一面进行征服,一面和原住民族融合,定居在印度河上游的旁遮普地区。

人们的生活方式逐渐从游牧转向农耕,这是印度一个巨大的变化。在公元前1200年左右,就发展出以吠陀为中心的一种宗教。最早的吠陀典籍,叫《梨俱吠陀》。这种宗教崇拜天、崇拜雨、崇拜风、崇拜雷,崇拜各种各样自然的神祇,是一种多神教。"神祇"这两个字,"神"一般是指天神,"祇"是指地神。天地的神合成神祇,所以这是一种多神教。

公元前1000年,雅利安人向东发展,一直到了今天的阎牟那河和恒河之间的肥沃地域。阎牟那河、恒河在佛经里边随处可见,是非常重要的河流。

这里非常富饶,物产丰富,而且没有外敌入侵,长期相对和平,很适合文化发展。确实,后来构成印度文化特征的种种因素,也都是在公元前1000年到公元前500年出现的。加上前面我们提到的最古老的《梨俱吠陀》,先后形成了四部吠陀(《梨俱吠陀》、《娑摩吠陀》、《夜柔吠陀》、《阿闼婆吠陀》)。吠陀的意思就是知识,我们对外界的了解、对自身的了解,就是知识。

公元前800年左右《梵书》开始出现,这也是一类宗教经典。公元前500年左右,《奥义书》出现,也是一系列宗教经典。《梵书》和《奥义书》对近代欧洲很多重要的哲学家,比如叔本华,都产生过重要的影响。

这些文献和它所代表的宗教,都和后来产生的佛教有着千丝万缕的联系。我们刚刚说过,公元前800年左右,《梵书》开始出现;公元前500年左右,《奥义书》开始出现。大家一定要清楚,这些文献的出现,离佛教出现、成立的年代已经很近,而这些经典代表的宗教,我们称之为婆罗门教。

婆罗门教是古代印度的"国教",是印度教的古代形式,以吠陀为主要经典。它的特点是种姓制度。当然,《梵书》和《奥义书》也很重要。

《梨俱吠陀》里有一首歌叫《原人歌》,里面就提到了最高的种姓是婆罗门。它说,原人,也就是最早的这个人,他的嘴产生了婆罗门,胳膊产生了刹帝利。婆罗门是祭祀宗教人士,刹帝利是武士。而从原人的腿,产生了吠舍,指农民、商人。从原人的脚产生了首陀罗。这四种种姓中前三位是婆罗门、刹帝利、吠舍,都是雅利安人,是外来的征服民族;第四等首陀罗则是原住民族。

最早的种姓似乎是根据肤色来区分的。雅利安人的肤色比较白,占统治地位。非雅利安人的肤色比较黑,被统治。原来就这么两个大类,后来就区分开来了。此外还有贱民,贱民就更不在这里边了。

我们刚才讲的婆罗门教,它坚持种姓制度,强调火祭,此外又重视各种祭祀,提倡火葬,供奉多神。如果我们用最简单的语言来归纳婆罗门教的话,那就是吠陀天启,这四部吠陀都是由天上的神来启示我们。

它的祭祀种类非常多，规模非常大，祭祀是万能的，只要祭祀、不停地祭祀，什么事都可以通过祭祀来解决。婆罗门至上，婆罗门的地位最高。它信奉三个大神，今天我们到印度去，可以看到大梵天、湿婆、毗湿奴。这是婆罗门教的一些特点。

婆罗门教在公元前6世纪到公元4世纪，达到鼎盛时期，非常兴盛，后来由于佛教和耆那教的产生，渐渐地衰落了。

到了公元8—9世纪，佛教在印度开始走下坡路的时候，出现了一个人物叫商羯罗，他重新改革了印度古代宗教，形成了今天的印度教。所以，婆罗门教实际上和今天的印度教是一脉相承的，是它的古代形式。

顺便说一句，根据1993年的统计，印度教的信众有10.5亿人，仅次于基督教和伊斯兰教。所以印度教在世界大宗教里边排名很靠前，大致是排在第三位。而根据统计，佛教徒只有3亿—4亿人。当然，这里边很难界定，有很多人亲近佛教，但并不是佛教徒，所以这是有区别的。比如咱们很多读者朋友对佛教文化感兴趣，对佛教文化有一种亲近感，但是这并不等于说他们就是佛教徒。

在佛教产生之前，印度是婆罗门教的世界，婆罗门教非常盛行。临到佛教产生之前的那个历史阶段，印度出现了各种各样的社会变化，也出现了各种各样反对婆罗门教的声音。而所有这些就成为佛教产生的土壤和条件。

佛教产生前的印度，正好处在一个变化非常大的历史时期。无论是宗教、政治，还是当时的经济发展状况，似乎都为佛教的产生做好了某种准备。

⑤ 如何看待种姓制度

上一讲提到了种姓制度。由于种姓制度和古代印度,乃至当今印度的社会文化的关系实在太密切,和佛陀以及他所创立的佛教的关系也非常密切,所以我打算在这一讲,进一步为大家讲一讲种姓制度。

佛陀本人以及他所创立的佛教,对种姓制度的态度究竟是怎么样的?这是一个相当复杂的问题。学术界还有争论。用最简单的话讲,佛教从它的学说和逻辑上来讲,肯定是不赞成种姓制度的。因为佛教倡导众生平等,无有分别,那么它肯定是反对强调阶级分化、等级制度的。但是佛陀本人对种姓制度的态度,却很微妙,我在后面会讲到。

无论如何,佛陀本人的诞生,以及佛教的形成,都是基于种姓制度这样一个古代印度的社会文化土壤和氛围的。种姓制度是曾经在印度,今天的孟加拉、斯里兰卡等国普遍存在的一种以血统论为基础的社会体系,其中又以印度最为严重。印度的种姓制度堪称古代世界最典型、最森严的等级制度。

种姓制度，以统治阶级为中心，划分出许多以职业为基础的内婚制群体。什么叫内婚制群体呢？也就是这个种姓，只能和同种姓婚配；这个种姓跟其他种姓的婚配，尽管说不是不可能，但是会很麻烦。每个种姓，依照地区的不同，又划分成很多下一级的次种姓。而这些次种姓内部，再依据所居的聚落或者社区的不同，分成很多更次一级的种姓。就这样层层相扣，整合成一套散布于整个印度次大陆的社会体系。所以种姓制度涵盖了印度社会，特别是印度古代社会绝大多数的群体，并且和印度的社会体制、宇宙观、宗教、人际关系等息息相关。

我们完全可以说，种姓制度是传统印度最重要的社会制度和规范。我们前面提到过，它最初是随着雅利安人入侵印度而创立的社会制度，而起初的本意看来并不是要划分阶级和人的高低贵贱，只不过是要确保雅利安人的执政权，同时也保证各种工作都有一定的人数来做。

然而随着历史的发展，种姓制度经历了许多调整，并且在后来被固定僵化，从而成为等级森严的体系。很多人批评这种制度，将它视为妨碍印度社会进步的毒瘤。当然这都是比较近现代的事情了。

1947年，印度独立，种姓制度的法律地位也被正式废除。各种种姓分类和歧视被视为非法。然而在实际的印度社会的运作和生活中，事情就不那么简单了。种姓制度依然扮演着相当重要的角色。我们完全可以这么说，不了解种姓制度，就不能理解印度，或者说根本不能理解古代的印度。

种姓制度源于婆罗门教，最早称瓦尔那制度。瓦尔那是肤色、颜色的意思。"种姓"，是后来的西方殖民者用来称呼瓦尔那制度的一个词。现在大家都知道种姓制度，不经常使用瓦尔那制度，那么我们也就随俗用种姓制度这个词。

种姓制度在印度已经有三千多年的历史。前面已经提到过，印度最古老的典籍之一《梨俱吠陀》里有《原人歌》，它说，原人就是最初的那个人，他的嘴生出了婆罗门，双臂生出了刹帝利，大腿生出了吠舍，脚生出了首陀罗。所以这一制度将人分成四个等级，也就是婆罗门、刹帝利、吠舍、首陀罗。这四个等级，在地位、权利、职业、义务方面都有严格的规定。

第一等级是婆罗门，主要是僧侣贵族，拥有解释宗教经典和祭神的特权，拥有享受奉献的权利，主管教育。那教育的主要受众是谁呢？是刹帝利，也就是第二等级。婆罗门垄断文化教育，并且对很多事情有最终解释权，甚至包括农时季节，什么时候应该种什么，什么时候应该收割，应该怎么样庆祝，应该怎么样祭祀，都有解释权，更不必说对宗教话语的解释权。

第二等级刹帝利是军事贵族和行政贵族，是婆罗门思想的接受者。刹帝利拥有征收各种赋税的特权，主管政治、军事，同时要负责生生世世守护婆罗门阶层。

第三等级吠舍，是普通的雅利安人，在政治上并没有特权，而他们的责任是以布施和纳税的形式，来供养婆罗门和刹帝利这两个等级。吠舍主要从事的是商业。

第四个等级首陀罗，绝大多数是被征服的土著居民，当然也就是非雅利安人。他们主要做什么呢？伺候前面的种姓吃饭，为他们做饭，充当他们的仆佣和工匠。这是人口最多的种姓，数量非常大。当然这个种姓以外还延伸出很多分支，这里我们不展开讨论。

同时，在这四大种姓之外，还有一种就是根本被排除在种姓以外的人——贱民，也被称为不可接触者——他们的社会地位最低，最受歧视。这些不可接触者或贱民，很多是由罪犯、战俘以及跨种姓婚姻者及其后裔组成。如果跨种姓成婚，很有可能就要成为贱民。他们的后代很有可能就是贱民，而身份世代相传，不能接受教育，甚至不允许穿鞋，几乎没有社会地位，只能从事非常卑贱的工作。在当时人的眼里，把这些工作视为卑贱，比如清理垃圾、从事丧葬业。

四大种姓的人，也就是婆罗门、刹帝利、吠舍、首陀罗，严禁触碰到贱民的身体。不光是贱民的身体碰不得，连贱民走过的足迹、踩出的脚印都要被清理抚平，甚至，四大种姓人的影子都不可以和贱民的身影交叠，否则被认为会受到污染。

贱民毫无社会地位，因此在古代印度，如果贱民不小心撞到了婆罗门、刹帝利、吠舍和首陀罗，经常会遭受殴打，甚至被杀害。

而在古代印度，这些动手杀害贱民的人，甚至不必负任何的法律责任。大家想想，这就是古代印度的种姓制度。以上，我们用最简单的话来介绍，它是如何把人分成几个等级的。

种姓制度的一个核心观念是洁净与不洁。洁净和不洁，还可以再分，比如说不洁分为两种：暂时性的不洁和永久性的不洁，它是一套非常烦琐的分类体系。

古代印度的法典《摩奴法典》，规定有十二种不洁之物，这个规定非常烦琐。甚至，这种不洁还会相互比较，不仅是说这件事比那件事更不洁，或者这个人比那个人更不洁，还延伸到器物之间，比如金子比银子洁净，而银子又比青铜洁净，青铜又比黄铜洁净，而所有这些金属又比陶器洁净。这在今天的我们听来是多么匪夷所思。

洁净和不洁这个观念，渗透到古代印度社会生活的方方面面，比如亲人死亡的时候，家庭的核心成员就被视作最为不洁，所以要守最长的丧期。举个例子，我们知道古代印度会发生寡妇殉夫的事情，可如果她们恰好处在生理期，那么按照古代印度的这种观念就被视作不洁。按照规定，这个期间她还不可殉夫，必须等到生理期结束四天以后，并且经过沐浴，才可以自焚殉夫。这是非常残忍的一种风俗。

如果经常性地接触到不洁的事物，比如专门接触死者的尸体，为产妇洗涤衣物，人如果从事这种职业，就是永久的不洁，那么这些人就无法摆脱不洁的命运，所以他们和自己的亲人就必须被长期隔离于社会之外，以防他们污染其他人。

反之，婆罗门就必须保持高度的洁净，才能维护其神圣的地位。随着历史的发展，婆罗门就创造出许多规定和礼仪，来确保自己的洁净。但是有趣的是，这些礼仪和规定一定离不开别人的协助。我们经常说，脏活累活总得有人干。婆罗门不干总得有人干，所以就延伸出各种处理不洁事物的种姓。这些从事不洁工作的种姓，他们的存在保证了婆罗门的洁净。大家想想，这是不是非常让人啼笑皆非的一种状况？

在种姓制度下的古代印度社会是非常复杂的。比如，婆罗门吃的东西当然是好东西,所以婆罗门教徒只可吃婆罗门的食物,因为这是高级的食物。四大种姓的人,都可以吃婆罗门的食物,还可以吃和他自己同一种姓的人的食物,比如刹帝利可以吃婆罗门的食物,也可以吃其他刹帝利的食物。吠舍可以吃婆罗门的食物,也可以吃其他吠舍的食物。在进食前要专门洗澡,素食的和戒酒的人比食肉的地位高。

大家看看,这很有意思,我们后面会提到佛陀本人并不是吃素的。在典籍当中佛陀有食肉的记载,但是后来由于种种原因,在佛教里边吃素之人的地位确实越来越高,这是有非常悠久和深远的传统的。这些传统,甚至比佛教要古老。

婆罗门种姓不可离婚,寡妇也不可再婚。婆罗门只可分居,只有在没有儿子的情况下才可以再婚。一般种姓的妇女,可以再婚,但是以第一次婚姻最认真。之后再婚,就显得不太光彩。高种姓的妇女不可以嫁给低种姓的男子。而另一方面,低种姓的女子就受到很强烈的鼓励,要去嫁给高种姓的男子,以提高自己在种姓当中的地位。所以女方家庭在婚姻中就不得不付出高昂的嫁妆。

种姓制度是一个庞杂的、非常复杂的、带有信仰色彩的社会文化体系。它在某种程度上影响乃至决定了古代印度的社会和文化。同时,它自身又是古代印度社会和文化的产物,在历史的流变当中也不断发生着演变。

在古代印度,针对这样一种制度,以及它在社会上导致的种种后果、产生的种种影响,有些学说支持它,比如婆罗门教;有些学说则很早就开始反对这种制度,这一股反对婆罗门教的思潮,我们把它称为"沙门思潮"。大家千万不要以为"沙门"这个词是佛教的专用语。在佛陀诞生以前，沙门这个词就早已出现了。这是一股非常庞杂的，然而也是强大的反对婆罗门教的思想。而佛陀就深受这些思潮的影响，佛教也深受这些思潮的影响。这就是我要用整整一讲的内容，为大家仔细讲解印度种姓制度的原因。

⑥ 对外道的批判

我们讲到,古代印度的种姓制度,对古代印度社会和文化产生了重大的影响。这种影响,毫无疑问一定会波及思想领域。思想不可能脱离社会的发展。

佛陀诞生之前,在种姓制度的背景下,和其他很多社会因素的影响下,印度社会出现了哪些主要思潮呢?这是值得关心的。因为我们知道,佛陀后来倡导的学说,也就是佛教,其本身也是这种思潮的一个重要组成部分,是对这些思潮的反映,或者说是反思。

种姓制度,将印度的古代社会分割成不同的阶层,而只要出现阶层的分割,这个社会就难免会有矛盾和斗争。有些矛盾,就难免会非常激烈;有些斗争,也就难免会非常艰巨。

但是,佛陀时代或者佛陀之前的古代印度,和基督教兴起时的罗马却有所不同。基督教兴起时的罗马,用恩格斯的话来讲,它是经济、政治、精神和道德普遍瓦解的时代。

印度则不然，当时的印度并没有出现经济、政治、精神和道德普遍瓦解的状况；相反地，应该说当时的印度，政治基本稳定，城市和乡村的生活都比较繁荣。而且从现有的一些考古遗迹和各种各样的记载来推断，当时的印度，也并没有出现国家之间的残酷无比的，血流成河、尸横遍野的大战。

所有这一切对佛陀和佛教的产生，当然会有微妙的影响。从种姓制度的角度来观察，与佛陀和佛教关系最为微妙的是婆罗门和刹帝利之间的关系，也就是四大种姓里边的第一等和第二等种姓之间的关系。按理说，婆罗门最初是帮助刹帝利进行统治的，他们掌握文化、宗教大权，久而久之，尾大不掉。按说刹帝利是管理政治、军事的，婆罗门应当是配合掌握一些形而上的解释权。然而，时间一长，婆罗门成了第一种姓，霸占了话语权，那么他们和刹帝利之间，也就难以避免地要出现各种微妙的，甚至是严重的矛盾。

到了佛陀的时代，或者佛陀诞生前不远的那个时代，刹帝利的不满日积月累，就到了一个极点。

这个极点的反应是，刹帝利开始有意无意地、明显或隐晦地去支持各种和婆罗门唱对台戏的思想和学术。同时，第三种姓吠舍，他们的主要职业本来是经商，当有了相当的经济力量，也就一定会有政治方面的要求。各种社会力量联合起来，构成了冲击、反对婆罗门和婆罗门教的联合战线。婆罗门与婆罗门教在文化、宗教、思想领域的掌控力开始逐渐减弱，从而使当时印度的思想界空前自由活跃，产生了代表不同阶层利益的六派学说。

这个在佛经里，比如《维摩诘经·弟子品》《寂志果经》——汉传的汉译佛经，以及南方的巴利文佛典里都有资料。中国著名的哲学家、佛学家汤用彤先生，还曾专门把这些资料编撰成书。为了更好地感受佛教产生前的氛围，还是应该把这六派学说做个简单的介绍。当然，当时印度的学说或者思想远远不止这六派，然而这六派比较大，比较有代表性。佛陀以及佛教受到它们的影响，或者对它们的批评，也是最明显的。

第一派叫阿耆多。它是后来佛教眼里的外道顺世派的先驱。佛教把自己称为内学，所以，过去江苏南京有非常著名的支那内学院。当然佛教本身也有内、外学的分法，这个咱们就不展开讲了。反正外道是佛教眼中离经叛道的旁门邪术。

阿耆多这一派认为，地、火、水、风这四样东西叫"四大"，也就是四样最重要的东西，是永恒长存的；人和世界都是由"四大"合成的。阿耆多否认灵魂，人死后复归于四大。所以，人生的目的就是以快乐为满足，享受生活。它主张道德无用，别谈什么道德，反正也没灵魂。这就是跟婆罗门教直接的对抗。很多学者认为，阿耆多代表着四大种姓里人数最多的第四种姓首陀罗。这是第一派。

第二派叫散若夷。这种学说，对什么都不做决定，没有一个固定的意见。散若夷认为，有没有来世，有没有因果，说有就有，说没有就没有。它是一个很难琢磨的学说。当时的人就把散若夷比作"很难捉的泥鳅"。泥鳅，滑不溜秋，想捉也捉不住。

这一派主张修、定，就是要求你修习和禅定，通过修、定来求得真正的智慧。禅定这个概念，也是古印度固有的，佛教以前早就有的。这一派也是反对婆罗门教的，因为婆罗门教是承认业报和轮回的。而散若夷对业报和轮回的态度是，说有就有，说没有就没有，反正谁也不知道。

这一派为什么特别重要？因为佛陀非常重要的弟子——目犍连、舍利弗，都曾经是这一派的追随者，后来成为佛陀的弟子，所以这一派很重要。

第三派叫末伽梨。这一派是偶然论者、定命论者。它认为人生都是非常偶然的，是命决定的，所以跟业报没啥关系。反正就是特殊偶然，这里边没有必然关联，所以它否认业报。既然否认了业报，认为一切是偶然的，认为一切都是命定的，那么当然所有的修行就都是空而无用的。那还修什么？什么都不能改变，那要修行干什么呢？

所以末伽梨学派主张无论是上升，还是堕落，都无因无缘，没有因缘可说，没有因果业报可说，都是偶然的。反正只要经过八百四十万大劫，这么长一个时间，经过那么多劫难，无论智愚，也就是无论是聪明人还是笨蛋，统统解脱，完全就是熬时间。

我们知道佛教和古代的印度都喜欢讲特别大的数字。咱们平时生活中讲到成百上千、成千上万、几十万、几百万，就已经很大了。而佛经里边的数字，包括古印度经典里边的数字，比这个大多了，这是印度文化的一个特点。这种特点曾经影响到我们中国文化，有些学者称之为大数现象，也就是我们的数目变得特别大，也有印度影响的痕迹。

他们的比喻是什么呢？就好比是抛一个用丝线绕成的丝球，只要线缕已尽，球自然就不滚了。这一派自称其说为正命，认为自己的学说是非常正确的,然而在佛教眼里却是邪门外道。这一派大家要注意,它和佛教、耆那教一样,都是强有力的团体。它的创始人曾经和耆那教的领袖大雄一起修行。所以这一派影响还是很大的,而且直至今天它的影响力在印度可能比佛教还要大。

第四派叫不兰迦叶。这一派更过分,它认为没有善恶业报,人世间没有善恶之分。即便是杀人、偷盗,都不是作恶。反正没有标准,没有善恶,没有伦理。这一派的信众大多数是奴隶,也就是贱民,这个数量也蛮大的。

第五派叫婆浮陀。它主张只有七个要素是实在的,地、火、水、风这四个,加上苦、乐、生命。它认为人的行为是产生不了什么影响的,都是由前几个要素所决定的。反正干什么事儿,干了就是干了,不必承担后果,不必负责任。

我们普遍的看法是,杀人是大恶,在佛教里杀生也是大恶。但是在婆浮陀这一派看来,所有人,所有生命,都是由地、火、水、风、苦、乐、生命这七种要素组成的,杀人的刀捅进去,无非是在这七种要素的空隙之间插进去而已,这有什么罪恶可说呢?这一派后来发展成非常重要的胜论学派。

第六派,也就是我们在这一讲要介绍的最后一派,叫尼乾子,这一派后来发展成印度极其重要的耆那教。当时耆那教和佛教影响都是非常大的。后来佛教在印度衰落,而耆那教并没有像佛教衰落得那么快。它主张世界分为生命和无生命两类,生命得不到解脱,是因为有业漏,有业报,受到束缚,所以必须遮、灭、解脱,消灭业报。业报太重了,是因为累世的业报都集中到我这一世。如果想早点结束那个业报,不受业报之苦，就必须苦行。这个尼乾子，就是耆那教的大雄。他和佛陀出身类似，是刹帝利，母亲也是国王之女，表妹是王妃。

这一派和佛陀后来的学说发生过冲突。耆那教和佛教两者的教义和用语有很多相似之处。耆那教的目标是克服身体的系缚，也就是不要被牵挂住、不要被束缚住，要摆脱肉体的欲望和本能，从而得到新的自由；但身体的能量太强大了，而且太杂乱了，要用苦行来减弱身体的能量。

我们现在锻炼身体，是为了让身体更具有能量，而耆那教的苦行是为了让身体的能量减弱。它有五大誓，也就是要发五种重大的誓言，以此为中心，形成戒律。这些戒律极其严酷，尤其禁止杀生，强调一无所有，必须舍弃一切。这一派有的修行者连衣服都不穿，裸体修行，舍弃一切，被称为空衣派。耆那教传承至今。

以上所述，就是佛陀诞生前和诞生时印度最有代表性的六派学说。这里只为大家做了最简单的介绍，就不难感受到，它们和后来的佛陀的学说、佛教有着非常重要的关系。

⑦ 诞生自"轴心时代"

这一讲我想向大家介绍佛陀生活的时代，当然也就是佛教产生的时代，它是属于整个人类文明的"轴心时代"的一部分。如果我们仅仅把佛陀的时代，看作是佛陀生活的、佛教产生的那段历史时期，就等于没说，自然也就没有办法展现出这个时代的特殊意义。如果我们把佛陀生活的以及佛教创立的这个时代，视作是"轴心时代"的一部分，那么这个时代的特殊意义和重要性，就会完全彰显出来。

什么叫"轴心时代"呢？"轴心时代"是一个非常重要的概念，是由德国的哲学家卡尔·雅斯贝尔斯提出来的。他出生于1883年，寿命很长，1969年去世。雅斯贝尔斯在其他学者研究的基础上（比如马克斯·韦伯、法国汉学家雷慕莎），在自己的《历史的起源与目标》这本书里，明确地提出了一个跨文化研究的概念，就叫"轴心时代"，也就是在公元前500年前后，或者说公元前800年到公元前200年这个时代，同时出现在中国、西方和印度等地区的文化突破现象。

尤其是在公元前500年前后这段时期，在印度、中国、以色列出现了一大群伟大的人物，他们对历史、宗教、政治等知识体系，展现出一种批判性的、创新性的、反省的能力。这股文化的生命力和当时的政治经济结构的重新整合，同时发生。

这些伟大人物是谁呢？他们都是人类历史上最光辉的明星，是无法简单地用"如雷贯耳"这个我们用得很多、很熟、很烂的字眼所能形容的。在印度，有佛陀、大雄；在中国，有孔子、老子；在希腊，有苏格拉底、柏拉图、亚里士多德；在以色列，有诸位先知。

这样一个非凡的时代，给人类的后人所带来的恩惠无穷无尽，至今让我们受益无穷。怎么用最简单的方式来描写这个时代呢？我猜想，我和大家都很喜欢一位奥地利的作家，名叫茨威格。他曾经说过这么一句话：天才啊，都是成群结队地来的，不会孤零零一个人来的。天才需要一个时代，天才需要扎堆。轴心时代，是人类历史上第一个，也是最重要的天才扎堆的时代。在这个时代，各种文化经历了根本的变化，对人类的文化、经济、政治的发展，都产生了决定性的影响。轴心时代的来临，意味着人类在这个时刻中重新定义自己，进一步改变过去习以为常的宿命。

大家想，这个时代有多么重要。也就是说，轴心时代这些伟大人物，他们的遗产一直遗留到今天，决定了我们是谁，我们是什么人，我们归属于哪种文化和哪种信仰。这一切都是拜轴心时代所赐。有人说得非常好，轴心时代就是这样一个时代：在它之前的人朝着它无限地趋近；在它之后的人不停地回味那个时代，去想念它。

佛陀的时代，就是印度的轴心时代。那么印度的轴心时代，是怎样为佛陀这个了不起的人物，为佛教这样一个伟大的宗教，准备了条件呢？

我们前面讲过当时印度的六派学说，大家可以清晰地看到，从这些印度最有代表性的学派来看，比佛陀时代稍微早一点点的、重要的问题是什么呢？无非就这几个问题：道德行为有没有果报？它纯粹是业，就是人的行为导致的吗？如果有业，也就是人类的行为的系缚，那么怎么能够断除这种牵绊，而使人的心灵自由呢？

这些又和轮回有关。轮回，这个词在《吠陀》里没有出现，而是在《奥义书》里逐渐形成的。正是在佛陀前后，大规模出现轮回这个概念，所以轮回这个概念的流行，也正好是在佛陀的时代。一旦有了轮回的概念，那么什么叫轮回？是谁在轮回？这样的问题就会进入大家的视野。业的概念，在佛陀之前就有。但业报，也就是人类的行为，要有果报，有后果，会反诸己身，这样的一个观念还没有形成。这是佛教后来逐渐形成的业的因果律。

这些问题都摆在佛教之前，摆在佛陀之前。当时有许多学说，比如偶然论，也就是说一切都是偶然的；比如说宿命论，就是说人无可作为，都是命定的；还有自在神话论，也就是一切都是神创造的，跟人没什么关系。对这三种学说，佛教统统反对，认为这些都否定了人的自由意志和努力的结果。佛教创造了缘起说，这个当然就高明多了。所以佛教出现的时代，佛陀出现的时代，正好是一个吠陀的宗教——婆罗门教光辉不再，新宗教尚未确立，许多思想者都尝试着从内心发现真理，在黑暗中艰难地摸索前行的阶段。

在当时出现了一种思潮，我们前面也提到过，就是和后来的佛教最有渊源的沙门思潮。沙门，现在我们就是指佛教的僧人，但实际上不是这样，沙门在印度源远流长，它的前身叫什么？就叫牟尼。他们在古代印度的形象是留着长发，穿着很脏的衣服，飞行在空中，喝有毒的液体。他们和婆罗门不同，要进行各种匪夷所思的苦行。

在印度的轴心时代，各种各样的情况都被外界观察到了。古希腊的时候，有一个人叫美迦斯提尼斯。他在公元前3世纪的时候，稍稍晚于佛陀生活在这个世间的时代，曾经到过印度。他说印度有两种哲学家：一种是婆罗门，一种是沙门。

沙门和婆罗门的区别是：沙门不住在城镇里，甚至不住在房子里；沙门身穿树皮衣，吃橡子（橡树的果实），用手捧水喝；沙门不结婚，不生子，行诸多苦行，有的人苦坐不动。这些记录无疑是可靠的。沙门不相信婆罗门教的吠陀大神，他们相信轮回，相信转生。今世的所作所为，也就是"业"，它的好坏决定了来世转生的好坏，无论做什么都有因有果。沙门认为，即使是神仙，也逃不出业的支配。所以他们厌恶转生，他们不愿意投胎转世，他们甚至害怕转生。换句话说，他们想跳出轮回。为了这个目的，沙门行苦行，反对杀生，等等。

这种思想的主要流行区域在东方，也就是婆罗门教文化圈以外的印度原住民族的聚居地。大家一定想到了，这个地方恰恰就是佛陀的家乡所在。而正好在印度的轴心时代，也就是佛陀的时代，它的社会经济条件也为一种突破性的发展打好了基础。

当时印度的恒河流域，稻作农业相当发达，雅利安人开始确立了定居的农耕生活，粮食丰富。这就有了供养大量出家人的经济能力。有的学者注意到，热带地区的食物不容易保存，特别容易腐败。剩余的食物，吃不完，存不了，就不得不丢弃。而这些剩余的食物就为这些乞食修行的沙门，提供了最根本的食物保障。

这样的条件还有很多，比如佛陀所属的释迦族，受到周边更大的国家的威胁。周边的很多大国，比如憍萨罗国，就曾经侵略过佛陀的故国。这样就会影响佛陀对世间的思考，使他产生出一种厌世、出离的想法。所以，我们如果把佛陀比喻成一颗最适合的种子，那么，佛陀的时代，作为人类历史上最伟大的轴心时代的一部分，正好为佛陀这颗上天赐下的最合适如意的种子，准备了最殊胜的因缘，最具足的时代、土壤和氛围。

一个最合适的人，出生在一个最合适的时代，脚踏一片最合适的土壤，沐浴着最合适的氛围。佛陀这粒最殊胜的种子，终于发芽、长大，最终长成一棵无量巨大的福慧之树，庇荫了亿万迷茫困惑的世人。所以，我们一定要理解，佛陀是人类历史上最伟大的天才之一，而他所降生、成长、出家，以及创立佛教的那个时代，又属于人类历史上最光辉灿烂的轴心时代。只有在这个大背景下，我们才能更好地理解佛陀和佛教。

⑧ 从印度经典里寻找历史的足迹

前面以全书将近十分之一的篇幅，用最简要的方式向大家讲述了佛教与中国文化的密切关系，以及佛教产生之前，印度的历史、文化和学说状况。

从这一讲开始进入真正的主题——佛陀。对佛教来讲，创立者佛陀毫无疑问是最重要的。很多朋友会问，开始讲佛陀，我们的依据是什么呢？毫无疑问，我们必须尽最大的努力，去寻找文献、历史资料上的证据。不然，我们几乎就是凭空捏造了，这是很难让人接受的。

这样一来，一个巨大的问题马上就出现在我们面前。与中国文化不同，印度文化的特点之一，是严重地缺乏历史学的传统。如果用某种学科来形容中国文化的一大特色，"史学"两个字当之无愧就会跳出来。中国文化的重要特点之一，就是有漫长，而基本可靠的史学记载。可以说中国乃是史学的国度。然而印度就不是了。印度人好像更关心前世来生，不怎么关心今生今世。

如果用一种学科来形容古印度文化的特点，大概只能是玄学和神学。这是我们面临的一个巨大的困境。古代印度的历史，在很大程度上要靠中国古代去印度的求法僧的记载来确定，像法显、玄奘、义净等。印度古代史不仅很难为佛教史提供一个可靠的、可供参考的历史框架，反而在很大程度上，要靠佛教史来帮它的忙。这个困境是非常让人挠头的。

不管怎么说，我们要讲述佛陀、讲述佛教，最主要的依据当然是佛经。但是，按照佛陀涅槃前所定下的规矩，重要的并不是佛陀的生平，而应该是教法，也就是佛法。佛陀反对，而且是坚决反对对他本人进行任何形式的崇拜。佛弟子应该依法修行，如果佛弟子开始崇拜佛陀这个人，那么用句现在流行的话来说，就叫跑偏了，这是不对的。

佛经里有很重要的一句话，是佛陀圆寂前的遗言。他对弟子们讲：你们要以自己为岛屿而安住；以自己为庇护，不以别人为庇护，以法为岛屿。岛屿是一个比喻。在茫茫人海里，在这样一个世界上，岛屿就是独立于其外又在其中的一片区域，可以供人安住身心。所以佛陀讲，你们要以法为岛屿，以法为庇护，不以别人为庇护。

这就很好理解，为什么佛经根本就不着重宣扬佛陀的人生经历，为我们提供的关于佛陀的生活、性格等细节少之又少，以至于在19世纪的时候，一些西方学者甚至开始怀疑，佛陀究竟是不是历史上的真实人物。有些学者居然认为，佛陀很可能是个神话，或者干脆就象征着太阳的崇拜。当然今天没有人再相信这样的说法。然而，如果要尽可能地复原佛陀以及他出家成佛、创立佛教的事迹，说到底我们又根本就离不开佛经。但是如果要读懂和利用佛经，我们首先就要了解佛经的特点。

佛经的特点很多，概要地讲有这么几点。

第一，数量浩大，浩如烟海。我们用排印最紧凑的，字很细小、密密麻麻的，而且还只收了汉语佛经的《大正藏》为例（《大正藏》是日本学者编撰的一种《大藏经》，因为在日本大正年间编成，所以叫《大正藏》），就有《辞海》那么厚的一百多卷。而藏语的《甘珠尔》《丹珠尔》，按照藏式的包装方法，一沓沓叠起来，不装订，外面用绸缎裹起来，就有几百包。如果放在书架上，非常壮观，令人叹为观止。

第二，佛经所用的语言极其繁杂。随便数一数，就有梵语、巴利语、各种俗语（俗语就是印度文化圈的各种方言）、汉语、藏语、蒙古语、满语、西夏语、和阗语、粟特语、吐火罗语、回鹘语，等等。只不过，基本可以肯定，这些后来用于记录佛经的语言，佛陀本人一种都没有使用过。佛陀究竟使用什么语言？在今天依然是有争论的。

第三，佛经没有一部是佛陀亲手撰写的。我们打开汉语佛经一看，开头往往是这么四个字："如是我闻"，意思是我就是这样听到的。可见，佛经最初都是口耳相传的。

佛经编辑的历史相当复杂。佛陀涅槃以后不久，佛弟子就召开大会，开始结集。采用的方法并不是用书写工具记下来，而是复诵，反复地朗诵、念诵。什么意思呢？就是推出一个德高望重、资历非常高的佛弟子，把听到的佛陀讲的话念出来，旁边的人若证明佛陀说过这句话，大家一起再念一遍，然后大家再复诵佛陀讲的这句话，这样慢慢形成一部经典。

早期的佛弟子都修行瑜伽，可能是因为当时印度流行。今天的瑜伽好像更多是一种健身活动，从外表看类似于体操，当然不完全是这样。但是在古代印度，瑜伽不是那么简单。早期的佛弟子，可能是因为修习过瑜伽，他们的记忆力超凡出众。

在今天的藏传佛教里面，我们依然可以发现，有一些藏传佛教的高僧，经过特殊的训练以后，其记忆力让我们非常赞叹。佛弟子就是采用这样的一种方式，来形成佛经的。

到了佛陀涅槃后大概一百多年，佛经进行第二次结集，还是用念诵的方法，这次就形成了最古老的巴利语的佛经。佛经开始写下来，是在佛陀涅槃以后三四百年，这个时候已经相当于中国战国晚期，也就是在公元前3世纪左右。写好以后，分别放在三个篮子里，所以就叫"三藏"，分别是经藏、律藏、论藏。当然下面还要分为各种各样的经。

巴利语三藏，当然不是佛经唯一版本，却是印度系语言当中仅有的、较完整的版本。第二次结集以后，佛教内部发生了分裂，分成了许多派别，各派开始各自编写佛经，这样情况就更复杂了。

一般认为，佛陀涅槃后六百年左右，佛教传入中国的汉地；大概一千年以后，佛教传入中国的西藏。很多在印度语言当中已经遗失的材料，被翻译成汉语、藏语并保存了下来。这些译本，有的非常忠实于原文，特别是在藏文佛经里面，有的则充满了新的说法，所以情况是非常复杂的。

第四，按说在今天的斯里兰卡、缅甸、泰国等地，有上座部传承的巴利语三藏（上座部是非常古老的一个佛教派别，应该是最古老的，最接近佛陀时代的）。这种说法大致是正确的。就了解佛陀的生平而言，巴利语三藏最为有用。不过这也未必，为什么呢？因为在中亚，出土了很多残卷，还有我们前面提到的汉语、藏语佛经，其中就有不少地方可以来纠正或者弥补巴利语佛经。

总体来说，关于佛陀的生平传说的资料，大量保存在经里边，还有很多保存在律里边。我们知道佛经分经、律、论三藏，经就是佛经，按理说大家都相信，这是佛陀本人讲的；律就是戒律；论就是后来的佛弟子发挥演绎佛陀之说形成的经典。

汉语中有几部基本完整的佛传，还有不少和佛陀生平相关的佛经，都收录在比如《大正藏》(《大正新修大藏经》)里。从《大正藏》的《本缘部》里边，就可以找到相关资料。其中有些基本可以对应梵文本。梵文本虽然残缺，我们还能找得到一些，比如马鸣菩萨的《佛所行赞》，我们发现汉译在，藏译在，梵文本也在，这已经非常幸运了。

归纳起来，早期的口耳相传难免出错，很多资料已经遗失，而僧人个人的观点和发挥又会影响到佛经，产生各种各样的误解。所以在很多场景下，我们真的无法确定哪些故事和说法是可靠的，哪些是子虚乌有后来编造的。

这就是我们现在要讲述佛陀的生平和佛教的形成时，所面临的资料困境。不过幸运的是，除了梵文、佛教混合梵文以及其他文字写成的佛典，我们还拥有大量的汉译、藏译佛经。同时，更幸运的是，我们还拥有一部非常古老而且基本完整的巴利语三藏。这些，就是我们讲述佛陀生平，讲述佛教的形成，所能依据的最可靠的资料。

⑨ 稀缺的个人档案

巴利语是古代印度的一种俗语。什么叫俗语呢？打一个不完全恰当的，但是不得不打的比喻，梵语好比是咱们的官话，其他的很多语言，包括巴利语在内，就好比是咱们各地的方言。

巴利语非常古老，而很久以来就有"圣语"这样的称号，可见它的地位重要。不必说很多信仰佛教的佛弟子，就连很多想了解佛教文化和亲近佛教的普通人，除了阅读汉语佛经以外，最好还是努力了解一些梵语佛经、巴利语佛经、藏语佛经的情况。

就好比我们读《论语》，总应该努力地去读汉语本，读老子的《道德经》也应该读汉语本。我们如果想了解西方的基督教文化，就应该努力地读一些权威的原文；我们要了解莎士比亚，最好还是能够读他英语的原文。当然因为梵语、巴利语学习起来比较困难，所以很多朋友没有办法直接去掌握。但是这不重要，重要的是我们应该对梵语、巴利语的佛经有一个大致的了解。

我们非常幸运，中国有像郭良鋆先生这样的巴利语学者，她是季羡林先生和金克木先生的第一代弟子，1960 年进入北京大学东方语言文学系——这个系现在已经没有了——梵文巴利文专业学习。我是开设本科的第二届，但第二届已经是 1984 年了。

郭先生曾经专门到斯里兰卡研习巴利语，有很多重要的著作。我也听过郭良鋆先生的课，郭先生也是我的老师。所以我就根据郭良鋆先生完全依据第一手的巴利语材料撰写的著述，来向大家介绍一下在巴利语佛陀传记资料的情况。

在巴利语的经、律、论三藏中，并没有完整的佛陀传记。这些资料，也就是说佛陀生平的片段，散见在各个地方。

这个原因我前面讲过，因为在佛陀的时代，第一，佛陀本人反对搞个人崇拜；第二，佛弟子们最应关心的是佛法，而不是佛陀本人。当然，佛陀在世的时候，周游各地、弘法、讲经，佛经里留下了这些活动的痕迹。这也就是巴利语佛经里佛陀传记资料的主要来源。

但是在巴利语的三藏当中，佛经是按照各种各样印度的传统习惯进行分类汇编的。这种分类汇编的习惯，跟我们汉语典籍是完全不一样的。最重要的区别就是，它根本没有编年的次序。换句话说，我们根本没有办法了解，哪部经比哪部经更古老，它的记载哪些是早出现的，哪些是后来出现的。我们没有办法来分辨，只能通过非常复杂的、学术研究的过程去推断。

将巴利语三藏，特别是律藏和经藏中的佛陀生平片段串联起来，还是能够形成大体上完整、相当可靠的佛陀传记的。这背后就靠像郭良鋆先生这样的优秀学者长年累月地辛苦研究。非常感恩我们有郭老师这样的学者。

早期佛教上座部的高僧们，他们主要是阐释佛法，并没有着手编撰佛陀的传记。后来，特别是在小乘佛教向大乘佛教的演变过程中，佛陀作为佛教的创立者和教主，地位不断地提高。随着地位的提高，佛陀从一个人，活生生的历史中的伟大人物，逐渐走上神坛，变成一个神，越来越被神化。佛陀本人虽然对此是反对的，但是后来不可避免地出现了对教主的崇拜。佛弟子们对佛陀的信仰和感情越来越强烈，就开始出现了佛陀的传记。

现在我们能找到的最早的佛陀的传记资料，除了巴利语佛典里边的一些片段以外，主要是用梵语撰写的三部经。一部是《大事》，按说它是一部律，但是如果仔细看这部书，就会发现有很多地方是讲述佛陀生平的。

这种情况，在佛经里边有很多，从经书名一看，或者刚开始一看，它是讲这个的，往下一看，发现离题越来越远。

《大事》的内容主要分三部分。第一部分写佛陀的前世作为菩萨在燃灯佛和过去诸佛时期的生活。第二部分写佛陀作为菩萨住在兜率天，然后转生为释迦族的王子悉达多，结婚生子，离家出走，降伏各种恶魔，在菩提树下得道成佛。第三部分讲他初转法轮，建立僧团，度化弟子，一直讲到频毗娑罗王皈依佛陀。

《大事》可以算是第一部讲述佛陀生平的作品，内容比较松散凌乱，讲着讲着就跑偏了，所以不是一部严格意义上的佛陀传记。这部经里边有非常古老的部分，有的早到公元前2世纪，但是也有非常晚出的部分，晚的可能要到公元4世纪，中间有六七百年的距离。

第二部叫《神通游戏》，也译为《方广游戏经》。这是大乘佛教的重要经典之一，全书分为二十七品。所谓的品是佛经的说法，大致相当于咱们讲的卷、章、节的概念。这一部经里边，也有很多关于佛陀生平的记载，有一些内容和巴利语的佛经是相对应的。

一般大家认为这是一部在小乘佛教经文基础上，加以修饰和扩充的佛陀传记。它的成书年代是在公元1—3世纪。与《神通游戏》这部经相接近但不是完全对应的汉译，是在公元4世纪初，由西晋时代一位叫法护的高僧翻译过来的，汉语的名字叫《普曜经》，也非常有名。而到5世纪的时候，另一位僧人地婆诃罗，又翻译了一次。当然翻译得不完全一样，改叫《方广大庄严经》。这两部经，很多亲近佛教的朋友都比较熟悉。这是第二部最早的、用梵语写成的佛陀"传记"。

特别重要的是第三部，由生活在公元1—2世纪的马鸣所写的《佛所行赞》。这部经的梵文原本有残缺，但保存得还是比较完整的。汉译本是北凉的昙无谶翻译的《佛所行赞》，还有藏译本。汉译本和藏译本都比较完整。

另外还有一部汉译本，叫《佛本行经》，是由宝云翻译的，保存的程度看来比梵文原典要完整。里边描写了佛陀诞生在释迦族，早年在宫廷里边过着奢华的生活，结婚生子，后来对生老病死、人生无常深有感触，从而出家，访师求道，修炼苦行，最后在菩提树下觉悟成佛。

《佛所行赞》结构严谨，内容连贯，非常讲究韵律和修辞，完全符合古典梵语叙事诗的艺术规范。它不仅是佛经，还是印度古代文学的瑰宝。

唐代著名的求法高僧义净，跟玄奘大师一样，都是到印度去求法，地位非常重要。他在《南海寄归内法传》当中，专门称赞《佛所行赞》说："意明字少而摄义能多，复令读者心悦忘倦，又复纂持圣教能生福利。"什么意思呢？说它的意思非常鲜明，文字非常简洁，蕴含的道理非常丰富，能够让阅读的人满心欢喜，忘掉疲倦，而又能够传达佛教的教义，带来各种利益。

这是很高的评价。当然《佛所行赞》里也用了很多夸张的手法，也有很多神话性的描述。但是，和《大事》《神通游戏》相比，可算很有节制。马鸣在《佛所行赞》里面，对佛陀生平传说所进行的艺术加工，侧重于把佛陀作为一个历史人物来看，而不是把他作为一个神来看。

马鸣还有一部叙事诗，叫《美难陀传》，写的是佛陀度化自己的异母兄弟难陀的故事。马鸣后来被尊称为菩萨——马鸣菩萨，他的两部著作中有关佛陀生平传记的资料，现在看来是最重要的。

说到这里，我不禁想起自己三十多年前求学的那个时代。我1984年考进北京大学东方语言文学系梵文巴利文专业，在大学本科期间，又到当时的西德的汉堡大学留学。在这个期间，主要研习的一部经典，就是马鸣的《佛所行赞》，我的本科论文和研究生论文都是以这部经作为题目的。

我的论文写的就是《佛所行赞》各种梵文残本的比较研究，是由恩师季羡林先生指导的,所以我还保存了季羡林先生亲笔所写的一大段的评语,季先生给了我满分。当然,这是对晚辈的鼓励了。

此时此刻,我格外地怀念我的老师们,是他们当年指导我学习。虽然我非常愚钝,也毫无成绩可言,但这终究是一段美好的记忆。我从十八岁到二十多岁,也就是说距今天三十年以前,曾经花了大把的精力来学习《佛所行赞》,学习佛陀的生平。当时绝对没有想到,在三十多年后,我能够有机会给大家讲述这个题目。按照佛教的说法,这是冥冥之中的一种因缘,而这种因缘,非常殊胜。

在所有的佛陀传记资料中,这三部经是用梵语写的。然而巴利语三藏中的佛陀生平记载虽然是片段,终究是最古老的。换句话说,巴利语三藏当中的佛陀生平碎片,很可能最接近于佛陀的本来面目。当然里面有神话传说,有夸大,但是我们今天没有办法,只能首先依据这些片段来探求佛陀的真实生平。因为除此以外,我们再也没有比巴利文资料更古老的佛陀传记资料了。

总之,佛经里对佛陀的生平并没有连续的记载,都是碎片,散布在各处,佛陀即便提到自己的经历,也是零零碎碎的,这和犹太教、基督教经典当中对摩西或者耶稣的详细记载完全不同。

如果严格按照今天的要求,很难说佛经里边有哪件事情可以百分之百地确定在历史上真实发生过。不过,我们绝不能因此就采取某种历史虚无主义的态度,这个也是不对的。

一方面,我们不能完全相信,换句话说不能迷信;另一方面,我们也不能完全不信。还是应该按照佛陀的教导,以一种中道的态度来看待这些资料，不能走极端。佛经告诉我们，早期的佛弟子也很看重佛陀的诞生、出家、求道、觉悟、传法和涅槃，而这就非常好，因为正是这些构成了佛传最关键的部分。

佛教是一种宗教，它的创立者和教主佛陀经历了由凡人觉悟成佛的历程，很多事情也确实夹杂了神通魔幻。尽管我们不得不面临很多困难，对细节更是几乎无法掌握，我们仍然应该相信，这些主要事件的大体情况还是可靠的，在历史上是曾经发生过的。这背后有很多代学者辛勤研究的结果，这些我在这里就没有办法向各位一一介绍了。

⑩ 身份证信息（上）：姓名和籍贯

看完标题，很多朋友一定会觉得奇怪：搞什么鬼？佛陀哪里有身份证？

别忙，我建议大家不妨先把自己的身份证拿出来看一看，我们可以看到上面都是自己的最基本的信息，比如：姓名、性别、民族、出生日期、住址这么几项，旁边有一张照片。

佛陀那个年代当然没有照片，所以咱们把照片先撇开不谈，反正我们脑海当中都有佛的各种各样的形象。当然，在汉传佛教、藏传佛教、南传佛教当中，佛的形象是有所区别的，不过这个不要紧。

我们先来看看另外几项，马上就会发现，我们往往自以为很熟悉的事情，其实还挺陌生，扛不住问。

假设我们要为佛陀去办一张身份证，那么首先就得填写第一栏：姓名。佛陀的姓名是什么呢？很多朋友也许脱口而出：不就是佛陀吗？当然不是。因为佛陀的梵文叫 Buddha，意思是觉悟了的人，是佛陀成了正等觉以后，成了佛以后，大家对他的尊称，称他为觉悟者，用句大白话讲，就是一个彻彻底底、把什么都想明白了的人。所以明显这是个尊称。在我们汉语佛典当中还有一个称呼叫"佛"，也是佛陀的意思，当然也不是名字。

如果我在这里岔开一下，问大家一个问题：佛和佛陀到底是什么关系呢？很多朋友肯定会先愣个两三秒钟，然后回答我：佛嘛，就是佛陀的缩略，咱们省掉了一个字，简称为佛。还有些朋友会讲：佛陀就是佛的拉长，我们不知道为什么在佛后面加了个陀字。这两种说法都不对。

在汉译佛经当中，"佛"这个词出现的时间比"佛陀"要早，这正反映了一个重要的历史事实。最早的佛教传播，是从印度次大陆经过中亚，再绕道经过今天中国的新疆，沿着陆上丝绸之路传进汉地的。

在这个过程中，经过了各种各样的方言区，所以梵文的 Buddha，在某种方言中变成了一个单音节的词，可见早期佛经是间接传播进来的，而不是直接从印度来的，它经过了中亚很多信奉佛教的民族。所以"佛"这个词出现得比较早。而到了后来，汉地和印度有了直接的交往，才出现了直接从梵文翻译过来的"佛陀"这个词。无论如何，佛陀肯定不是名字，不能填在姓名这一栏里。

可能有的朋友会讲，咱们不是说释迦牟尼吗？把释迦牟尼填在姓名这一栏，肯定没错，这就是佛的名字。也错了。为什么？释迦牟尼，它的意思是什么？前面的"释迦"是部落的名字，佛陀出生的那个部落叫释迦族。"牟尼"是什么意思？圣人，了不起的人。释迦牟尼，它的意思是释迦族的圣人。很显然，这也是一个大家对佛陀表示崇敬、表示赞叹的尊称，也不是佛陀的姓名。

那么佛陀的姓名到底是什么呢？最通行的说法是这样的：佛陀的名字叫乔达摩·悉达多。悉达多，就是佛陀的名，它的意思可以翻译成"吉财"，就是很吉祥的财富。这个名字是不错，但是可能后来有人觉得这也太俗气了，用在这么一个了不起的圣人的名字当中，不太好，所以就选择了另外一种译法，叫"义成"。这显然就合适多了，一辈子都能成就道义，做真正有意义的事。大概是悉达多成佛以后，大家觉得一般的"义成"还不够，就再加强一点，成了"一切义成"。

那么他的姓呢？前面我们不是讲叫乔达摩吗？这个姓的意思是"最好的牛"。我们知道在印度，牛的地位很高。今天很多朋友去印度旅游，可以看到很多牛在马路上非常悠闲地散步，累了以后就地躺倒休息，经过的车辆和行人一般都避着它，不会去踢它一脚、赶它一下，因为牛在印度很神圣。那么"乔达摩"，当然是一种美称，但是针对乔达摩这个姓氏大家还有很多看法。

很多人认为这是佛所属氏族的名字。氏族的上面是部落，佛陀的那个部落叫释迦部落，下面的氏族叫乔达摩。于是直接把乔达摩看作是佛陀的姓，恐怕不一定对。因为在这方面有个很有力的质疑：历史上记载了佛陀姨妈的姓名。因为氏族一般都是外婚制，也就是本氏族的人是不能通婚的，而佛陀姨妈的姓名却表明他们不是外婚，这就不对了。

此外，乔达摩是一个婆罗门氏族的名字，而佛陀是刹帝利种姓。所以有的学者就提出，乔达摩是按照当时印度贵族的习惯，从古代的印度圣典《梨俱吠陀》里借用的。这个意见是季羡林先生提出的。其实古时候，绝大多数人未必有姓氏。现在有很多民族也并没有姓氏，中国古代大部分人也没有姓氏。所以最稳妥的说法是，一般认为佛陀的名字叫悉达多，姓如果有的话，很有可能叫乔达摩，这个说法大概是不错的。

性别这一栏，不用考虑，我们填"男"。住址这一栏，佛陀是云游四方，居无定所的，所以我们把这一栏可以改成佛陀的出生地，或者说籍贯在哪里。佛陀是哪里人呢？这又是一个问题。由于佛教诞生于印度，并且从印度传播出去，走向更广阔的世界，所以很多人想当然地认为佛陀是印度人。其实不然。

在佛陀的那个时代以及此后历史上的大多数时期，印度并没有形成统一的国家，而是处于有很多国家各自独立或者半独立的状态。印度北部就有十六个各自独立的国家，号称"十六大国"，其实也没多大地盘。此外，还有四个独立或半独立的小共和国。这个共和国当然是西方的名词，它表示的是并非君主独裁的王国，而释迦就是四小国之一。

不过，历史上，基本上不称佛陀的故国为释迦国，而是用它的都城的名字，也就是我们很多亲近佛教的朋友非常熟悉的迦毗罗卫，来称呼这个小国。这个国家的国土面积大概只相当于今天中国的一个乡，还不能是一个特别大的乡，或者相当于城市的一个中等大小的区。

这个不奇怪，中国在春秋战国时期，也有很多小国，其实也就那么大。佛经里一般就称这个国家为迦毗罗卫国，这是佛陀的籍贯。它是受十六大国之一的憍萨罗控制的一个国家，所以只是半独立的。它上面有个宗主国——憍萨罗。而巧就巧在，就这么巴掌大的一个地方，它却地跨今天的印度和尼泊尔两个国家。今天我们大致可以确定地说，佛陀的诞生地，或者说他的籍贯，是在今天尼泊尔境内的某个地方。

根据考古发现，佛陀的诞生地就在今天尼泊尔泰来地区叫剃罗拉柯提的一个地方。现在这里已经是一片废墟了，距离印度北方邦巴斯提县的比普拉瓦只有十多公里，离印度非常近，但是它属于尼泊尔。后来在比普拉瓦，又有重要的考古发现，陆续发掘出一些石质的舍利盒和一些刻有佛教用语的印章。

所以有人认为比普拉瓦这个地方是迦毗罗卫城的旧址。这就开始有争论了，因为这个地方在印度境内。目前对这个争议咱们也无从去判断。按照一般传统的说法，我们还是认为佛陀是尼泊尔人，可以把他的籍贯看成是在尼泊尔的剃罗拉柯提这个地方。这些都有考古发现佐证，这就很可靠了，而且非常难得。

佛陀涅槃二百多年后，古代印度有一个非常有名的国王，对佛教的传播发挥过巨大的作用，他就是孔雀王朝的阿育王。现在浙江宁波还有阿育王寺，就是以他的名字来命名的寺庙。阿育王为了纪念或者标明佛陀的诞生地，曾经在那个地方立了一根柱子，唐玄奘西行取经到达印度，对此曾经有过记载。

《大唐西域记》卷六，就讲到过这根石柱子，并且讲到柱子旁边还有座塔，塔里边有如来的遗身舍利。今天塔已经倒塌了，我们看不到了，但是这根石柱还在,就在玄奘记载的那个地方。从年代上讲,这就好比是咱们中国先秦时代的遗物了,非常古老和珍贵。更重要的是,玄奘提到的如来遗身舍利,后来也有考古发现。

1898年,有一位考古学家在比普拉瓦发掘佛塔,就发现了舍利坛,上面有非常古老的铭文,说这就是释迦族供奉祭祀的佛陀遗骨。这些舍利,后来有一部分转让给了虔诚信佛的泰国国王,另外一部分供奉在日本名古屋的一所寺庙里。而装这个舍利的舍利坛,收藏在印度加尔各答博物馆。这个考古发现,证明了玄奘记载的可靠性。

中国西行求法的这些高僧,为了解佛教的历史和印度的古代史,留下了很多珍贵的记载。玄奘的记载非常准确,这就是一个例子。你看他到了这个地方,说这个阿育王建了一座塔,旁边有根石柱,塔里边有佛陀的舍利。咱们今天去看,塔倒了、没了,石柱还在。然后就在石柱旁边进行考古发掘,果然发现了舍利坛。玄奘还记录了那烂陀寺——印度非常重要的一个佛教大学。后来的考古学家进行考古发掘的时候,基本上是把玄奘的《大唐西域记》当作一本手册来用,按照它进行了非常准确的发掘。所以这些高僧留下的资料非常宝贵。

至此,身份证里有三栏,我们现在都可以填好了。

第一栏,姓名:悉达多·乔达摩,或者叫乔达摩·悉达多。区别只是姓在前还是名在前的问题了。

第二栏,性别:男。

第三栏,他的国别,或者说他的籍贯是在印度和尼泊尔交界处的某个地方。有一种说法在尼泊尔境内,近年来也有一种说法在印度境内。

也就是说有的人认为佛陀是尼泊尔人，有的人认为佛陀是印度人，这就引起了争论。但是根据古代的记载，我们还是倾向于认为佛陀的诞生地在尼泊尔境内。

那么身份证的另外几栏呢？比如民族这一栏，出生年月这一栏呢？毫无疑问，我们也应该替佛陀填上，而这也不是一件轻而易举的工作。

⑪　身份证信息（下）：出生和民族

我们接着来完成佛陀的这张身份证。身份证上一共是五栏：姓名、性别、民族、出生、住址。上一讲，我们帮佛陀填好了其中的三栏：姓名，悉达多·乔达摩；性别，男；住址，我们把它改成佛陀的国别、籍贯，印度和尼泊尔交界处的迦毗罗卫城。

现在身份证还有两栏信息需要我们去填，一个是佛陀的出生日期，一个是佛陀的民族。先讲佛陀的出生日期。相比佛陀涅槃的时间来讲，佛经中对他出生日期的描述并不算多。这个也很好理解。

佛陀出生的时候就是一个普通婴儿，一个出生在高贵家族中的小孩。而当他涅槃的时候，已经是天人的导师，是佛教的创立者。当然他的涅槃时间留在记载中就会比较多，这个是完全合乎情理的。

我们在填写这一栏的时候，只能用倒推法。因为我们知道佛陀在这个世界上活到了八十岁，这是没有争议的，所有的记载都是一致的。那么，我们只要掌握了佛陀涅槃的年份，然后倒推八十年，不就可以确定佛陀出生的年份了吗？但这事情，可没有我刚才讲的那么简单。

佛陀涅槃究竟在哪一年，问题不是缺少记载，而是记载太多，并且彼此相差极大。根据学者的统计，关于佛陀涅槃的时间，大约有六十种说法，仅在藏传佛教里就有十四种说法。其中一种比较有代表性的说法是，在南传佛教，也就是巴利语系的佛教当中，主张佛陀涅槃的年份是公元前544年，或者公元前543年。

第二种是藏传佛教格鲁派的主张，佛陀涅槃的年份是公元前961年。第三种说法，在中国的内地，换句话说就是在汉地，有公元前1027年的说法。第四种说法，其实是第四类说法，欧美和日本的学者提出过各种各样的佛陀涅槃年份，比如公元前486年、公元前483年、公元前386年、公元前384年、公元前370年等。

真是众说纷纭，而且前后相差将近七百年。按照南传上座部通行的佛教纪年，是以公元前544年为佛陀涅槃的年份。因此，在1956年的时候，曾经举行过盛大的纪念活动，纪念佛陀涅槃两千五百周年。按照这个推算，往前推八十年，那么佛陀的出生年份就是公元前624年。

但是在中国内地，有一种奇妙无比的计算方法。这个方法历史悠久，叫众圣点记。众圣点记是什么意思呢？

佛教有一种特别的制度，这个制度产生于印度。印度有雨季，雨季的时候，地上淌着水，各种小虫子都出来了，小生命很多。所以那个时候佛教徒最好不要出行，自然条件也不便于出行。出行的话，也不知道水里有多少个小生命，一脚踩下去，可能无意中导致杀生的大罪过，所以就必须安居，叫雨安居。就是在雨季要安安定定地住下来。

佛教徒在某个固定的地方，聚在一起安居三个月以后，要举行一个仪式——诵戒。大家济济一堂，聚在一起背诵戒律，来检查安居的三个月里边是不是遵守戒律，有没有违反戒律。完了以后，这些佛教徒就要进行批评与自我批评。除了自我检讨以外，也可以批评别人。举行完这个仪式，他们还要背诵戒本。完了就要在这个戒本上点一点，来进行纪念，意为又经过一次安居了。这种制度在佛陀涅槃的第一年就开始实行了。

根据《善见律毗婆沙》的记载，南齐永明七年，也就是公元489年，到那年一共累计点了975点。这样就是一道简单的算术题了，975减去489，等于公元前486年。

所以，汉传佛教认为，根据众圣点记，佛陀涅槃在公元前486年，这还和阿育王的纪年完全符合。

公元4—5世纪，斯里兰卡出现了一部重要的佛书，叫《岛史》。根据这部佛书记载，孔雀王朝的一代名王阿育王灌顶登基的时间，是在佛陀涅槃以后218年。印度现代历史学家经过仔细认真的考证，将阿育王登基的年份定在公元前269年左右。这个年份往前推218年，也就是公元前486年。这个记载非常有意思，是比较明确的。现在国际学术界的主流观点，越来越趋向于接受公元前483年之说。而公元前486年和公元前483年只相差短短三年。在几千年的历史长河当中，这三年的误差几乎可以忽略不计了。

现在印度的历史学家，则一般也接受中国汉地的众圣点记的纪年，将佛陀涅槃之年定在公元前486年。

如此就很清楚了，佛陀的诞生之年可以定在公元前566年。身份证上出生日期这一栏，我们可以填上公元前566年。

这个年份是非常重要的。我们在前面提到过，佛陀所处的年代，正是人类文化史、文明史上非常重要的轴心时代。因为在这个年代，一批天才成群结队而来。大家看，佛陀诞生于公元前566年，而拜火教或者说祆教的创始人琐罗亚斯德诞生于公元前628年，苏格拉底诞生于公元前469年。

佛陀身份证上出生日期这一栏解决了，我们再来看看佛陀的民族。在古代印度，乔达摩一般属于婆罗门的种姓，而释迦属于刹帝利种姓。在佛经中记载下了佛陀的自述。

释迦族的祖先也是一个王，地位很崇高，他为了让宠妃的儿子继承王位，放逐了四个年长的儿子。这四兄弟就流亡到雪山底下的一个湖泊旁边，住在名叫萨迦的释迦树林里。为了保持种姓的纯洁，他们和自己的姐妹结为配偶，这种情况也是常见于古代记载的，今天当然不可以。这四兄弟，住在释迦树林里，又和释迦族姐妹结为配偶，因此他们得名释迦族。

在巴利文的经典当中，佛陀曾经向一个很有名的国王频毗娑罗讲述自己的出生，就讲到，在喜马拉雅山的山麓，有一个乡村的部族，繁荣富强，属于憍萨罗国。"部族名为太阳，我出生的家族名叫释迦。"由于部族名为太阳，所以佛陀还有一个常用的称号（他有很多称号），叫"太阳的亲属"。印度古代史的传说中，将帝王的谱系分为太阳族和月亮族，而释迦的祖先属于太阳族。根据佛经的记载，佛陀的民族这一栏，我们可以填为释迦族。

根据佛经，佛陀的家谱可以往前推很多代。佛经讲，释迦族的元祖叫"众所许王"，大家都非常认可的王，一直相传到大善身王。这位大善身王是佛陀的七世祖，再传下来，传到佛陀的祖父，是迦毗罗卫国国主——师子颊王。

师子颊王生了四个儿子、一个女儿。四个儿子，一个叫净饭大王，一个叫白饭王，一个叫甘露饭王，一个叫斛饭王；女儿叫甘露。而其中的净饭大王，就是佛陀悉达多·乔达摩的父亲。佛经记载，佛陀有三位叔父，一位姑妈，一位亲兄弟，六位堂兄弟。从记载中还可以看出，佛陀在出家前是有儿子的，叫罗睺罗。这个儿子后来也出家了，但是，这绝不等于说佛陀的血脉在这个世界上没有传承。因为佛陀还有好多堂兄弟，尽管有些堂兄弟后来也出家了，但是他这个族姓，或者他的血脉依然有留存。佛陀母系的血脉，在佛经当中也有比较明确的记载。

我们为什么那么有把握地说，佛陀的血脉依然在世间传承呢？上海举办世界博览会的时候，很多国家前来修建永久性的或者临时性的场馆，以展示自己国家最值得骄傲的物产或者文化传统，等等。尼泊尔馆的修造者，就是释迦家族。换句话说，释迦家族至今还生活在尼泊尔，而他们都以自己是释迦牟尼的族人，当然也是释迦牟尼的后代，而倍感骄傲。

我们不能展开非常详细地叙说，只能用最简单的方法，将佛陀的身份证信息填写完毕。姓名：悉达多·乔达摩；性别：男；民族：释迦族；出生于公元前566年，涅槃于公元前486年；国别（或者说籍贯）：迦毗罗卫国（地处今印度和尼泊尔交界处）。

这就是佛陀最基本的身份信息。

⑫ 以平息人间苦难之名出世

这一讲的主要内容我概括为四个字：圣胎入孕。换句话说，佛陀的母亲是怎么怀上佛陀这样一个神圣的婴儿的？

前面讲到过，佛陀所属的迦毗罗卫国，是一个半独立的小国，地处印度和尼泊尔交界处偏尼泊尔的那一边，在喜马拉雅山的南麓。这个小国风雨飘摇，在当时的历史背景下委委屈屈地生存着。这个小国或者说释迦族这个部族，对人类文化和文明所做的最重要的，甚至可以说唯一的贡献，就是诞育了佛陀这样一个伟大的人物。

在讲述这一段故事以及以后的故事的时候，我特别想强调一点，请大家务必按照印度的文化传统，理解后来的佛弟子的心理，用这样的一种态度来阅读和理解佛经——佛经是一种文化记录和文化现象。我们千万不要简单地认为佛经就是迷信，就是神话，就是不靠谱，就是不可相信。这种态度是不对的。

《佛本行经·因缘品》里边有两句话，一共十个字，说得非常好，不仅适用于阅读和理解佛经，也适用于阅读和理解其他的宗教文献。这十个字是："宜以智慧眼，勤心普遍观。"什么意思？就是说应该用各自的智慧，踏踏实实地用自己的心来观察，从而体悟一些和神话、夸张、神通混杂在一起的描述和记载。

佛经里边讲，佛陀的父亲是释迦族的首领之一。我们知道，释迦族是一个小共和国，并不是君主独裁的，所以它不只有一个首领，而其中首领之一就是佛陀的父亲——净饭王。佛陀的父亲这一系非常高贵，佛陀的爷爷是迦毗罗卫国的国王师子颊王。佛陀另外有三个叔叔也都称王，换句话说，也是释迦部落的首领。

而佛陀的母亲这一系，出身也非常高贵。佛陀的外公是拘利族天臂城城主（拘利是另外一个部族；天臂城，是一个地方的名字，也叫天臂国）；佛陀的母亲是这个国家的国王善觉的女儿。

还有一种记载说，佛陀的母亲是这个国王的妹妹，名字叫摩耶，佛经中叫摩耶夫人。从佛经的记载来看，佛陀的父系和母系过去就是联姻的。佛陀的外祖母，也就是天臂城主安阇释迦王的配偶，叫耶输陀罗（和后来佛陀所娶的妻子名字一样），是佛陀爷爷师子颊王的妹妹。按照中国的亲属称谓来讲，佛陀的外祖母，同时也是佛陀的姑祖母。

在佛经的记载里，佛陀的父母非常恩爱。净饭王是释迦族的首领之一，统治着释迦族，他英勇能干、智慧高深，做了国王以后，把迦毗罗卫国治理得风调雨顺，国泰民安，深受人民的拥戴。净饭王在家里是一族之长，在政治上是一国的领袖之一。所以当他要娶亲的时候，周围各个部族、各个国家的公主，都希望能够嫁给他，最终他娶了摩耶夫人。

佛经对摩耶夫人的描述是端庄秀丽、仪态大方、温和贤淑。佛陀的父母结婚以后，感情非常和谐，生活非常完美。然而在这完美和幸福的日子中，隐隐地出现了一个缺憾。什么缺憾呢？根据佛经的记载，一直到摩耶夫人四十岁的时候，净饭王和摩耶夫人还没有孩子。

佛经里这样描述摩耶夫人的贤淑，说净饭王因为想到自己没有继承人，自己这个首领的位置、王位没有继承人，有的时候难免会有些闷闷不乐，会叹口气什么的。摩耶夫人就劝导净饭王，说你不要这样，希望你能够接受我的意见，宫廷里不是还有其他妃子吗？你为什么不去亲近那些妃子呢？你应该让她们为你生下一个可爱的王子。

净饭王非常坚定地回答说：不，我不能听你的这个意见，如果命运决定我没有孩子的话，就算我得到天下所有的女人也是一样的。从这个描述中，我们能够感受到佛陀的父母非常相爱，但是终究有一个缺憾。

突然有一天，摩耶夫人做了一个非常奇特的梦。她梦见有一头光洁耀眼的白色大象，长着六根象牙，从她身体的右肋，进入了她的体内。

这个梦在佛经里有非常多的描述，用了华丽的辞藻描写这头大象，有的描写说它的头是红色的，牙是金的。但是这些描写有几点是统一的：第一，都是一头六牙大象；第二，都是从天上下来；第三，都是从佛陀母亲摩耶夫人身体的右部进入的。

有的佛经里还有时间，当然没有年份——前面讲过，佛陀的诞生年份，我们是倒推出来的。这个时间就是所谓的阴历四月八日。那一天摩耶夫人沐浴后，在身上涂上各种各样芬芳的香料，换上新衣服，正在睡午觉,这时候突然做了一个梦。这就是佛经中关于佛陀圣胎入孕的描述。

用梵语写成的三部最重要的佛陀传记之一《神通游戏》里,描写就更带有神话色彩了,它是这样描写的:那个时候佛陀在兜率天,有一位天神叫白幢(在佛经里读chuáng),鼓励他下凡,说,你应该下凡啊,要去拯救众生的苦难!旁边的很多天神也劝请佛陀:世界上燃烧着痛苦之火,英雄啊,请你将乌云覆盖,降下甘露之雨,平息那些置人于死的苦难吧。佛陀是在众天神的劝请之下决定下凡的。

这就是带有神话色彩的。前面描写的白象入孕,进入摩耶夫人的体内,已经有一些神话色彩,而到了《神通游戏》里,变成了佛陀是在很多天神的劝请之下,为了平息人间的苦难,选择了投胎下凡。

依据《神通游戏》里的描写,佛陀决定下凡以后,考察了他转生的时代、地域、国家和家庭。他选定的是什么时代?人寿百年的时代。按照佛经的说法,有很多很多世界,有很多很多时代,佛陀选了一个,在这个时代里,人都有生老病死,年寿再高不过百年。

选择的地域为赡(佛经中读zhān)部洲,这是一个大的区域,它比一般国家要大。而在赡部洲,他又选了一个国家,而这个国家,咱们中国人听了会很高兴,为什么?就叫中国。但其实这个"中国"是指中部的国家,中部的区域。这里是指佛陀所选的赡部洲中间的区域。而选择的家庭要有刹帝利种姓,这个家庭必须具有六十四种美德,母亲要具备三十二种美德。所以,最后选定父亲为释迦族的净饭王,母亲为摩耶王后或者叫摩耶夫人。

《神通游戏》记载,佛陀在下凡投胎之前,还在兜率天为众天神说法,并且指定弥勒菩萨(汉语佛经中的弥勒这个名字,并不是直接从梵文译过来的,它来自中亚古代语言的佛经,在玄奘大师的书里提到过。)接替他的位置,未来成佛。佛陀投胎的那一天到了,众天神开会商量决定,佛陀应该化身为一头白象,进入母胎。

当然有的佛经里边还有不同的描写,比如有一位非常重要的古代佛学家,叫觉音,他在《因缘记》里,对摩耶夫人做梦怀孕的场景,就有不同描写。

他的描写是,摩耶王后梦见四位天神把她连床带人,一直抬到雪山,四位天神的妻子把她带到阿鲁达池,也就是一汪非常清澈的池水那里,让她沐浴,之后穿上天衣,躺在金殿的神床上。这时菩萨化身为大象,从金山里面走出来,在摩耶王后的床边又绕三圈,从而进入母胎。

人类历史上非常重要的一刻,佛教的创立者悉达多·乔达摩——成佛以后也叫佛陀,也叫释迦牟尼——在佛经描写中,就这样来到了这个世界。

⑬ 当母亲做了白象梦

这一讲介绍婆罗门占梦，也就是有一个婆罗门来占卜，算一算摩耶夫人所做的这个奇特的梦。

大家都知道，一般来讲，女性怀孕是最幸福的痛苦，她在怀胎的时候，身体会经历各种各样的痛苦和不适。所以有的人现在提议把自己的生日叫作母难日，以感谢母亲的怀胎、哺育之恩，对此我是非常赞成的。然而从佛经里看，情况完全不同。摩耶夫人自从做了这个梦，怀上了佛陀以后，她和普通怀孕的女人是完全两样的。她的身体没有任何不适，每天幸福、安乐，没有忧患，没有苦恼，更没有嗔怒、贪欲和虚伪的心思和念头。而且摩耶夫人开始越来越不喜欢待在喧闹的地方，每天只喜欢坐在空旷幽静的林子里，或者在清澈透底的水边游乐。

有一部叫《未曾有法经》的巴利文佛经（也有汉文的翻译），经里的描写是，当菩萨进入母胎以后（菩萨就是指释迦牟尼），有四位天神来守护着四方，说别让人、非人（按照印度的传统，除了人以外，还有非人这样的一个群体），或者任何事物来伤害菩萨或菩萨的母亲。当菩萨化身白象进入母胎以后，菩萨的母亲天性纯洁，戒杀生、戒偷盗、戒淫欲、戒妄言、戒饮酒。

不能杀生、不能偷盗、不能淫欲、不能妄言、不能饮酒，这就是后来佛教的五戒。菩萨进入母胎以后，菩萨的母亲对别人不起欲念，不受任何怀有情欲的男人亵渎。菩萨进入母胎以后，菩萨的母亲获得五爱欲，享有五爱欲，自我欢愉。

菩萨进入母胎以后，菩萨的母亲不生任何疾病，身体舒适，不知疲倦。菩萨的母亲能够看见自己胎中的菩萨，肢体齐全，诸根完整（诸根是指每一个器官）。如同八面晶莹光洁的吠琉璃宝珠，串在一根颜色或蓝或黄或红或白或褐的线上（藏传佛教现在还保留着这种彩线，系在手腕上，能够给自己带来吉祥）。

这个梦和这种怀孕以后的现象，当然非常奇妙。这种奇特的、透着吉祥的气息，让摩耶夫人非常开心。净饭王夫妻中年得子，他俩在开心、欢愉的同时，心里多少有点惴惴不安。因为这个梦太奇特了，摩耶夫人怀孕以后的反应也太奇特了。所以摩耶夫人就按照当时的传统，请净饭王去找一个仙人，一个有道行、有修为的人，来解一解这个梦。

这种习俗在几千年后，在世界上很多地方，还在流传。比如，有时候我们做了一个奇怪的梦，也会找人解一解。当然有些人会把它看作是迷信，其实不一定，这完全可以看作一种心理的对策。

婆罗门仙，是印度的固定称呼，指那些非常有学问、有修为、解梦很准的人。大家都相信他能够参透梦境。《佛本行集经·俯降王宫品第五》里记载，净饭王当然会满足摩耶夫人的心愿，请了一个专门以算命、占梦著称的婆罗门。这个婆罗门占完梦以后，对净饭王讲：大王啊，你好好听着！我把我所知道的、历代传下来的、关于解梦的经书里边的记载向您禀告。他用偈语的方式禀告，佛经里这段话都是五个字一句的。他说，如果母亲梦到太阳从身体的右侧进入体内，那么她所生的儿子一定是转轮王。什么叫转轮王呢？转轮就是转动轮子，这个轮子是一种宝，叫轮宝。佛教的吉祥八宝中就有这样一个轮宝，亲近佛教的朋友都了解。转轮王是古代印度传统当中认为的大王，其国土疆域非常广阔，国力非常强盛，只有这样的王才能叫转轮王，一般的小王不能这样称呼。如果母亲梦见月亮从右侧进来，那么所生的儿子一定是国王当中出类拔萃的。如果母亲梦见一头白象，从身体的右侧进来，那就更不得了了。为什么？所生的这个儿子，是"三界无极尊"。三界，就是天、地、人。按照印度的说法，三界还有别的意思——人间一界；人间之上，天界一界；人以下还有一界。转轮圣王，只不过是在人这一界、人的这个世界里最尊贵的。而三界无极尊，毫无疑问比转轮圣王还要尊贵。怎么样尊贵呢？"能利诸众生"，能够为所有众生都带来巨大的利益。"怨亲悉平等"，怨就是有怨恨的人，亲就是亲爱的人，他能够让无论是彼此有怨恨的人，还是彼此亲爱的人，都产生平等之心。"度脱千万众"，能够让千千万万的人得到解脱。从哪里得到解脱呢？"于深烦恼海"，于那种非常幽深的、充满烦恼的海洋里得到解脱。

这个占梦婆罗门就对净饭王说："夫人所梦，其相甚善。"这是一个好梦，很吉祥，大王你应该高兴、应该庆幸，夫人不久以后将要诞育的这个孩子，必定是圣子，是三界无极尊，他在以后一定会成就觉悟（当时当然还没有佛，佛教还没有创立，所以说会得到觉悟）。这样的占梦，当然让佛陀的父母非常开心。佛经里描写，不仅是佛陀的父母，释迦国的部众也非常欢欣。他们知道这样一个吉祥的梦，预示着他们这个国家或者部落将要诞生一个非常神圣的孩童。

摩耶夫人和净饭王安心了，但是事情又并没那么简单。在菩萨化身为一头白象，进入摩耶夫人腹中的时候，惊动了一个仙人，佛经里译为阿私陀。这位仙人是大威神，有德力，道行很深，周围的人民都极其尊敬他。当摩耶夫人做梦的时候，这位仙人正好在一个树林中修行，旁边有童子为他打扇（打扇是为了扇风和驱赶蚊蝇，在印度佛经中有很多这样的描写）。

菩萨从天上下来，到净饭王宫，准备进入摩耶夫人右肋的时候，这位阿私陀仙人就感觉到了，他有天眼通。所以佛经记载说："时放大光明，遍照人天一切世界，复此大地，具足六种十八相动。时阿私陀见未曾有稀奇之事，异种光明。复见此地，六种震动。心大惊怖，毛孔悉竖。"意思是，当时天上是一片光明，照遍了人天一切世界，有一种神奇的光明，使大地开始颤动。

阿私陀这位仙人，虽然有修行、有威德，但是看到这种情况，连他都"心大惊怖"，心里感觉到一种恐慌，到了"毛孔悉竖"的地步。于是阿私陀用神力让自己进入禅定的状态，正念、正定、正思维，把自己的心思调整好。然后他就说，"希有大圣不可思议，世间当出大富伽罗"。说这个是因为有一个珍稀未曾有的大圣，将要来到人间，没有办法想象，所以人世间将要出现一个大富伽罗了。

这位仙人的这种感受，也传到了净饭王和摩耶夫人那里。听了婆罗门仙的解梦，听到这位修行非常高深、学问非常了得的阿私陀仙人的感受，普天之下，哪个父母会不欣喜若狂呢？所以佛经里描写，净饭王"心大欢喜，踊跃无量，不能自胜"。净饭王天天开心得不得了，夫人都四十岁了，终于怀孕了。而他请来占梦的婆罗门，和他没有请的阿私陀仙人（有些佛经记载也是请过来的），都带来了非常吉祥的说法。

所以佛经里讲，"备办无量肴膳，百味饮食，种种施舍，彼婆罗门，自恣而瞰"。净饭王用了很多美食，做了很多供养，供养婆罗门，当然也有国民。大家都开心，与民同乐，与婆罗门同乐，所以大家都来享用。吃完了以后，还"复以无量钱财宝物，用以布施"。

不仅如此，还"于迦毗罗卫城四门之外，并衢道头街巷阡陌，有人行处安大无遮义会之所。人来虚者，尽皆布施，须食与食，须饮与饮，须衣与衣，须香与香"。不仅招待各种各样的来宾或者婆罗门，还在迦毗罗卫城四个城门外，以及街头各个交通要道周围，办无遮大会（无遮，就是随便谁都可以来，不需邀请函，不需要请，来者都是客）。来的人，你想吃就吃，想喝就喝，想穿衣服拿件衣服，想用什么香料，各种各样的都有。就在这样欢庆的气氛中，未来的佛陀，马上就要降临这个世界。一件未曾有的大事即将发生。

⑭ 作为觉悟者来到世上

汉译佛经里,把出家前的佛陀,一般都称为太子。我们讲过,佛陀所属的这个部族或者国家,叫释迦。迦毗罗卫国是一个小国,太子的称谓,是根据中国的传统来尊称佛陀的。接下来我们讲述"太子降生"。

毫无疑问,这是一个非常重要的时刻。我们完全可以说,这是人类文明史上最重要的时刻之一,有的学者说,印度从此才开始走进了历史。这句话当然有点惊世骇俗,不过回头仔细一想,也不是一点道理都没有。因为,确实是自从有了佛陀以后,印度的历史的细节才变得更加清晰起来。更不用说从人类的精神史、宗教史的角度来看,太子降生,更是一个极其重要的时刻。

佛经记载,摩耶夫人怀孕时期非常安乐,这个情况跟一般的孕妇完全不同。总之,悉达多(他降生以后的名字)在母胎的时候就和别的孩子不同,没有给自己的母亲带来丝毫的痛苦。

根据郭良鋆先生翻译的巴利文《未曾有法经》,关于佛陀的降生是这样描述的:其他妇女都是怀胎九个月或十个月左右才分娩,而菩萨的母亲(这里的菩萨就是指悉达多,后来的佛陀)不是这样,她身怀菩萨,整整十月才分娩。

其他的妇女是坐着或者躺着生产的,而菩萨的母亲不是这样,她是站着生下菩萨的。菩萨出母胎,不是直接落地的,是由天神先接住,然后才由人接,把他放在摩耶夫人面前,说:"高兴吧,王后,您生下了一个非常有利的儿子。"

菩萨出母胎,跟别的孩子不一样,毫无污迹,不受业污、不受血污、不受任何污,洁净无垢。菩萨出母胎,天空中涌现出两股泉水,清澈无比,一股泉水是凉水,一股泉水是温水,浇灌着菩萨和他的母亲。而菩萨一生下来,就用脚站立,朝北迈出七步,头顶白华盖,举目四望,大声说道:"在这个世上,唯我独尊;在这个世上,唯我最优秀;在这个世上,唯我最老。这是我最后一生,不会再生。"这是郭良鋆先生从巴利文佛经直接翻译过来的关于佛陀降生的叙述。

实际上,在巴利语的三藏当中,我们找不到佛陀关于自己降生事迹的自述。佛陀只不过说,我的降生就是菩萨降生的常规,别的都没有说过。而巴利语三藏佛典的相关说法,都是在这个基础上加以发挥的。

这样的发挥,在汉译佛经中,就非常明显。在汉译《佛本行集经》中有这样的记载:佛陀在母亲摩耶夫人的胎中时,说"常住右肋"(他是从摩耶夫人的右肋进入摩耶夫人的体内),"不曾移动,不惊不怖,得大无畏,恶物不染,所有不净(所有不干净的东西,佛经里接着就列举了很多),不能秽污"。"其菩萨母(摩耶夫人),受大快乐,身不疲乏。"还有菩萨母不贪异味等,类似这种记载非常多。

菩萨在摩耶夫人的胎内,将要生产之时,摩耶夫人"恒于一切众生边,作大利益安乐之心"。摩耶夫人甚至有了不可思议的神力。佛经里讲(我们已经在前面讲过,应该用什么样的态度去理解和阅读佛经),"所见众生,若男若女,被鬼所持。若得见于菩萨母者,一切魑魅,一切鬼神,皆悉远离,还得本心"。就是说,如果有人碰到一些怪事,我们现在日常讲的叫碰到鬼了,只要一见到摩耶夫人,就都没事了。

有些病人来到摩耶夫人的身边,摩耶夫人只要用右手摸他们的头顶,这些病人就皆得安乐。如果这些病人有重病,没有办法来见摩耶夫人,她就拿些草药,或者是树叶,或者是草,用右手摸一下,送给病人,这个病人得到这些东西以后,吃下去,或者只要触摸到它,或者把它放在身上,所有的病都会好了,并且身体轻便。这都是汉译佛经里边佛陀临降生前的描写。

佛经对佛陀降生的描写用尽了华丽的辞藻,极尽铺陈之能事。比如《佛本行集经》里讲:摩耶夫人举起右手,好像天空中出现了彩虹。还有经书描写,摩耶夫人在要生下佛陀的时候,是手攀着树站着的。

这个描写在汉语佛经里非常多。摩耶夫人手攀的这棵树,叫波罗叉树,还有其他名字叫七叶树、娑罗树、摩诃娑罗树,是产于印度和马来半岛等南亚热带雨林的多年生乔木,树身高大,开淡黄色的花,木质坚硬,气味芳香,可以用作药物,也可以用作香料,佛教把它视作圣树。这棵树生在迦毗罗卫国附近,当然也是非常奇特和殊胜的。

汉译佛经中记载,佛陀一生下来,就是:"正真心不乱,安庠行七步。足下安平趾,炳彻尤七星。兽王狮子步,观察于四方。通达真实义,勘能如是说:'此生为佛生,则为后边生。我唯此一生,当度于一切。'"

这段佛经,用今天的话来说就是:佛陀一生下来就会走路,而且走路的步态像狮子。狮子是兽中之王,在印度传统中象征着威武、吉祥。佛陀降生以后,先观察四方,前后左右各看一下,然后非常安详地走了七步路,说了一句话:"此生为佛生,则为后边生。我唯此一生,当度于一切。"

这句话非常重要,意思是:我生来就是作为觉悟者来到这个世界的,只此一生,不再转生了,我要度尽世界的一切。

《佛本行集经·树下诞生品》里有这样的描写:

> 菩萨生已,无人扶持,即行四方,面各七步。步步举足,出大莲花。行七步已,观视四方。目为层瞬,口自出言。先观东方,不如彼小婴孩之言。正语正言:"世间之中,我为最胜。我从今日,生分已尽。"

这些话大致相同,只不过有的佛经讲,佛陀生下来以后,一步一莲花,有的佛经没有讲。

如果我们将汉译佛经和郭良鋆先生翻译的巴利语佛经做一个比较的话,就会发现汉译佛经的描写更为细致。比如郭良鋆先生翻译的《未曾有法经》巴利语本里讲，佛陀生下来以后朝北走了七步，并没有说朝东南西北各走七步。汉语佛经里，就变成了各走七步。

很多亲近佛教的朋友非常熟悉八个字，就是佛生下来以后，朝四方各走了七步，完了以后说的八个字："天上天下，唯我独尊。"这句话显得非常霸气。

在汉语当中，唯我独尊，意思是我高高在上，没有人可以跟我相比，我最大。其实在佛经当中的"唯我独尊"并不完全是这个意思，它的意思是：在这个世界当中我最受尊重，我能够得到大家最大的敬意。《神通游戏》里讲到这句话时，说的是"世间之中，我为最胜。我从今日，生分已尽"。

还好，与此相对应的话，梵文本也有。意思实际上是，在这个世界上，我最受尊重。按照汉语佛典的描写，佛陀降生的时刻，百花齐放，大地震动，天人欢欣，种种异象，令人赞叹。在这里，我们就不引用太多的佛经了。总之，这种情况是未曾有过的。

佛陀的降生之地在哪里呢？佛经中讲，佛陀诞生在蓝毗尼花园。不同的佛经对这个花园又有不同的说法。

一种说法，这个花园是佛陀的父亲净饭王修的。另外一种说法，这是佛陀外公善觉修的花园，为什么这个花园叫蓝毗尼呢？它来自佛陀外祖母的名字，也就是佛陀的外公以自己妻子的名字命名了这个花园。按照汉传佛教的传统，一般相信佛陀诞生于他母亲家族的蓝毗尼花园。

在有些版本当中，还讲到了这样一个故事，略微有点悲哀，说佛陀的外公修造蓝毗尼花园，请佛陀的母亲到自己的娘家去生产，诞下佛陀。

《佛本行集经》是这样记载的:

> 尔时(那个时候),菩萨圣母摩耶(摩耶夫人),怀孕菩萨,将满十月。垂欲生时(将要出生的时候),时彼摩耶夫人父善觉长者(佛陀的外公善觉),即遣使人,诣迦毗罗净饭王所(派人到迦毗罗卫国净饭王那里,对净饭王说):"如我所知,我女摩耶,王大夫人,怀藏圣胎,威德既大,若彼产出,我女命短,不久必终。我意欲迎我摩耶,还来我家,安止住于蓝毗尼中。共相娱乐,尽父子情。唯愿大王,莫生留难,乞垂哀遣,放来我家,于此生产,平安讫已,即奉送还。"

看完这段记载,让人心里有点难受。佛陀的外公说,我知道,我的女儿摩耶,也是净饭王您的夫人,已经怀上了圣胎,非常有威德,因为这个胎儿跟别人不一样,生产后,我女儿的命会变短,不久以后就会离开这个人世。所以我想把我的女儿摩耶接到娘家来,住在蓝毗尼花园里,共享娱乐,尽父子情(在古汉语中,子有的时候也是指女,比如处子,它不是指男性,而是指女性)。希望大王你不要留难,不要不同意,能够理解我这份做父亲的苦心,把摩耶送到我家来,在这里生孩子,母子平安以后,我马上就把他们送回去。

这就预言了佛陀的母亲在佛陀出生七天以后,会离开人世。这当然应该是后出的记载。佛经里边说,净饭王接到老丈人的请求以后,马上答应了,并且专门铺设了平整的道路,将摩耶夫人送到娘家去生产。

我们可以看出，在佛经中，对于未来的佛陀，也就是名字叫悉达多的这个孩子的降生，有各种各样的描写，非常华丽，非常隆重。

佛陀降生，是那样奇特的一件事情，未曾有。他的降生，除了给净饭王、给摩耶夫人、给善觉长者，带来了无比的欢欣之外，还带来了什么呢？下一讲接着为大家讲述。

⑮ 仙人的预言

在上一讲,我讲述了佛陀的诞生,这里用最简单的话再做一下总结。首先,我们一定要知道,在最早期的佛经中,并没有那么多关于佛陀降生的记载,特别是佛陀本人,只说过我的降生和其他菩萨是一样的。

随着时间的推移,关于佛陀降生的故事越来越丰满,情节越来越细致,描写越来越华丽。越晚出的佛经,对于佛陀降生的描写就越多,包括我们亲近佛教的朋友耳熟能详的八个字"天上天下,唯我独尊",它的出现也是相对比较晚的。

其次,佛陀的诞生地在佛经当中记载是比较明确的,都说诞生在一个汉译叫蓝毗尼的花园。一般我们认为这个花园属于佛陀母亲家族所有。佛陀降生之后,在蓝毗尼花园里庆祝了七天,就在这七天的时间里,净饭王为自己的儿子,汉语佛典里称为太子,取名"一切义成",意思是一切的意义和目的全部得到实现,心满意足。

佛经中一般不使用"一切义成"这个名字，而更多地使用悉达多。无论是一切义成，还是悉达多，这两个名字的出现都是比较晚的。在巴利文的佛经当中，虽然已经出现了悉达多这个名字，但是如果真要称呼佛陀的话，一般还是使用他的族姓乔达摩。

在第七天的夜里，摩耶王后去世了，这让大家感到非常悲痛。摩耶夫人为什么会在佛陀出生七天以后去世呢？今天的人，根据我们的科学知识，当然可以理解，但是在佛经当中不是这么理解的。比如在《大事》这部经里就讲，摩耶王后生下这样一位伟大的人物，以后就不宜再享受爱欲，就不能再像一般的妇女那样生活了，所以她就离开了人世。

《因缘记》里讲，摩耶王后的子宫，从今往后不能再让别人占用。因为她诞育了佛陀，怎么可能还让别人占用呢？所以，她就离开了人世。《神通游戏》里讲，摩耶王后最好的结局，正是像过去那些菩萨的母亲一样，在生下菩萨七天以后去世。否则，菩萨长大了以后出家，她的心会破碎，会过于哀痛。这件事有各种各样的解释。

我们在上一讲的结尾部分，谈到佛陀的降生有各种各样的异象，被称为"未曾有"，是从来没有出现过的。佛陀的降生，当然给迦毗罗卫国的民众、给净饭王、给善觉长者、给佛陀的母亲摩耶夫人，带来了巨大的欢乐，这是毫无疑问的。

我们还有一个问题。除了欢乐、欢欣以外，还带来了什么呢？按照佛经的记载，见到佛陀的降生如此奇特，还真的带来了另外的一种情绪，这种情绪就是担忧。《佛所行赞·生品第一》中就有这样的记载。《佛所行赞》就是我们在前面介绍过的用梵文写成的三部佛陀的生平里边最重要的一部，神话色彩相对最淡的一部。这部经的第一品，也就是第一卷，或者叫第一章，就是《生品》，讲述了佛陀降生。里面有这样的话："父王见生子，奇特未曾有。素性虽安重，惊骇改常容。二息交胸起，一喜复一惧。夫人见其子，不由常道生。女人性怯弱，慷惕怀冰炭。"

这一段佛经，形象地描写出了净饭王和摩耶夫人喜忧参半的矛盾心态。它的原因，一言以蔽之，"不别吉凶相，反更生忧怖"。净饭王看到儿子的出生非常奇特，即使他个性非常稳重安详，依然感到吃惊，连面容都有所改变。

有两种情绪，不由得升起———一喜复一惧，一种是欢欣，一种是忧惧。摩耶夫人看到自己的儿子"不由常道生"，即不像一般的孩子，从母亲的产道降生。女人天性比较怯弱，所以她的内心像怀了冰炭一样，冰是冷的，炭是热的，也是形容喜忧参半。这一切的原因，都是由于他们对佛陀降生的各种奇特的现象不知道是吉还是凶，所以更生忧怖。

在这个时候，大家怎么办呢？净饭王和摩耶夫人惊魂不定，按照印度的传统，就开始"互乱祈神明"，也就是我们日常讲的，见庙就进，开始拜神明。所祈请的事情只有一件，"愿令太子安"，希望孩子一切平安。

做了这些以后，净饭王心里还是不安定，于是又用一个老办法：请人来看相。这个在许多佛经中都有记载，比如《佛本行经》里讲，"时净饭王即召相师解占观者，呼使前来，令看太子"。净饭王让当时这些以占卜、相面闻名的大师、仙人都过来看太子。

善于看相的婆罗门纷至沓来，并且彼此交流，共同探讨，引经据典，就好比开了一个研讨会。然后大家得出一致的结论，说太子身上有三十二相，即三十二大丈夫相。佛经中经常讲，佛陀有三十二相，八十种好，指他身体的各种部位都长得非常吉祥。有三十二相的这种人，"于世间中，则有两种果报不差"。只要身上有三十二相，在这世间，只有两种情况。哪两种情况呢？

如果在家享受世俗的安乐，就做转轮圣王，国土辽阔，护持大地，七宝具足。到最后，甚至不用刀兵去征服，国土可以遍于海内。"若舍王位，出家学道，得成如来应正遍知，名称远闻，充满世界。"如果不享受世俗的享乐，放弃王位，出家学道，那么就会获得最高的智慧，声名远播天下。

三十二相非常复杂，这里就不一一列举了。但其中有些相很有意思，我跟大家介绍一下。比如它要讲足下安利，皆悉平满，这什么意思啊？就是平底足是好相。在今天咱们如果是平底足，还真不是一件太便利的事情，但是在佛经当中，平底足是一种好相。

然后脚的中间，端正处中，有一个轮一个轮这样的千辐轮相。比如说手指要细长，这是好相。足跟圆好，脚后跟要圆圆的，手足要柔软。要双手过膝，手垂下来要超过膝盖。

再比如说，皮肤一孔一毛旋生，是说一个毛孔里边长一根汗毛，这个汗毛不能直直地长出来，要卷着长。身毛金色，就是说体毛应该是金黄色的。牙齿要有四十颗。在这个三十二相里边，牙齿数跟常人是不一样的。还说，牙齿要白净，不能有疏缺。舌广长大，柔软红薄。舌头要又宽广又长，要非常柔软，要又红又薄，不能有舌苔等。

三十二相对中国文化影响很大，传入中国以后，甚至影响了正史中对帝王相貌的描写，也对中国后来的相法产生了深远的影响。在前四史中就已经出现了这种影响，比如《三国志》中对刘备等人相貌的描写。这是由很多学者研究得出的结论，这里就不展开讲了。

除了婆罗门来看相之外，还有一位仙人。我们前面提到过，这位仙人叫阿私陀，大家还记得吗？这位仙人，在摩耶夫人怀上太子的时候，他就有感觉，说要发生一件大事了，有一个大人物进入母胎了。

阿私陀仙人这位等到佛陀母子一回城（善觉长者答应，只要能让摩耶夫人回娘家生产，母子平安以后马上送回。但又有佛经说，摩耶夫人在佛陀降生七天以后去世，似乎略微有些冲突，咱们就不用太在乎了）就不请自来。因为仙人的相术非常了得，净饭王看到阿私陀仙人来访，大为高兴，赶紧请进来，同时赶紧把太子抱出来。

仙人仔细端详太子，端详完以后，佛经的说法是，阿私陀仙人突然"流泪长叹息"，他哭了，而且长长地叹出一口气来。大家想想，这种反应，难道不会把净饭王吓坏了吗？

净饭王果然被吓坏了。《佛本行集经》里有一品，叫《相师占看》，就是说阿私陀仙人来看相，里边讲："今见童子，何故悲啼？何故流泪？而令我等眷属狐疑？大师为我辩说此由。"你看到了童子，为什么要哭啊？为什么要流泪啊？你这样不是令我们都狐疑吗？请大师为我讲讲理由。难道是"童子有灾祸不降事乎？或自身为祟"？难道是童子将来会有灾祸吗？或者童子本身就是不祥吗？阿私陀仙人赶紧就对净饭王讲：哎呀不是这样，你不要担心。

巴利文佛典里有比较简要的介绍，阿私陀仙人说：你放心，王子相貌非凡，他将获得最高的智慧，能够看到最高纯洁的法，转动法轮，怜悯众生，他的梵行将传扬四方。

既然王子的命那么好，将来会成就如此大的功德，为什么要哭呢？阿私陀仙人就这样解释道：因为我知道，我不久于人世，在这个世界上剩下的寿命不长了，我再也没有这个福报和因缘，来听取这位举世无双者的正法了。我等不到这孩子长大了、我等不到他成佛了、我等不到听法了。所以我伤心、我难过、我痛苦。阿私陀仙人甚至还勉励自己的外甥，将来一定要皈依佛陀，说：你记住，这个童子将来会获得最高的智慧，会得到最透彻的觉悟，会成为觉悟者，也就是成佛。我是等不及了，你是我的外甥，你记住，将来一定要皈依佛陀。净饭王听到阿私陀仙人这样解释以后，当然放下了忧虑，心生欢喜。

这一段，为大家讲述的是佛陀诞生以后，出现的各种各样奇特的现象，给净饭王和摩耶夫人带来喜忧参半的复杂心情。我要再一次强调，关于佛陀出生的记载，经历了一个由简到繁的过程。我为大家讲述的很多内容，出自比较晚出的佛经。这个当然是没有办法的事情，因为在早期的佛经中，并没有如此完备和丰富的记载。

⑯ 养尊处优，却与众不同

在这一讲开始之前，我要再次向大家强调：由于印度的文化特色和历史书写的传统，佛经里充满了各种各样不一致，甚至是矛盾的地方，有些甚至是非常重要的内容，在佛经里的记载和描述也不见得一致。我们前面提到过一些，这里再举一个例子。

比如佛陀的母亲摩耶夫人，她到底是善觉长者的女儿，还是善觉长者的妹妹，在不同的佛经当中就有不同的说法。对于这种现象，我们大家一定要习惯。有些人抓住这些不一致和矛盾之处，进行很激烈的抨击，没有太大的必要。古代的印度人，对史学以及史学书写的理解，和我们中国人是不一样的，这一点请大家务必牢记。

太子降生了，这当然是一件大喜事。佛经的描写充满了欢欣，当然也带有很大程度的神话色彩。佛经里讲，稀有的太子降生以后，宗族、王亲都呈献了无数的宝贝，邻国的国王和部落的领袖也赠送了很多宝贝，祝贺净饭王以及太子能够拥有吉祥，拥有一切的利益。

这时，迦毗罗卫国的都城中（其实就是迦毗罗卫城）地下自然涌现出无数无量的宝物；雪山，也就是喜马拉雅山，山里边有很多巨象（象在古代印度是很吉祥的一种动物）一呼而来；原本难以驯服的烈马，在太子降生以后，突然像羔羊一样驯服；各种各样色彩美丽的禽鸟，也从野外飞到迦毗罗卫城中，欢快地鸣叫；天空白色的祥云轻轻地飘游，地上烂漫的百花盛开。

就人来讲，由于太子的降生，原来彼此怨恨、憎恨的，心里突然转为平和；原本知心友爱的好朋友，感情更加深厚；相互之间有利益，相互之间有好处的朋友，交往更加亲密；叛逆者的心顿时消灭，阴险者的恶念立即祛除。风很柔和地吹拂，雨很及时地飘洒，雷霆不再是灾害，五谷丰收如山，连平时吃的饭食都变得格外容易消化，而怀孕的人身体都很平安。

总之，由于太子的降生，一切都变得格外美好。没有饥荒，没有战争，天下没有横生的恶疾之难，世间没有诉讼不平之争，国与国亲如近邻，人人亲如兄弟。这世间，一时间充满了吉祥，好像都是为了庆祝太子的诞生。

太子降生后的前几天充满了欢乐。然而到了第七天晚上，佛陀的母亲摩耶夫人离开了人世，给大家带来了无比的悲痛。净饭王也感到非常悲痛。佛陀母亲离世，佛经中有各种说法，按照我们一般人的理解，佛陀母亲的功德是最大的，谁还能比诞育佛陀拥有更大的功德呢？她为什么在诞下佛陀以后不久就寿终了呢？这好像跟我们的一般观念有很大的冲突。佛经当中有各种解释，这个我们在上一讲已经提到，这里就不再重复了。

随着佛陀母亲的去世，一个天大的难题马上就摆到了净饭王的面前：由谁来哺育、抚养悉达多呢？净饭王的疑虑着急溢于言表。《佛本行集经》里有一品，叫《姨母养育品》，有所记载，净饭王说："今是童子，乳哺之寄，将付嘱谁？教令养育，使得存活？谁能依时看视瞻顾？谁能至心令善增长？谁能怜悯爱如己生？携抱捧持，以慈心故，功德心故，欢喜心故？"

这段话用我们今天的白话讲，就是：现在这个孩子，谁来给他哺乳呢？能够将这件事情托付给谁呢？谁能够教育他、养育他、使他得以存活呢？谁能够不时地去看视他、照顾他呢？谁能够花尽心思令这个孩子的善业增长呢？谁能够怜悯爱护这个孩子，像自己生的孩子一样呢？谁能够以满心的慈悲、慈心，或者以功德心，或者以欢喜心去养育、照顾他呢？

净饭王一时间非常忧愁。释迦部落内，有很多的新妇。新妇也就是年轻的女子，为人妻者，都愿意来承担养育悉达多的责任。但是族中的长老不太放心，也很难一时同意。他们的忧虑是："汝等一切，年少盛壮，意耽色欲，汝等不能依时养育，亦复不能依法怜悯。"说你们年纪太轻，欲望很多，心有旁骛，不能好好地照顾养育悉达多太子，所以大家都不放心。

最后大家达成了一致意见，选择了一个最合适的人来养育悉达多。这个人是谁呢？谁会为人类来承担这样的一个重任呢？不幸之中万幸，摩耶夫人有个胞妹，叫摩诃波阇波提，自愿代替姐姐抚养年幼的太子。

摩诃波阇波提容貌端丽，性情慈祥。后来她生了难陀，也就是佛陀的异母弟弟。她对姐姐的儿子,也就是悉达多,一直慈爱有加。佛经里说:"为此摩诃波阇波提,亲是童子真正姨母,是故堪能将息养育童子之身,亦复堪能奉侍大王。"只有这一位摩诃波阇波提,是童子悉达多太子的嫡亲姨妈。因此,她能够承担养育太子的重任,而且同时还能伺候净饭王。

说到这里,我们就要回到开头讲到的事情:佛经里的记载很多地方不一致。这里又是一个例子。佛经里有的地方讲摩诃波阇波提是佛陀的姨母,有的地方讲她也是净饭王的王妃之一,有的地方又讲净饭王当时就是将摩耶夫人和她的妹妹摩诃波阇波提都迎娶了的。这个我们就不必细究了,反正佛陀后来在他的姨妈摩诃波阇波提的养育下,顺利地成长。摩诃波阇波提,这一位了不起的女性,在佛教史上还有极重要的地位,这一点我们后面再讲。

根据《佛所行赞》的记载,"大爱瞿昙弥",就是说,摩诃波阇波提是很有爱心的、充满大爱的人。瞿昙弥"见太子天童,德貌世奇挺,既生母命终,爱育如其子,子敬亦如母"。说这位姨妈叫瞿昙弥,见到太子是天童,像天上来的孩子一样,"德貌世奇挺",品德和相貌在世上都是出类拔萃的。

亲生母亲命终了,姨妈像对自己的孩子一样养育他。"子敬亦如母",悉达多太子对自己的姨母也像对母亲一样地敬重,这一点应该是事实。从《神通游戏》来看,悉达多确确实实是用"母亲"来称呼姨母摩诃波阇波提的,两人之间的感情极好。

不用说,悉达多从小的成长环境,自然是养尊处优,吃好的、穿好的、用好的、玩好的。佛经当中也有很多这方面的描写。比如,按照佛经的说法——当然照例会有所夸大，说太子虽然有了亲姨妈来养育，净饭王还是很不安心，又选了三十二名宫女来帮助摩诃波阇波提：八名宫女专门负责抱太子，八名宫女专门负责为太子洗浴，八名宫女专门负责为太子哺乳，八名宫女专门负责陪太子玩。

在巴利语三藏中，佛陀没有讲述过自己诞生的经过，只提到自己的诞生是依照菩萨诞生的常规，没有讲过很详细的情况。但是在《柔软经》中，佛陀用一段话讲述了自己少年时期在净饭王王宫中的舒适生活。佛陀讲述自己的具体生活非常少，这一段话就格外珍贵。《柔软经》巴利语文本今天保存着，汉译本也有。我们用郭良鋆先生的译本，直接从巴利语译来的，给大家介绍一下。

佛陀是这么说的：

> 我很娇贵，非常娇贵，无比娇贵。在我父亲家中，为我建造了蓝莲花池、红莲花池和白莲花池。我不使用不是伽尸产的檀香木（伽尸是个地名，那里产的檀香木特别有名）。我的头巾、内衣和外衣，都是用伽尸布料。在我的上方，日夜撑着白色帐篷，以免我受冷、受热，沾染上尘土或雨露。
>
> 我有三座宫殿，一座冬宫，一座夏宫，一座雨宫（分别供太子在冬天、夏天和雨季来居住）。在雨季的四个月里，女歌手们伺奉我，我从不下殿。别人家的奴仆吃碎米粥，而我父亲家的奴仆吃米饭和肉。

在巴利语三藏当中有一部经，年代比较晚一点，叫《佛种姓经》，还提到了这三座宫殿的具体名字，一座叫快乐宫，一座叫妙乐宫，一座叫幸运宫，并且说，侍奉太子的宫女一共有四万人之多，这个就很夸张了。

总之，少年时期的佛陀，在极其优渥的环境下成长。然而，悉达多太子终究不是一般的儿童，虽然养尊处优，却很早就展现出与一般儿童不同的地方，展现出很多奇异的特相。

⑰ 无争无抢的自然品性

前面我们讲到悉达多太子,也就是未来的佛陀,他的降生带来了一片吉祥与欢欣。唯一令人感觉到悲哀的是,生母摩耶夫人在太子降生七天以后,离开了人世。摩耶夫人的妹妹摩诃波阇波提,太子嫡亲的姨母,接过了养育太子的重任。

《神通游戏》记载,释迦族的族人,特别是释迦族的老人,召开过一次会议,为了保佑悉达多太子,他们建议净饭王安排太子拜谒神庙。当然,那个时候还没有佛教,所以拜的神庙一定是印度宗教的神庙,比如婆罗门教的神庙。净饭王同意了,就把这个安排告诉了太子的养母摩诃波阇波提。

大家知道太子是怎么反应的吗?太子听到这个安排以后,说:"我是神中之神,高于一切天神。没有哪位天神比得上我,怎么会有比我更伟大的神?但是,为了满足大家的愿望,妈妈,我就去吧。"请大家注意,

《神通游戏》是有梵文本的。我们可以看到，在这里，太子称呼自己的姨妈为妈妈，说明太子和自己的养母真的是情同亲生母子，感情非常好。

《神通游戏》记载，太子进入供有很多印度教神的神庙。这些神有湿婆、塞犍陀、那罗延、俱毗罗、帝释天、大梵天，等等。看到悉达多太子走进来以后，这些神像居然全部从座位上起身，匍匐到太子的脚下，向太子致敬。

这样的一段故事，看来在印度广为传播。因为在玄奘的《大唐西域记》里面，也记载了这个传说。玄奘的记载非常明确，他说迦毗罗卫城的东门外，有"自在天祠"，自在天是婆罗门教的一个神。说"祠中石天像，危然起势，是太子在襁褓中所入祠也。……是时傅母抱而入祠，见石天像起迎太子。太子已出，天像复坐"。这个庙里有一个石像，"危然起势"，很高大、很庄严。太子还在摩诃波阇波提的怀抱当中时，曾经去拜祭过的。那个时候，"傅母"（玄奘是中国僧人，他比较讲究，称摩诃波阇波提为傅母。傅母是指古时负责辅导、保育贵族子女的老年妇人。他既不称她为养母，也不称她为姨母）抱着他去拜神，而这座石天神像站起来，迎接太子。等到太子拜完出了门，这个神像才又坐了回去。

太子从小出众，这个我们完全能理解，他肯定不是一个一般的孩子，智慧超群。他很早就显现文武双全的潜质，佛经讲"间有勇力"，力量还非常大。

《佛本行集经》的《姨母养育品》里边有这么一段，非常有意思，说净饭王看见自己的孩子聪慧漂亮，当然欢喜无比，谁不喜欢自己的孩子聪慧漂亮呢？但是，他又觉得有一件事情心里没底，佛经讲："未知其力，竟复何如今可试看验其强弱？"意思是，不知道他有没有力气。一个男孩光聪慧漂亮是不太够的。对今天的中国父母来讲，可能孩子聪慧漂亮就足够了，孩子体育好不好，体力好不好在其次。但是古代不一样，更何况我们前面讲过，迦毗罗卫城处在风雨飘摇之中，所以保卫自己部族是非常重要的责任。

而净饭王的这一系是刹帝利，刹帝利是从原人的胳膊里产生出来的。刹帝利是武士，是国王，是要有勇力的。净饭王当然希望自己的儿子除了漂亮和聪慧以外，还要有勇力。他想，不知道他有没有力气，我今天有什么办法可以考验一下他，探验一下他，试一试他的强弱呢？

净饭王也真是有招，想出了一个妙计。佛经里讲：

> 尔时大王即共无量释种童子，同坐饮食，持一纯金雕镂之钵，盛欢喜丸，具足充满，复以真金作诸环锁，置诸一切众童子前教令争食。语诸一切众童子言，汝等当知，如是白象，将夺汝食。时诸童子断众白象，争力不如，遂令象食。然后始语太子令知。太子汝食今被他夺。是时太子，即以两手，执彼金钵，出少身力，而坏彼锁，令象却顿不如太子。

这段用我们今天的话叙述出来，是一个很好的故事。说的是，净饭王想出一个办法，他叫了无量（很多）释迦族的孩子们，坐到一起吃饭，国王也在。国王拿了一个纯金的、雕刻得非常华美的钵（钵，其实就是一个碗状的东西，类似比较深的一个碗，现在很多僧人还托钵），在钵里边装满了欢喜丸（一种食物，吃着让人欢喜），然后又以真金做的环锁上，放到童子们面前，说你们赶紧吃，抢着吃。

我们想想，这个金钵一定是非常沉重的，而且他又用金子打的链锁把它锁住。这样弄完以后，净饭王又招来很多小白象，与这些孩子抢吃的。净饭王对这些孩子讲，你们要知道，这些小白象要抢你们的食物！童子当然不高兴了，就去遮挡住那些白象，"争力不如，遂令象食"，但是他们争不过那些象，也没有办法护住这个钵，只能看着这些小象来抢他们的吃食。

净饭王看到这些童子的表现，扭头告诉太子说："太子，你的食物今天被这些象给夺走了。"太子是什么反应呢？太子表现出两个特点。

第一，他聪明，他不去跟那些象争，因为象有好多头不是一头，你争也未必争得过来。这个是聪明，对吧？

第二，展现了出众的力量。太子干脆双手拿着这个金钵，"出少身力，而坏彼锁"，稍微用了一点力气，把锁链给弄坏了，端着钵走了。这样的话象就没办法了。所以这个故事非常有意思，展现了净饭王试探太子，而太子展现出了智慧和勇力。

另外，还有一件特别有趣的事情，我想跟大家提一下。佛经记载，悉达多小时候有很多玩具。它们都非常精美，用非常昂贵的材料比如金、银、琉璃等制成。

有些玩具，后来传进了中国，对中国某一个历史时期的风俗产生了重大的影响。净饭王为了让悉达多开心，无所不用其极。普通的玩具都是死的，不够带劲。净饭王弄了很多羊，把羊牵来养在宫内。净饭王让人为这些羊配上了鞍，装饰了各种宝物，戴上各种花环，让太子坐着羊车在园林里边玩。太子的亲叔叔（我们知道太子有三个亲叔叔）带着其他释迦族的孩子们也来玩，一块参与到这个游戏当中，很多童子跟着太子，都乘着羊车随意游戏。

为什么我说这一段特别好玩呢？因为在魏晋南北朝期间，有很多高门世族的子弟，也坐羊车。他们以文弱为美，以文弱为优雅，坐牛车当然不行，坐马车好像也比较粗鄙。所以干脆坐羊车。

魏晋南北朝，是佛教传入中国的第一波兴盛时期。我们前面提到过的华佗、曹冲、"竹林七贤"，他们都受到佛教故事以及通过佛经带来的印度传统的影响。坐羊车恐怕也是，大概这些世族弟子，看到佛经中描写少年悉达多坐羊车游玩，所以也坐羊车游玩。这也是非常有趣的一段故事。

悉达多太子从小文武双全，智慧出众。到了八岁的时候，当然就不能由着太子一直游玩了，净饭王和释迦族的很多长老就考虑，让悉达多太子接受教育，要让他上学了。

佛经记载，首先要为太子找一位老师，这个老师当然不能是一般的老师了，要找最好的。所以净饭王就召集众人问道："卿等当知，今我化内，谁最有智，谁具技能，种种悉通，堪为太子作于师匠，教使学书及余诸论。""今我化内"，就是在统治范围，或者势力范围之内，谁最聪明，谁最具备技能，而且不是只具备一种技能，要拥有种种系统技能，这样的人才能给太子做老师，能够教太子学书，这是指书写，学语言、文字以及诸论，也就是各种各样的思想学说。

这是一件天大的事情。大家一致推荐了一个人。这个人叫毗奢婆蜜多罗（译成汉语叫众友），是一个大师。按说他是太子，也就是未来佛陀的第一位老师，但是，好像大家对他都不太关心，也不太熟悉，不太提到他。但我们应该知道，因为他是太子的启蒙老师。

这个大师不是浪得虚名的，但可能因为一是为人谦虚，二是知道自己要教的这位太子，不是普通的太子，而是未来的天人之师佛陀，所以尽管答应了净饭王的请求，但是他说："谨依王命，我今堪能。"意思是说，大王，我谨慎地、非常恭敬地遵从您的命令，我可能勉强能够胜任。

于是，悉达多太子在前呼后拥之下，开始了最早的学习生活。上学以后，又发生了一些什么特别的事情呢？下一讲接着为大家讲述。

⑱ 少年之身却心如老树

上一讲讲到，悉达多太子小时候的生活非常优渥，用现在流行的话来讲，是一个不折不扣的"富二代"。到了七八岁的时候，有的佛经里说七岁，也有的佛经里说八岁，悉达多太子到了该正式上学的时候了。在比较古老的巴利语佛经中，几乎没有关于悉达多太子早年上学学习的资料，在比较晚出的佛经中，在梵文佛经中，以及汉译佛经中，有这方面的记载，好像注意的人也不多。

我专门进行了一些搜集，在我看来，悉达多太子早年所受的教育是非常重要的，这些教育对他产生了深厚的影响。当然，无可奈何的事实是，这些相关的记载又都充满了神话的色彩。不过，它们依然非常有趣，不妨当作有趣的故事，来加以了解。

我们讲到，净饭王征求了释迦部落众多长者和他部下的意见，经大家推荐，请毗奢婆蜜多罗这样一个非常有学问的人来担任悉达多太子的老师。悉达多在众多仆人随从的陪伴下，前呼后拥地去上学了。佛经里边甚至对他用的文具都进行了详尽的描写。比如，他的写字板（佛经里叫书板，就好比我们今天的小黑板或者是以前用的石板，做笔记本用，古印度那个年代像是写在石板上或者木板上的，写完以后就可以擦掉），都是用牛头檀香做成的，这是檀香木里边最好的一种。而且他的写字板"纯用七宝，庄严四缘"，四边装饰着各种各样的宝石，"以种种特殊妙相涂其背上"，写字板的背后都有非常精美的绘画。

《佛所行赞》惜字如金，只用了十个字来描述悉达多少年读书的情况，这十个字是"修学诸术艺，一闻超师匠"。说太子学习了各种各样的技能，学习了各种各样的学问，他一听就可以超过老师，证明他非常聪明，是一个超级"学霸"。

《佛所行赞》这种态度，反映了一般佛经对悉达多太子早年学习经历的某种忽视。可能在佛教徒的眼里，最终成为天人导师的佛陀，他的聪明智慧完全是与生俱来的，不是后天习得的。基于这样的理由，他们忽视了对悉达多太子早年教育的关注。

有的佛经稍微好一点，但是描写就比较夸张。比如《佛本行集经·习学技品》里——这是《佛本行集经》里专门讲悉达多太子学习技艺的章节，说师生一相见，就发生了意想不到的事情："时彼大师毗奢（婆）蜜多（罗），遥见太子威德力大，不能自禁，遂使其身，从座忽起，曲身顶礼于太子足。礼拜起已，四面顾视，生大羞惭。"这是什么意思呢？说当师生相见的时候，大师毗奢婆蜜多罗远远地看到走过来的悉达多太子非常有威德，庄重威严，他都控制不了自己，居然从座位上一下子站了起来，屈身弯腰跪下，顶礼于太子之足。

古代印度有亲吻对方脚的礼仪，这是最高的礼仪。而今竟然是老师向学生行这种礼。礼拜好了站起来，四处看看，很尴尬，内心非常羞愧。

《神通游戏》里的语句虽然比较温和，但是对这个场景的描述也是很厉害的。菩萨，也就是悉达多太子，一进入学堂，名叫毗奢婆蜜多罗的老师不能承受菩萨的光辉和威力，居然低头跌倒在地。且不管怎么进学堂吧，上课又出状况了。

《神通游戏·学堂示现品》讲悉达多主动问老师，说："老师，您是想教我哪种文字呢？梵文、怯卢虱底文、布湿迦罗沙利文、安迦文、文伽文、摩揭陀文、孟迦利耶文、安古利耶文、舍迦利文、婆罗摩婆利文、波卢瑟文、达罗毗荼文……"悉达多太子一口气说出了六十四种文字！

毗奢婆蜜多罗大师一听，直接就晕了。这肯定会晕的，只有一个七八岁的小孩子第一天到学堂来，开口就问出那么多种语言和文字，蕴含的意思，岂不是说我其实都会吗？佛经里讲，这位毗奢婆蜜多罗老师赶紧就念颂了这么一句："奇妙啊，这个孩子天性纯洁，而顺应世俗，他已经通晓一切学科，居然还来到学堂。"老师对学生由衷地赞叹起来。

前面讲过，悉达多太子是在很多随从和仆佣，还有很多伴读的小孩的陪伴之下，一起来到学堂的，中国古人也有一句话叫陪太子读书。老师想，你是天生聪明，不学自会，但是还有那么多人，总得上点课吧，于是先教梵文字母表。

佛经里的记载太有趣了。谁想到这么一来，情况就更不得了了。老师一念 a，孩子就说出了"诸行无常"，这里的孩子不是指悉达多太子，而是指陪伴他读书的那些普普通通的孩子。老师一念 ā，孩子们就说出了"自利利他"；老师一念 i，孩子们就说出了"诸根欠缺"；老师一念 ī，孩子们就说出了"世界充满灾难"……四十多个字母，都是这样。

梵文字母一共四十多个，老师念了一个字母，底下的孩子们马上就说出以这个字母起首的最重要的词。

这就好比学习汉语的时候，老师说"天"，底下孩子们接"天人合一"；老师说"人"，孩子们接"人间天堂"。大家想想，这还了得啊！这样的孩子，老师怎么敢教。所以佛经讲："凭借着菩萨的威力，儿童们一念字母就说出无数百千重要法门。"因为有太子在，这些孩子也显得格外聪明。这就是对悉达多太子上学时候的描写。

悉达多太子除了在文武两方面都超越同龄的孩子，此外还有一个特点。《佛所行赞》记载："太子性安重，形少而心宿，心栖高胜境，不染于荣华。"什么意思？太子的天性非常庄重，性情非常稳重、安详。"形少而心宿"，他的样子是个少年，心宿，就是心情、心态、心智像一个老人。

"心栖高胜境"，心思完全在那些高妙殊胜的学说上。"不染于荣华"，虽然从小富养，享有当时释迦族内最高的荣华富贵，但是他一点都不受沾染，兴趣不在这里，爱好也不在这个上面。

按理说，这是一个极其难得的优点，对不对？如果今天我们的孩子拥有这样的优点，父母会多么高兴啊。然而，对净饭王来讲，这种情况反而让他担心。他觉得自己的儿子悉达多太奇怪了，如此少年老成，对荣华富贵表现出如此淡漠的态度，而对那些高妙的玄理如此感兴趣。净饭王为此感到担忧，他在想，与众不同的悉达多到底会怎么样呢？他未来的人生会走向何方呢？这个疑虑在净饭王的心中越来越大，但是也没有办法，只能再慢慢看吧。

随着悉达多太子年龄的增长，情况好像出现了变化。佛经里对悉达多太子十二岁时候的一些状况进行了描写，也就是他上学四五年以后。《佛本行集经》里讲，悉达多太子十二岁的时候，"种种技能，遍皆涉猎，既通达矣，随顺世间，悦目适心，纵情放荡，驰逐声色"。这句话不用详细解释就能明白，到了十二岁的时候，悉达多太子已经广泛涉猎了各种各样的技能，而且已经掌握、通达了。于是，"随顺世间"，不像小时候那样显得超凡脱俗，而是随大流。"悦目适心，纵情放荡，驰逐声色"，就像一般的贵公子一样，开始追逐声色，开始游荡。

在很多人心目当中，这些绝对不是什么优点，如果我们的孩子要是这样，父母都要着急坏了呀！然而，对太子的父亲净饭王来说，这些似乎都是好事，隐隐地让父亲感到安心。如果悉达多太子这么成长下去，他聪明，学习能力强，掌握了各种各样的技能，又喜好人间的所有声色享乐，肯定就会留驻人间，像净饭王一样，当一个非常好的统治者，享有人间所有的荣华，这恰恰是净饭王所希望的。所以净饭王反而对儿子身上出现了常人心目中的缺点，感到宽慰和放心。

不过，情况是复杂的。佛经里虽然留下了对悉达多太子十二岁时候的上述描写，然而佛经里关于悉达多终究和别人不一样的描述和记载，更是越来越多了。随着年岁的增长，悉达多太子身上这种超迈的、奇特的、与众不同的行为，越来越多地表现了出来。

⑲ 无欲无求

上一讲，我们讲到悉达多太子七八岁的时候，开始上学了，他展现出了与生俱来的聪明和超强的学习能力。用现在流行的话来说，那时候的悉达多太子，可以称为"宇宙超级大学霸"。

到十二岁的时候，他学习各门功课，成绩都非常优秀，同时又像一般富贵人家的少爷一样，开始驰逐声色，好像又体现出更多平常人的一面。太子的父亲净饭王和别的父母不太一样，他担心太子不喜欢人间的荣华和享受，反倒希望太子能够沉溺于人间的声色、荣华，享受其中，这样就能够继承家业，继承他在世间高贵的位置。

不过，随着年龄的增长，悉达多太子与众不同，特别是与那些富贵公子不同的一面越来越多地展现了出来。在巴利语佛经《萨遮迦大经》里，保存着一段宝贵的佛陀自述。

佛陀说："我记得从前我的父亲进行耕种仪式的时候（中国古代也有，

地位比较高的人，要在春天举办春耕的仪式），我坐在阎浮树荫下，远离欲乐，远离不善法，有寻有伺，因远离而生喜乐，进入初禅，住于其中。"这是佛陀自己讲的一段话，实际上描述了他早年第一次入禅的体验，也就是进入禅定、进入禅思状态的体验。

《因缘记》对这件事情做了进一步的描述。净饭王举行耕种仪式时，将悉达多太子安置在阎浮树下的卧榻上。看来净饭王非常喜爱自己的太子，也想让他长长见识，参与这种对统治者来讲非常重要的仪式。侍奉太子的妇女们前去观看耕种仪式，太子就没有人伺候了。太子就不躺着了，起身盘坐，在卧榻上进入初禅，也就是进入初步的禅定状态。

那时候，别的树荫都在移动，唯独太子头顶上的树荫保持不动，在地上形成圆形。妇女们回来看到这番奇特的景象，便报告了净饭王。当然这肯定是有所夸张的。净饭王见到这样奇特的情景，居然向自己的儿子悉达多进行了礼拜。这就是《因缘记》里的一段记载。

《神通游戏》里的描述又有所不同。说某一天太子与众大臣的儿子们，一批释迦族的贵公子，一起访问农村。他在观看了农夫耕作之后，来到一个花园里，看到一棵可爱的阎浮树，不禁坐在阎浮树荫下沉思入定。这个时候有五位仙人从空中经过，他们居然感到自己的行动受到了某种阻力，不能前进。于是这五位仙人停下来称颂太子，然后向太子"右绕致敬，腾空离去"。就是这五位仙人顺时针绕着太子走一圈表示敬意，这是古印度的一种风俗，这种风俗后来也传入了中国。

今天如果我们到寺庙里游览，会看见塔。塔是非常吉祥和庄严的建筑，是有深厚的佛学意义的。我们绕塔的时候，一般来讲应该顺时针走。

有人会逆时针走,按照佛教的传统,这是不可以的。而这实际上是古印度的传统。

这五位仙人绕着太子顺时针转了一圈,表达致敬,然后腾空离去。净饭王发现太子不在,便派人寻找,后来找到了太子,发现其他的树荫都移动,唯独太子头顶上的树荫保持不动,净饭王就向自己的儿子进行了礼拜。

在佛经《大事》里边,也具体地描写了太子在阎浮树下沉思入定的缘起。所谓的缘起就是起因、因缘、缘由。太子看到犁地的农夫在犁地的时候发现了青蛙和蛇,农夫就把蛇和青蛙顺手扔了出来。旁边的太子看到,小孩子捡起青蛙就吃掉了,见到蛇就捡起来扔到更远的地方,悉达多太子对此深感震惊。类似这样的故事,一直到玄奘西行求法到达印度的时候,还在流传。

《大唐西域记》里就记载了这样一个传说,说城"东北四十余里,有窣堵波",窣堵波是塔的意思。"是太子坐树荫,观耕田,于此习定,而得离欲。"在此休息禅定,能够远离各种欲望,就叫习定而得离欲。"净饭王见太子坐树荫入寂定。日光回照树影不移。心知灵圣更深珍敬。"玄奘留下了类似的记载。

总而言之,作为释迦族太子的悉达多,从少年时代开始,随着年龄的增长,就越来越多地展现出一种奇特的、与众不同的、超凡脱俗的特征。他好像已经体察到了当时印度社会阶级悬殊的情景;他好像已经开始思考人与人之间为什么会不平等;他好像已经在开始思考,劳苦大众为什么不能获得美满的生活和自由;他好像已经在进行思考,如何改造这不平等的社会。

他看到，人人都流淌着汗水辛勤地劳动，烈日当空也得不到休息，而父王和自己却是骏马华盖，任意逍遥，他感受到不公平。悉达多太子看到在农田里被掘翻的土内有许多或大或小的昆虫，正当这些昆虫要往土里钻的时候，被飞来的群鸟争先恐后地啄食，弱肉强食。太子对此深感残酷和无情，感到恐怖和痛苦。这时候的太子当然还没有厌恶这个世界，但他所忧愁的并不是自己缺少或者没有世俗的快乐。他目睹了社会的不平、众生的痛苦，这些愁思，郁积在他的心头，始终不能逝去。

这在佛经里描写非常多，也非常珍贵。《神通游戏》有一品叫《农村品》，描写太子跟那些贵公子经常要到农村去游玩，类似于今天的郊游远足。他到农村的时候，经常会突然心烦意乱，一心烦意乱就独自一个人漫步到某个地方去思考，看到一棵可爱的树就在树荫下结跏趺坐。

伙伴们都在纵情享乐，在田野风光里饮酒，喝各种各样的饮料，吃各种各样的美食，欣赏各种各样的歌舞，旁边美女环绕，同伴们都在享受这一切。而地位最高的悉达多，却动不动心烦意乱，动不动闷闷不乐，动不动独自打坐。大家想想，这个场景是不是非常怪？

净饭王当然注意到了这一点，他的忧愁越来越严重，担心自己唯一的儿子——这个时候他还只有悉达多太子一个儿子——是不是会像当时的各种仙人（指婆罗门，还有婆罗门以外的各种学派的杰出人物）那样离家出走，进入某种修行状态，从而放弃世俗间的享乐和地位，当然，还有权力和责任。如果这样的话，净饭王岂不是没有继承人，没有太子了吗？所以，他想尽一切办法，增加悉达多太子在世间的享受，让他能够留恋世间的荣华，不要有出世的想法。

《佛本行集经》里描述，净饭王征派了很多仆人，各司其职去伺候太子。比如佛经讲："或复有人，按摩太子；或复有人，柔软太子。"按摩太子和柔软太子，咱们也不知道有什么区别。柔软，大概就像那个时候印度的瑜伽，帮助太子拉伸身体，进行各种瑜伽锻炼。

"或复有人，以诸香油，涂抹太子"，老是给太子身上涂油涂香。"或复有人，洗浴之时，揩拭太子"，在太子洗澡的时候给他搓背、擦身。"或复有人，澡浴之时，供香汤者"，还有人在太子洗澡的时候往里面加芳香扑鼻的热水。"或有染发梳头髻者"，还专门有人给太子染发（那时候，悉达多太子还是个少年。不知当时染发是不是像今天流行的那样，把头发染成各种各样颜色呢？咱们可以想象一下）。"或复有人，直镜照者"，还专门有人拿着镜子供悉达多太子顾影自盼。"或执涂香，或执眼药"，还有人怕太子眼睛累或者不舒服，给他敷眼药。"或复有执熏衣香者，或执牛黄，或执花鬘"，还有人拿着各种各样熏衣的香料或者牛黄——牛黄是非常珍贵的药材，现在根本很难见到了，或者就拿着花环，可以供太子装饰自己。"或复有执种种杂色微妙衣服，立太子前，常拟供养"，还有人拿着各种各样色彩斑斓的衣服，环绕着太子，随时在他身旁听候差遣。

可是，即便如此，净饭王还是发现，悉达多太子越来越不快乐。这个时候，净饭王又想起了阿私陀仙人，想起了他的预言。阿私陀仙人的预言是什么？说从悉达多的各种相上观察，要么在家做转轮圣王，要么出家做天人之师。

净饭王想，这样下去的话，自己的悉达多太子好像是出家的可能性大呀——对世俗的享乐没有兴趣，感到不快乐。他当然不希望儿子出家。净饭王决定，得早做打算，尽一切可能把悉达多留在家里，决不能让他出家。百般思索，绞尽脑汁，净饭王终于想出了一个妙招。净饭王到底想出了什么妙招呢？留待下一讲为大家讲述。

⑳ 以提高择偶标准来拒绝婚姻

上一讲我们讲到，悉达多太子随着年龄的增长，越来越显现和同龄人、和同样出身豪富之家的那些公子不一样的地方。

正是这种状态令净饭王深感担忧。他想起悉达多太子小时候，阿私陀仙人的预言。作为父亲，毫无疑问，他希望自己的孩子不要出家，能在世俗社会里成就一番功业。所以，净饭王就想尽一切办法，增加悉达多太子在世俗的享乐。

然而这些手段都用尽了，却发现效果并不明显。于是，净饭王就想出了最后一招。这个招数说起来也是人之常情，是很多父母都会用出来的招数，通常也是最有效的一招。这一招，就是为悉达多太子娶妻，让他成家。净饭王和天底下很多父亲一样，认为如果把这件事情办好了，办成了，就一定可以成功地拴住儿子的身心。

《佛所行赞》里记载："父王见聪达，深虑逾世表。广访名豪族，风教礼义门。"净饭王看到悉达多太子非常聪明、透达,但非常忧郁,怕他逾出世俗的范例,产生出世之想,所以就开始遍访各个名门豪族。这些名门豪族都是风教礼仪之门,家教都非常好,是非常符合礼仪的高标准的家族。

其他佛经的记载比《佛所行赞》要更为详尽,极尽铺陈之能事。《佛本行集经》的叙述就非常丰满,各种细节都有。《佛本行集经》里讲,净饭王想到了阿私陀仙人十多年前的预言,越来越担心太子要出世,要出家,所以他召集了释迦族族内的长老、耆宿,说:"汝等亲族,曾闻知不?"说你们这些人都是咱们的亲人啊,咱们都是一家人,你们曾经听说过吗?在悉达多太子刚刚降生的时候,我就召集了很多擅长看相的婆罗门和像阿私陀仙人这样的人来看过相,他们都有这样的话,说太子在家为转轮圣王,出家就能得到无上的智慧。

"而我等今作何方便,令此童子得不出家?"现在能不能想出点什么办法,让这个孩子不要出家?众人的答复无非是赶紧给悉达多造一些房子、宫寺、园林,或者多给悉达多选一些美女、歌女。净饭王一听,这些本王早就已经做了,然而没用,不见效果。

净饭王直截了当地说出了自己心里的打算。"汝等当观,谁释女堪与我太子悉达为妃?"说你们甭往那想了,应当想一想这条路:哪一位女子可以配得上我的悉达多太子,当他的太子妃?

与《神通游戏》相对应的《方广大庄严经》,其中的说法有点不一样。说这不是净饭王自己的想法,而是释迦族长老们的建议。这些长老建议净饭王,你这些都试过了,没用,那就"应为求婚,令生染着,由是自当不出家也"。令生染着，这个染不是简单的污染的意思，而是指让他沉溺其中，摆脱不了。这样，他就自然而然不会出家了。

无论是净饭王自己想的，还是释迦族长老建议的，反正要为悉达多太子选妃的这个消息，一下子就传出去了。可想而知，很多人都推荐自己家族的女儿。

从净饭王来看，要么因为他对悉达多太子实在是太宠爱了，要么就是因为他作为释迦部落的长老不得不这么做（我们前面讲过，释迦部落不是一个君主独裁的国家，而是一个小共和国），用现代的话来讲，就是净饭王比较有民主思想，他还没有为自己的儿子拿主意、全都说了算的意思。于是，净饭王召集了很多长老，一起问悉达多的意见：你喜欢什么样的女孩？如果为你娶妻，你的条件、标准和要求是什么？悉达多的回答是，好的，等我七天，我给您回应。

就在这七天之内，悉达多进行了认真而痛苦的思考。佛经里讲，悉达多太子自己暗暗思考。他说：我知道欲望无穷的弊端，我对种种的欲乐（欲望之乐）没有贪求，宁愿默默地住在树林中，乐于沉思入定，内心安静。这些见于佛经《神通游戏》。

据说悉达多非常慈悲，也非常懂事，经常设身处地为别人考虑。佛经里讲，悉达多又思考善巧方便，希望教化众生，心生大慈悲。他想：我这样只顾着自己，可能就伤了父王的心，也伤了释迦族长老的心，我一定要想出一个善巧方便的办法，达到教化众生的目的。

悉达多认为，莲花在淤泥中成长，国王在民众中受到崇敬，菩萨获得眷属相伴的力量，能引导亿万众生达到不死。他把娶亲比喻为淤泥，因为娶妻有夫妻生活，夫妻欢欲，有种种欲望的快乐，而把自己比喻为莲花，或者把自己的志向比喻为莲花。

大家千万要注意这段话，因为这段话很容易让大家联想到小时候背诵过的周敦颐的《爱莲说》。《爱莲说》是中国文化史上的重要篇章，脍炙人口。显然，周敦颐的《爱莲说》有佛教影响的痕迹。我们不展开讲，大家可以慢慢地思考。悉达多想，过去有很多菩萨就是如此，他们都是有妻子儿女的，也都染着贪欲，好像是受到了沾染。实际上，他们并不失去禅乐。悉达多决意效仿他们。

有些佛经中的说法更有意思。这是因为，后来的佛弟子面临一个非常困难的局面，他们要为别人解释，为什么自己所皈依的教主，伟大的佛陀，是结过婚的。这个事情放在历史背景当中本不难理解，但是对很多虔诚无比的佛教徒来讲，好像是个问题。所以在晚期的佛经中，用了各种各样的办法，为释迦牟尼开脱。

比如，《根本说一切有部毗奈耶破僧事》，这是一部律经，讲佛教戒律的，在卷四中就有这样的记载："尔时菩萨在于宫内嬉戏之处，私自念言：'我今有三夫人及六万婇女。若不与其为俗乐者，恐诸外人云：我不是丈夫。'"咱们读到这一段佛经，也许禁不住会笑吧。这一段佛经的意思是，在那个时候，菩萨（也就是悉达多太子，那时还没成佛）在宫内嬉戏游玩的地方自己想着：现在有那么多人陪着我，有那么多女性伺候着我，如果我不与她们进行世俗的欲乐，也就是说，不跟她们发生世俗的关系，我怕外边不了解情况的人会说我不是男人。没想到吧，后来的佛经里，居然会用这样的借口为释迦牟尼开脱。

太子经过七天的思考，确实提出了自己心目中妻子的标准。这个标准完整地保存在《神通游戏》里。我们可以理解为，太子确确实实希望找到这样一位伴侣。同时，我们也不妨认为，太子是故意把标准定得那么高，给净饭王和释迦族长老们增加难度，希望逃脱他们的摆布。郭良鋆先生的丈夫，是季羡林先生、金克木先生的第一代弟子黄宝生先生，也是中国非常了不起的梵文学者，是我的老师辈。他把这一段梵文直接翻译成了现代汉语，这就太好了。黄宝生先生的翻译是非常可靠的。

黄宝生先生的翻译中，说悉达多太子要找的妻子的标准是：

不同于凡俗，随顺，不妒忌，始终说真话，要想着我，令我喜欢，不放逸，形貌、出生和家族都要纯洁；

她要青春美貌，但又不以美貌自傲，要像母亲和姐妹心中充满慈爱，要乐于舍弃，布施沙门和婆罗门；

她要不骄傲，没有恶习，没有过失，不诡诈，不妒忌，不欺诳，不虚伪，即使在梦中也不会贪恋别的男子，满足于与自己的丈夫同床，不放逸；

她要不自负，不高傲，不胆大妄为，不骄慢无礼；

她要谦卑如同侍从，不嗜酒，不贪恋味、声、香（不能好酒，还不能太贪恋味觉、吃好的，声音要听好的、香要闻好的；不行）；

不贪婪，她要满足于自己的财富；

她要恪守真理，不轻浮，不慌乱，不高傲，不骄慢，廉耻护身（要有廉耻，要知廉耻）；

不热衷外道邪见，尊行正法，身、言、心始终保持纯洁；

她要不昏沉嗜睡（不能太喜欢睡觉，这太懒了）；

不骄傲愚痴，会思考，做善事，遵行正法，孝敬公婆犹如爱戴导师，关心女仆和亲友好比关心自己；

她要熟悉经典，通晓仪轨；

她要最后一个入睡，而最早起床，重友情，不欺诈，如同慈母。

择偶要求是非常高的，这些标准今天还保存在梵文的佛经里。净饭王听到以后，当然只能一口答应，赶紧命令众人，为悉达多去物色合适的人选。物色的过程和结果到底如何呢？

我们在下一讲接着讲述。

㉑ 直面：当爱情来临时

我们看到悉达多太子的要求，不禁会感叹，说句玩笑话，符合悉达多太子要求的女性真是凤毛麟角，反正在今天非常时髦的各类相亲节目里，百分之百是找不到的。这也反映了悉达多太子的想法：一方面，如果要找一个伴侣，那应该是神仙眷侣，力争完美；另一方面，也不排除一种可能性，悉达多太子希望自己提出的高标准，能打消父亲为他娶亲的念头。因为标准太高，就不容易找，甚至找不到。

净饭王了解了儿子对未来妻子的标准后，确实也很犯难。根据《佛本行集经》的记载，净饭王曾经动过这样的念头：标准那么高，我干脆就别跟他商量，我拿主意给他娶一个太子妃就完了。但是想来想去，不行，因为他毕竟事先征求过悉达多太子的意见，这是其一；其二，他隐隐约约感觉到太子好像是以过高的标准搪塞自己，万一瞒着太子挑了个太子妃，太子如果不肯成婚，反而更坚定了出家的意志，这不是更麻烦了吗？

所以净饭王想了半天，他也真是有智慧，当然也有能力和条件，采取了彻底公开化的手段。

他采取的手段超出常人的想象。佛经记载他"复更思惟"，就是想了又想。"我今可以种种杂宝，做无忧器，持与太子"，意思是，我今天用各种各样的宝贝做出各种各样的首饰、珍宝，全拿给太子。"令太子用施诸女人，密遣使瞻观其意"，我让太子把那么多的珠宝首饰送给女人，同时秘密地派一个人在旁边观察太子，看他的意向。"看于太子眼目瞻瞩在于谁边，我即聘娶，与其作妃"，看到太子的眼光，盯住了谁，好像对她有意思，我就替他聘娶这位女子做太子妃。净饭王这个主意，亏他想得出来！也真是可怜天下父母心。

佛经中记载，净饭王打定主意以后，就这么实施了。所以，也没有选不选的，而是召集城内一切诸女，把城里边合适的、不合适的，反正把迦毗罗卫城内释迦族所有的女孩都召集起来，集中到宫殿门口，开了公开大会，为太子选妃。

悉达多太子又等了七天，才来到宫门前。当他出现的时候，佛经中的说法很有意思，说："以是太子威德大故,诸女不能正看太子,但取宝器,个个低头，速疾而过。"说太子一露面，因为他的威德太大了，所以来的这些女子尽管本来是来相亲的，那肯定是要看的，但是都不敢正眼看悉达多。那怎么办呢？她们只管去拿这些首饰和宝贝，这些首饰和宝贝是公开放在那里，随便拿的，拿完就个个低头迅速跑开了。这么一来，当然可以想象，所有的宝物很快就被取完了。

就在宝物被取完的时候，一个女子姗姗来迟。这个女子一看就不一般,因为她还带着很多侍女,在侍女的簇拥下而来。佛经里说,她是"遥望太子",没有一下子走过来,而是远远地看着太子,目不转睛,没有低头,不避开对方目光,"举目雅步,瞻观直眄,目不斜视,渐进前趋"。头是抬着的,眼光是直视的,步履非常优雅,而且一步一步,慢慢地走近。

这个女孩走近以后,没有丝毫羞涩,和太子宛如多年的相识,直接就对悉达多说:"太子今可与我杂宝无忧器来。"意思是:太子,你现在拿点珠宝、首饰给我吧。就这样直接开口,不像别的女子话也不敢说,头也不敢抬,拿着首饰就跑。这位女子不是这样。

悉达多一看,哎哟,真是没见过这样的人!悉达多就回答:"汝来既迟,皆悉施尽。"哎呀,不好意思,你来得晚了,这些珠宝、首饰都已经送完了。

而这位女子是什么反应?大家也想象不到。她马上开始撒娇,佛经里是这样记载的,她说:"我有何过?汝今欺我,不与宝器。"我有什么过错,我来这里了,你却欺负我,不给我些首饰、珍宝。悉达多太子完全无奈,手足无措,只能回答:"我不欺汝,但汝后来,自不及耳。"我怎么会欺负你呢?只不过你确实来晚了,当然就赶不上,拿不到了。

悉达多虽然这么说,但毕竟还是不好意思,他是一个太子,为自己选妃,这些女孩因他而来。他手上有一枚非常昂贵的指环,就像我们讲的戒指之类的东西,悉达多太子当即从自己手上摘下,把它递给这个女孩。谁料到,这个女孩还不满意,说:"我于汝边可止直于尔许物耶。"我在你这里,难道就只有这么点价值吗?这是古代的风俗,女子婚嫁都有聘礼、聘金,越是好的女子,聘礼和聘金越贵。

太子这下真有点急了，这怎么办啊，他说："我之所着，自余璎珞，任意索取。"那我没有了，我的指环给你，你不要，我现在随身只有璎珞了。璎珞是指用各种珍宝串成的一种串饰，一般都挂于胸前。当然在印度不只挂于胸前，挂于胳膊上、背后、腰间的都有。我们今天到寺庙里，会看到很多菩萨像、佛像身上都披着璎珞。悉达多太子说，我现在只有这个璎珞了，你看得上就拿吧。所以，佛经绝对不像大家想的那样，只是板着脸孔讲道理，说教各种抽象的理论。佛经的内容也非常富有趣味性、文学性和故事性。

这位女孩说的话也很有意思："我今可剥脱太子？"意思是，我难道能把你扒光吗？因为这璎珞是穿在身上的，"只可庄严于太子身"。她说，璎珞我不能拿，因为它象征着庄严，能让你变得更加庄严、美貌，这璎珞只能穿在你身上。说完，这个女子很不开心，掉头就走了。

净饭王不是派了一些密探在旁边待着吗？密探把这一幕看在眼里，赶紧回去向国王禀告，说这个女孩来了，跟太子说了很多话，"数番往复"，还有来有回。他观察很仔细，说是"兼且微笑"，这位女孩可能不见得笑，但是太子脸上荡漾着笑容；"停驻少时，调戏言语"，还待了一段时间。这个"调戏"，不是后来的贬义词，在当时是个中性词，大家不要误会。"调戏"就是说大家逗来逗去挺高兴。"太子彼女，二颜俱悦，彼此答对，四目相当。"说太子和这个女孩两情相悦，他们说话的时候，四只眼睛都直愣愣地互相看着对方。

净饭王一听，就赶紧决定聘定这个女孩。这个女孩是谁呢？大家看，佛经的复杂性就出来了。就我个人非常有限的对佛经的阅读而言，起码能够找到三种说法。

第一种说法,这个女孩是迦毗罗卫国的邻国天臂城城主善觉的长女,叫耶输陀罗。这是大家普遍接受的,汉传佛教里,亲近佛教的、信仰佛教的朋友和高僧大德,往往采纳这种说法。

还有一种说法,说她是婆私吒族释种大臣摩诃那摩之女,是另外一个部落的,但也是释迦族的,她的名字也叫耶输陀罗。

另外一种说法,在梵文佛经里也有,说她是释迦族一个叫执杖的大臣的女儿。

那么,我们在这里采纳的说法是,这位女孩正是迦毗罗卫国的邻国天臂城城主善觉的长女耶输陀罗。

净饭王下定决心,就选这个了。所以选了个良辰吉日,派国师(婆罗门里地位最高的文化官员)到城主善觉家提亲。净饭王认为我为如此优秀的太子提亲,我们家又是这样的地位,而且我又非常有礼貌,遵从风俗礼节,怎么可能不同意呢?没想到的是,耶输陀罗的父亲给净饭王的答复,以及他对这次相亲的态度让净饭王大跌眼镜。那么,耶输陀罗的父亲到底是什么态度呢?我们留待下一讲揭晓。

㉒ 有过世俗生活，也许会获得更高的智慧

前面，我为大家讲了悉达多太子的择偶、相亲等故事。我们发现，在很多当代人写的佛陀传和生平中，尤其是一些高僧大德写的佛陀传中，对悉达多太子这一段的描写是比较简略的，有时甚至一笔带过。

为什么会这样？一方面由于佛经当中的相关记载比较零碎，或者存在着比较明显的冲突和矛盾；另一方面，可能还是因为在大家心目中，佛陀是天人的导师，是佛教的创立者，所以面对佛陀的世俗生活，特别是婚姻生活，有些人会觉得略有些手足无措，难以解释。

这些都是可以理解的，非常合情合理。但是，在我个人看来，却似乎大可不必。毫无疑问，佛陀是一位了不起的人物，然而他经历过的一段世俗生活，却使得他的人生道路对我们更具启发性。

他和我们一样，出生、成长、上学、成家。当然，按照佛经里的描写，他的生活要比我们优越得多，要比我们多了很多物质享受，等等。但无

论如何,他在这个世间,有一段生活跟我们是一样的。那么,他为什么会获得如此高的智慧?为什么会成就正等觉?为什么会成为佛教的创立者?这能够给我们带来重大的启示。所以我觉得,不仅没有必要去回避,反而应该仔细了解,从中有所悟,有所得。

前面讲到,选了个良辰吉日,净饭王就派国师婆罗门到耶输陀罗家提亲。没想到,耶输陀罗父亲的回答很有意思,他说:是的,悉达多太子的家族来提亲了,然而根据我们释迦族的律法或者风俗,代代相传都是这样的,要我把女儿嫁给那个小伙子,他必须有非常了不起的技能,如果没有什么本事,我是不能把女儿嫁给他的。

佛经记载,耶输陀罗的父亲认为,太子"生长深宫,耽婳嬉戏,未曾学习,无有技能,""弓射天文,兵书戎仗,一切战斗,角力拳捶"这些好像都不一定行,我为什么要把宝贝女儿嫁给这样一个没有本事的人呢?

这里的描写让我有点惊讶,因为它和佛经里很多记载是不符合的。比如,我们知道佛经里充满了各种各样的说法,说悉达多太子从小聪慧过人,文武双全,而且名声早就远播。为什么耶输陀罗的父亲,同样是一位地位很高的人物,会不知道呢?这就有点奇怪,可能为了给整个描述增加点戏剧性,因此在后来的佛经中凭空加入了这一段。

更奇怪的是,净饭王本应当对自己的儿子很了解,然而在佛经里到了这个关节,却展现出净饭王一种奇怪的状态。净饭王虽然知道儿子与常人不同,但是似乎对悉达多太子的日常学习情况和学习成果也并没有把握。当净饭王听到耶输陀罗的父亲按照释迦族历来习俗提出的要求,居然心怀愁忧。

悉达多太子也很纳闷：原来父王一直催着我结婚，为我择偶，为我安排公开的相亲，密探又向他报告了消息，说我和耶输陀罗很投缘，父王那边怎么就没有消息了呢？太子前去追问父王，净饭王这才将耶输陀罗父亲的要求告诉了太子。

太子微微一笑，佛经里讲："父王颇知，父王城内，有人能出与我试技艺已不？"意思是，父王您应该是了解的，在您的城内，也就是迦毗罗卫国内，还有没有人能跟我比技艺呢？悉达多非常自信，净饭王当然更加高兴，赶紧安排了比赛招亲大典。

我们发现，无论是印度还是中国，在民间故事当中，富家小姐招婿往往都会有比赛招亲的环节，而且往往是比武招亲。如果我们仔细去看，其实叫"比武招亲"是不准确的，这个比赛，往往是文武两方面都要比，所以我且把它叫作"比赛招亲"。

这当然是一件了不起的盛事，远近贵公子云集，因为这等于给了别的公子们机会。正是在这个过程中，出现了一个人物，这个人物在后来佛陀的生平中以及在佛教史上，都非常重要，大家一定要记好了。这个人叫提婆达多，翻译成汉语，"提婆"就是"天"的意思，"达多"就是"授"的意思，提婆达多就是"天授"的意思。这是一个很好的名字。提婆达多是佛陀的堂兄弟，是佛陀亲叔父的儿子。这个人在这个时候第一次登场了。

提婆达多非常嫉妒悉达多太子，佛经里说他就开始捣乱。怎么捣乱呢？他居然杀死了一头大象，用大象堵住了城门。悉达多当然不会受此困扰。佛经里的描写极有戏剧性，说悉达多有神力，他坐在车上，伸出一只脚趾，钩住了死象的尾巴，把象甩了出去，一直甩出七道城墙、七条护城河。这才没有闹出乱子。

比赛招亲的盛况恐怕比今天的十项全能，加上各种各样奥数比赛，都要有过之而无不及。就"文"而言，对文采有要求，要进行笔试，各种诗词歌赋；还包括了数学和算术。前面我们简略提到过，印度自古有大数，所以佛经里，经常有一个比喻叫"恒河沙数"，意思是数量多得像恒河里的沙子一样。比赛中的数字还特别大。

在这次比赛招亲过程中，还真进行了数学比赛，满眼都是这样的大数字，题目非常难，都保存在佛经里，也留存至今。据《神通游戏》记载，悉达多请在场的每一个人出一道题，他一一回答，绝无错误。《方广大庄严经》里讲："诸童弟子次第举数，菩萨运筹，唱不能及，都无错谬。乃至五百童子一时俱唱，亦不杂乱。"意思是，在场的很多年轻人，一个接一个出题，菩萨一下子就把这些题目解开了（这里的"运筹"是汉语佛经的译法，用了一种中国古代的运算方法：筹算，这种方法后来被珠算所取代）。佛陀解题解得太快，其他人都赶不及出题，而且他的解答根本没有错误。后来发展到五百个童子一起出题，此起彼伏，而悉达多太子也是一一回答，根本不乱。

这样的比赛，在巴利文佛经中也有记载，像出题、书写比赛等，还提到了太子精通各种字体。古代印度有很多字体，在悉达多太子上学的时候，我们也提到过语言文字的问题，这些字体不像我们想得那么简单（今天我们在中国，谁会要求一个孩子同时会写草书、隶书、篆书、楷书？

除了那些从小修习书法的孩子也许能够四体皆通以外，一般人根本做不到）。而印度的字体，比中文的字体要复杂得多，所以很难。

  这场比赛比了书写，太子展示出了对各种字体的精通。"文"的比赛，太子完胜，完全没有人能跟他相比。接下来的比赛，当然就是比武了。在佛经里，比武的描写，要更精彩、更激烈。在比武的时候，究竟比试了什么，又发生了些什么呢？我们留待下一讲揭晓。

㉓　比武招亲

上一讲我们讲的是，佛陀的父亲净饭王按照耶输陀罗父亲的要求，根据释迦族历来的传统，举行了比赛招亲。其中的比文环节，进行了各种比试。这一讲，我们就要跟大家介绍比武，也是各种比试。

比武分三个环节，我把佛经里零零碎碎的记载做了一个归拢。第一个环节类似于今天的田径比赛；第二个环节是直接对抗，两个人要交手，有对抗、有身体接触；第三个环节是间接对抗，也就是两个人身体没有接触，但是要分出高下，比如射箭。

最早的田径比赛，按佛经里写的，是比赛跑、比赛跳，类似于咱们现在田径比赛里的项目，悉达多太子都轻松胜出。

接着，到了对抗性很强的比武环节了，比赛场上就出现了提婆达多。提婆达多在这一次比赛招亲当中，几乎就像第二主角，佛经对他的着墨非常多，他对自己也很有信心，觉得可以击败悉达多太子。

所以他一登场就非常趾高气扬,各种炫耀,沿着整个赛场绕了一个圈儿,对着悉达多直冲过来。悉达多当然毫不慌乱。佛经的描写也是非常好玩,说,悉达多用右手,游戏般地把提婆达多举了起来,而且在空中旋转三次。

毫无疑问,悉达多心存仁厚,他的本意只不过是要杀一杀这位堂弟的傲气,绝无伤害之意,心怀慈悲。所以,尽管悉达多太子已经把堂弟举起来了,却并没有把他抛到地上,而是将他轻轻地摔在地上。然而,这就让提婆达多更加心生怨恨,这一份怨恨在后面愈演愈烈,最后引发了佛教史上的轩然大波。怨恨是要害死人的,我们到后面会讲到,这里先不多谈。

太子觉得,一对一太不爽了,干脆邀请他们各位一起上。佛经里边讲,他以一敌百,又轻松取胜。比赛的高潮照例是射箭。咱们中国的射箭,是前面放一个靶子,所有人都向靶子射,但印度不是,起码这一场悉达多太子的比赛招亲不是,好像是为了增加它的效果或难度,参加比赛的每个人面前都放了一面铁鼓。

按说比赛应该公平,大家面前放的铁鼓离每一位射手的距离应该是一样的。但这里不讲公平,佛陀前面的铁鼓放得格外远。提婆达多和其他射手已然射得都非常费力。更何况这个鼓是铁鼓,好像还有这样的要求,要把铁鼓的鼓面射穿,所以就不仅仅是射中那么简单了。

轮到太子上场,出现了很意外的情况。他拿起一把弓拉弦,一下子弦就崩断了,拿起另外一把弓拉弦,弦又再次崩断,一而再,再而三,都没有办法拉成,好像这些弓的力量都不够大。于是太子就问净饭王:

咱们迦毗罗卫城里还有没有其他的弓？这个弓要足够强劲，比赛现场提供的弓都太逊了，都不行。

国王回答：有是有，但那把弓是你祖父师子颊王的，现在放在祠堂里供奉着，你祖父走了以后，根本就没人能够拉弯这弓背装上弓弦，更别提把弓拉开了。

我们在各种电视剧里看到，人们拿起弓嘣的一声就射出去了。其实，为了保持弓的张力，平时弓是不上弦的，弓背和弓弦是分开放的，用的时候要先把弓背压弯，把弦给它上上去。悉达多太子祖父的这把弓，别说拉，连弦都上不了，所以这把弓是非常有力的。

当然，这把弓很快就被取来了，果然是谁也弄不动。悉达多从座位上起身，采取了一个半坐半蹲的姿势（这个我们也见得多了，射箭比赛中经常有这样的动作），左手持弓，用右手一个指尖，轻轻地为这把弓搭上了弓弦，接着嘣的一声，传来了一声巨响，响彻全城。大家都为之欢呼：悉达多王子为祖宗的弓搭上弓弦啦！

看样子，这把弓那么长时间没有搭上弓弦，都成了迦毗罗卫国以及远近众人的某种心病了。而用这把弓射出去的箭，射穿了前面的铁鼓，穿透了七棵多罗树和最远端的机械铁猪（这个太有意思了，看样子，比赛还包括射移动靶）。在悉达多太子那个年代，居然就有移动靶了，而且移动靶设计得好像比现在那些平面的、干巴巴的靶还可爱，它是一个机器玩偶，做成一头猪的样子，嗒嗒嗒跑过去，等着被射中。

并且，悉达多太子射出去的这支箭，最后钻到了地下，没入土中找不着了。箭的入地处随后马上出现了一口井。射箭还射出一口井来，想想这力量得有多大！这口井后来一直有传说留存，名字就叫作箭井，就因为跟太子射箭有关。

佛经里还有各种各样的描述，我们就不再一一展开了。而在巴利语佛经和梵文佛经中，对悉达多太子比赛招亲的描写是有区别的。巴利语佛经里的描写，明显没有梵文佛经里的多，主要的原因，我想大概是因为梵文佛经出现的年代比巴利文佛经晚，这是传播学上的一个规律，越后出现的说法越复杂，越后出现的说法越精彩，细节越完备。

中国有古史辨学派，提出层累而造成的古史说，即关于远古的历史是一层层堆起来的，越到后来越详尽。佛经里的记载，当然也符合这样的规律。所以，关于悉达多太子比赛招亲的记载，主要集中在梵文佛经里。

比赛结果毫无疑问，耶输陀罗成了悉达多的妻子。两个人郎才女貌（悉达多太子也非常漂亮），两情相悦，非常幸福地生活着。许多佛经，像《神通游戏》，都不惜文字详尽描摹夫妻俩的生活，就是享受人间一切的荣华富贵。

《神通游戏》里，描写小夫妻美满生活的这一品，名字叫《鼓励品》，里边充满了各种游乐的场景。不久，悉达多太子和耶输陀罗有了婚姻的结晶，有了一个孩子，孩子的名字叫罗睺罗。罗睺罗的出生，当然给释迦部落、给净饭王、给耶输陀罗家族带来了巨大的欢乐。

很多人没有注意到"罗睺罗"这个名字是什么意思。这个名字如果翻译成汉语，叫"系缚"，就是束缚的意思。有的朋友会讲，这个名字有意思，就好比咱们过去北方的农村里，经常给孩子起小名"拴住"。这样的理解对不对？不对。

从字面上看,可以翻译成"拴住"。但是在中国北方农村的风俗当中,给孩子起这么一个小名,是希望拴住这个孩子,希望他能够平安健康地成长,不要被各种莫名其妙的灾难过早地夺去生命而夭折。

然而,悉达多太子和耶输陀罗的孩子,起名叫"系缚",却蕴含着深意。佛经想传达这样的意思:在悉达多太子的心目中,作为父亲,他当然很爱这个孩子。然而,这个孩子对他更远大的理想、追求而言,对他未来被注定的人生而言,实在是某种束缚、某种阻碍。

按照佛教的说法,对这个孩子的爱,会为佛陀的出离(出家)增添很多困难。因为舍不得孩子,就会有一种执着之心,很难舍去。我们很多人舍去一些东西,可能不是很困难,比如舍去一些财富、一些身外之物,但如果要你舍去植根于人类内心最深处的父子之爱呢?这是非常困难的事情。

所以,悉达多太子才给自己的孩子起了"系缚"这样一个名字。如果我们非要翻译成汉语的白话,不妨可以叫"拴住",但是这并不是要拴住孩子本身,而是悉达多太子觉得他会拴住作为父亲的自己。这个名字本身,就为悉达多太子和耶输陀罗未来的生活埋下了伏笔。

㉔ 面对亲情的羁绊，如何选择

这一讲主要为大家讲述悉达多太子与美丽的耶输陀罗成婚以后，在迦毗罗卫国的生活状况。这些生活从表面上看，都是非常富足、荣华的，但是对悉达多太子来讲，情况却完全不是这样。所以，我想不妨用悉达多太子和耶输陀罗的儿子的名字——系缚，作为这一讲的标题。

首先要提醒大家注意，在巴利语三藏中，并没有具体记述佛陀结婚生子的情况，只是在律藏中提到过佛陀的儿子和罗睺罗的母亲。

罗睺罗的母亲就是佛陀的妻子，然而从巴利语三藏里看，她的名字究竟是什么，实际上我们并不太清楚。在一些晚出的经典和以后的著书当中（也是巴利语经典），提到了佛陀的妻子，有这么几个名字。

在《因缘记》里，有这样的说法，说罗睺罗的母亲，是佛陀的第一夫人。这种称谓就让人不由得想起，大概佛陀在身为悉达多太子的时期，原本就不只有一位妻子，在其他的资料里也有相关的记载。

比如在汉译的《佛本行集经》里就写过，佛陀除了耶输陀罗以外，还有两位妃子，一位叫摩奴陀罗，一位叫瞿多弥。即便如此，这也没什么好奇怪的，在古代这种情况非常多。只不过要提醒大家注意一下，在佛经中有着各种各样的记载。

悉达多太子和耶输陀罗成婚以后，表面上过着非常快乐的生活。然而，太子认为这种快乐并不是长久的、令自己满足的。确实，悉达多有时也会欢笑，也是开心的，但是他的内心深处却愈发空虚和孤独，总感到不满足。他们成婚，并且诞育下王孙以后，最开心的是净饭王。

净饭王一看孩子的状况那么好，便发愿从此要修德行、布仁政、亲圣贤、远恶友，对臣民要慈言慈语，在日常的政治生活当中，要戒除轻举妄动。净饭王不仅自己如此，还下令迦毗罗卫国的大臣，以及全国的婆罗门，都要废弃各种歪门邪道，废弃各种不好的手段，要学习真正的治国祭祀的方法，要供奉一切诸天善神，真诚地祈祷国民都能平安，并且用一切方式为悉达多太子祈福。

净饭王心里高兴地想：我爱我的儿子悉达多，那么悉达多一定也爱他的儿子，就像我爱他一样，如此一来，我当初的想法和目的就达到了，悉达多当然不会再有出家的念头，这是我唯一的希望。

悉达多太子成婚以后，净饭王为他提供了比以前更加繁华的生活，希望拴住悉达多太子。按理说，世界上的国王对太子都是担心他太放纵，沉溺于情欲之中，沾染上声色犬马。净饭王的想法却相反。自从悉达多长成以后，净饭王时刻希望太子能恣情纵欲，爱名好利，他所做的一切都是为了防止悉达多太子在年轻时就产生出离的想法。

按照婆罗门教的规定,人的一生分为好几个阶段,在年轻的阶段,就应该居家过生活,就应该奉侍诸神,做好一家之主;到了老年,婆罗门教也是提倡离家进修的,但是年轻时是不应该、也是不可以这样做的。

净饭王甚至想,现在倒是可以让位给悉达多太子,我自己可以遵从婆罗门教的规定,到山林荒野去修行。反正,这个时候正是太子应该享受人间欢乐的时候。总之,净饭王在悉达多太子和耶输陀罗成婚以后,不仅没有放松对悉达多太子的关注,反而格外地留意。

在常人看来,这是美满平静的生活,而悉达多却总觉得有什么会在不经意间击破这一切。在这平静的、美满的、富足的生活当中,对悉达多来讲,有某种神秘的律动,犹如天际深处的某颗陨石或流星,没人能够知道,他自己也不知道,会在什么时候惊醒这一份安宁。

常言道,心有所思,梦有所现。悉达多的父亲净饭王和妻子耶输陀罗时常会做一些奇怪的梦,而这些梦全是一个主题,就是悉达多离家出走。醒了以后,耶输陀罗更以百倍的温柔体贴,去对待自己的夫君;而净饭王的方法,则是严防死守,杜绝一切意外可能性。

《方广大庄严经》里说:"从今以往,更勿令复许太子游观。令诸婇女,诱以五欲,生其爱著。"意思是说,再也不允许悉达多太子出去游玩,只允许他待在宫里,又下令宫廷里的诸般美女,用各种欲望诱惑太子,让太子产生贪恋,产生执着。在佛经当中,五欲一般说的是色、声、香、味、触这五种感受、五种享受。

《神通游戏·感梦品第十四》这一段对应的梵文段落,由黄宝生先生翻译成现代汉语。这段话说的是,任何时候都不能让王子外出前往花园,只要他在这里(也就是宫廷里)迷恋这些美女,游戏娱乐,他就不会出家。

所以,悉达多太子的生活竟然在某种意义上接近于一个囚犯,他被温柔的陷阱困住,被似乎是善意的安排捆绑住、绊住。然而,人算不如天算,世间自有因缘。这一切貌似都已安排好,悉达多太子还是碰到了一件事情,在佛经中一般叫作"舞女百态",或者也叫作"舞女丑态"。

说的是,悉达多太子生活在奢华的宫殿里,特别是在雨季的四个月期间,他都有女歌手侍奉,从不下殿。有一天他起得格外早(一般他都睡得很晚,因为晚上有着各种享乐,各种放纵),看到这些舞女都还睡着,躺在地上,有的胳膊下夹着琵琶,有的下巴下面夹着小鼓,有的手臂底下垫着铜鼓,有的披头散发,有的还流着口水,有的哼哼唧唧,反正是丑态百出,不堪入目。

这个场面犹如一个坟场,各种行尸走肉躺在那里。在那一刻,白天所有的美丽娇媚不复存在,那一切仿佛都是幻象,即时全部消散,谁看到这样的场景,都难免心生反感,悉达多太子当然更加如此。他就叹息道,这一切实在是太可怕、太恐怖、太令人厌恶了。有些佛经里描写,正因如此,他穿上了金拖鞋,走向屋门,屋门自动开启;他走向城门,城门自动开启;等等。

当然,在其他的佛经中,也记载了这个故事,不过这个故事在《大品》当中(《大品》是一部佛经的名字),写的是耶舍出家(耶舍是后来非常著名的一位佛弟子)。耶舍是波罗奈城里一个富商的儿子,生活也像佛陀这样奢华。而耶舍就是看到舞女丑态以后,出家皈依佛陀的。这样的故事,也可能不止一次发生在富贵公子的生活里,因为这些都是富贵生活的常态。

总之,很多部佛经里记载,被几乎圈禁在宫廷里的悉达多太子,猝然之间遇到这样的场景:白天千娇百媚、美丽无比的舞女,在凌晨的时候露出了让人觉得可怖、可怕、可厌的各种丑态。而这个景象,引发了太子的思考,他的思考直击现象与本质、真实与虚幻,到底现象是不是能永久存在?幻象和真实之间是什么关系?此后,佛经当中(特别是晚出的佛经,尤其是梵文的佛经),对悉达多太子出家的各种描述就开始多起来。

㉕ "在家"还是"出家"

从这一讲开始,就要讲到释迦牟尼一生最重要的大事因缘之一,这也是人类精神史上、人类宗教史上,乃至人类文化史上的大事因缘之一。悉达多太子要出家了,他为什么会出家?出家的原因是什么?在佛经中对悉达多的出家都有哪些叙述?

首先一点,我想提醒大家注意,虽然现在大概没有人不知道"出家"这个词,但在印度并没有"出家"这个词,只有"出走,离开,舍离"。"出家"这个词,是佛教传入中国以后,在佛经翻译的过程中出现的。

过去的僧人在翻译"出离,离开"这样词的时候,总有一个疑问:从哪里出离,离开哪里呢?所以在汉译佛经中加上了一个"家"字,而"出家"这个词在汉语佛经中形成以后,又发生了文化交流史上常见的倒流情况,又向西传到了中国的新疆,传到了中亚。

比如,在吐火罗语的佛经中,就出现了"出家"这个词,这是季羡林先生的一个重要发现，季先生把它作为文化倒流的最佳例证之一。所以，我们一定要知道，在印度本来的文献、佛经中是没有"出家"这个词的。

从佛经的情况看，关于悉达多出家的描述可以分为早期版本和后期或者晚期版本，我们在这里主要为大家介绍早期版本。

毫无疑问，早期版本主要是指巴利语三藏中的记载。在前面我经常提到郭良鋆先生，她是中国巴利语研究、巴利语佛典研究的顶级学者，我们特别要感谢她的重大贡献，将巴利语三藏当中有关悉达多出家的资料进行了详尽的归纳对比。所以在这一讲中，我主要依据郭良鋆先生的研究文本来为大家进行描述。巴利语三藏中，记载悉达多太子出家的动因（或者叫因缘），非常简略。在巴利语佛经《圣求经》中，佛陀曾经自己讲述过他出家修行的经历。郭良鋆老师从巴利语佛典中翻译过来的佛陀的说法是：

> 在我觉醒之前，我只是一个尚未开悟的菩萨，自身受缚于生、老、病、死、忧愁和污秽，也追求受缚于这些的事物。于是我想，自身受缚于生、老、病、死、忧愁和污秽，为何还要追求受缚于这些的事物呢？
>
> 我想自身受缚于这些，看到其中的祸患，能否追求无生、无老、无病、无死、无忧愁、无污秽，达到无上解脱，达到涅槃呢？

这是佛陀的自述，讲述了自己在出家前，在要做出这个决定时进行的思考。

我们在前面提到过的《萨遮迦大经》中，佛陀还这样说道：

在我觉醒之前，我只是一个尚未开悟的菩萨。我想，在家生活是充满尘土的拥挤之路，出家生活空间广阔，住在家中很难从事纯洁完美似贝螺的修行（贝螺，一种很吉祥的螺，用来形容纯洁完美。佛教当中经常有法螺等类似比喻）。

我想，我能否剃去须发，穿上袈裟，离家出走，过出家人的生活呢？

有一部巴利语佛经，叫《出家经》（如果从原文看应该是《出离经》，因为前面讲到过，"出家"的概念最早出现在汉语佛经里），是《经集》的一部，佛陀也在里面讲道："看到在家生活是桎梏，是一种束缚，是藏污纳垢之地，而出家生活自由清闲，便出家了。"这是巴利语三藏中基于佛陀自己的话留下的一些记叙，时间相对较早一些。

而在巴利语三藏以后的佛典，特别是梵语佛典中，大量采用了太子"四门出游"的传说，也就是太子出游，分别从迦毗罗卫城的东、南、西、北四个门走出去，分别看到了老人、病人、死人和一个出家人，导致了太子最后出家，这个我们都非常熟悉。

然而，这个传说本来也是出自巴利语的《大本经》，只不过在《大本经》中，这样的经历并不是佛陀的经历，而是过去佛毗婆尸（他也是个太子）出家的故事，而且也没有分东门、南门、西门、北门。我可以把这段继续给大家介绍一下,因为后来这样的故事完全从过去佛毗婆尸太子身上移用到了悉达多太子身上。

在《大本经》里讲,毗婆尸太子乘车前往花园,看到一个老人,腰弯如屋脊(像房屋的屋脊一样弯着腰),手持拐杖,步履颤抖,痛失青春。毗婆尸太子看到后,就问车夫:"车夫啊,这个人怎么了?他的头发和别人不一样,他的身体也和别人不一样。"车夫回答:"太子啊,这就叫老人。"太子又问车夫:"为什么称他为老人?"车夫回答:"称他为老人,是因为他活不久了。"太子又问车夫:"我也会老吗?能免于老吗?"车夫对毗婆尸太子讲:"你和我都会老,不能免于老。"

于是,毗婆尸太子就不去游玩了,去了花园里(在这个版本中,是花园,而不是城门)。后来他干脆就说我不游玩花园了,你送我回宫吧。这个车夫就把毗婆尸太子送回宫中。回到宫里以后,毗婆尸太子闷闷不乐,他在想,这种名叫"生"的东西真可鄙,太不好了,正是因为有了"生"才会有衰老。

佛经里接着描述,毗婆尸太子乘车前往花园,看到一个病人,痛苦不堪,躺在自己的粪尿中,由别人扶起,帮他换衣服。毗婆尸太子就问车夫:"这个人怎么了?他的眼睛和别人不一样,他的声音也与别人不一样。"车夫说:"这就叫病人。"

毗婆尸太子就问:"为什么称他为病人呢?"车夫说:"称他为病人,是因为他的病难以痊愈。"毗婆尸太子说:"我也会病吗?我能免于病吗?"车夫回答:"毗婆尸太子,你和我都会病,不能免于病。"

毗婆尸太子听完以后说:"好吧,我也不去花园了,不玩了,你送我回宫吧。"回到宫中以后，毗婆尸太子闷闷不乐，就自己想，这种名为"生"的东西真可鄙，太不好了，因为有了"生"才有了衰老和病倒。

毗婆尸太子又一次乘车前往花园，看到一群人身上穿着各种各样的衣服，在堆火葬堆，也就是把木柴堆起来，准备火葬。他看到以后就问车夫："为什么这群人身穿杂色衣，在堆木柴呢？"车夫回答："这里边有死人。"毗婆尸太子就说："那你把车赶紧赶过去，离那个死人近一点。"车夫就把车靠了过去。

毗婆尸太子看到那个死人以后就问车夫："为什么称他为死人？"车夫回答："称他为死人，是因为他的父母和亲人再也看不见他，而他也看不见他们了。"毗婆尸太子就问："那我是不是也会死？我能不能免于死呢？我的父母和亲友是不是也会再也看不见我呢？我是不是也会再也看不见他们呢？"车夫回答："你和我都会死，不能免于死。你的父母和亲友会再也看不见你，你也会再也看不见他们。"

毗婆尸太子说："好吧，咱们不游园了，驾车回宫吧。"回到宫里，毗婆尸太子郁闷不乐，就想这种名为"生"的东西太不好了，太可鄙了，正因为它引起了生者衰老、病倒和死亡。

接下来，毗婆尸太子又乘车去往花园，但这一次看到一个出家人，他剃去了头发，身穿袈裟，毗婆尸太子就问车夫："这个人怎么了？他的头和别人不一样，他的衣服也和别人不一样。"车夫回答："这就叫出家人。"

毗婆尸太子就问："为什么叫他出家人？"车夫回答："称他为出家人，是因为他善于行正法，善于行正行，善于行善业，善于行福业，善于不杀生,善于怜悯众生。"毗婆尸太子非常高兴,他说:"称他为出家人,好极了!正法好极了,正行好极了,善业好极了,福业好极了,不杀生好极了,怜悯众生好极了!"他让车夫把车驶近这个出家人。

毗婆尸太子就对这个出家人说:"你这是怎么了?你的头和别人不一样,你的衣服也和别人不一样。"这个出家人回答:"太子啊,我是出家人。""那为什么你是出家人呢?"这个出家人就把前面车夫的话重复了一遍。

毗婆尸太子受到巨大的震撼,他对车夫说:"车夫,你驾车回家去吧,我要在这里剃去头发,穿上袈裟,离家成为出家人。"车夫遵命,驾车回宫;而毗婆尸太子,就立地(在那里)剃去头发,穿上袈裟,离家成为出家人。

这本来是佛陀讲述过去佛毗婆尸太子的出家故事。佛经中经常可以看到用比喻说法,这就是比喻说法的一个好例子。后来,这个故事被几乎原原本本(当然有些变动,后面我们会为大家介绍)移植到了悉达多太子,也就是佛陀本人的出家经历上。

郭良鋆老师非常敏锐,她就注意到,佛陀是在二十九岁出家,一般来讲,这个年龄的人不可能没有见过或者不知道老人、病人、死人吧?所以这是比喻说法,这在古代印度是非常常见的。

㉖　追求：精进无为，护念众生

前面我们几次讲到，净饭王为了让悉达多太子打消出家的念头，想方设法用人间的各种诱惑阻挠他。悉达多太子几乎是被圈禁在宫廷里一样，当然我曾经用温柔和爱的陷阱来形容这种圈禁。然而，净饭王安排再缜密，也不可能毫无波澜，何况悉达多太子也不可能永远待在深宫中。

后面发生的事情，也是一系列的游玩，而正是这一系列的游玩，刺激了悉达多，成为他出家的直接原因。用佛经的说法，这是悉达多太子成为佛陀，创立佛教，成为佛教教主的一个大事因缘。这也是人类宗教史上、人类精神史上、人类文化史上的一个大事因缘。由此我们也就可以理解，佛经中对这个大事因缘极其重视，做了详细记载。

所以，我主要根据梵文的《神通游戏》《佛所行赞》，以及和它们对应的汉译本（主要根据汉译本，有时会参照梵文本），还有比如《方广大庄严经》等经典，来为大家介绍。

我叙述的主干以《神通游戏》为基础，因为现在我们很幸运，《神通游戏》这部佛经有了黄宝生先生的梵文和汉文对勘本，同时还将它翻译成了现代汉语，对于很多朋友来讲就比较容易理解了。在进行综合、排比以后，就可以根据悉达多太子出家的后期版本进行如下叙述。

悉达多有一天想出去游玩，净饭王得到车夫的禀报，就在迦毗罗卫城中敲钟宣告，说王子（也就是太子）要到花园观赏美景，你们要清除掉一切丑陋的事物，千万别让太子看到令人厌恶的东西，你们要展现一切美观而可爱的景象。

大家当然是听从号召，在准备了七天以后，整座城市和花园都已装饰一新，香水洒街，鲜花铺路，不应让悉达多看见的人，都奉命回避。太子从东门出城（大家注意，这跟早期版本不一样了，已经有"东门"，原来是没有的）。

这时，净居天（一位天神）就在路边化现为一个年迈体衰的老人，身上经脉暴露，牙齿稀缺，全身布满皱纹，头发灰白，驼背弯腰，萎靡羸弱，手拄拐杖，病痛缠绕，青春已逝，喉咙里呼噜呼噜作响，身体前倾，倚着手杖，浑身上下颤抖。

这是黄宝生先生的现代汉语译文，在《方广大庄严经》中，古代译文在某种程度上给人的印象，刺激感也很强。《方广大庄严经》里描写这位老人："发白体羸，肤色枯槁，扶杖伛偻，喘息低头，皮骨相连，筋肉消耗，牙齿缺落，涕唾交流，或住或行，乍伏乍偃。"

《佛本行集经》里的描写大致相同，但有些地方跟前面引用的黄宝生先生翻译的《神通游戏》中有所不同，描写更令人感受深刻。《佛本行集经》里记载，这个老人"上气苦嗽（咳嗽），喘息声粗（啊啊呵这样喘息），喉内吼鸣（喉咙里面发出各种各样的声音），犹如挽锯（像拉锯子一样刺啦刺啦的声音）"。

这个描写真的是让人感觉非常难受。而悉达多太子没有见过这样的形貌，他身边都是非常漂亮的人，就问车夫："此曰何人？形状如是。"车夫回答："正是老人，已被衰老征服，感官衰竭，失去力量和勇气；已经被亲人们遗弃，孤苦无助，无所作为，就好比是树林中的一块残木。"

《方广大庄严经》里记载如下（我直接引用原文并配了译文，很容易理解）：

悉达多问："此人独尔，一切皆然？"难道只有这个人这样吗，还是所有人都一样？

驭者（车夫）答曰："一切世间，皆悉如是。"人间所有的事物都是一样。

菩萨又问："如我此生亦当尔耶？"像我也会这样吗？

驭者答曰："凡是有生，若贵若贱，皆有此苦。"只要你有"生"，有出生这件事情，无论贵贱都会有这个苦。

尔时，菩萨愁忧不乐，谓驭者曰："我今何暇诣于园林纵逸游戏？当思方便，免离斯苦。"那我怎么还有兴趣到花园里去游玩呢？我要想出一个办法，想出一个途径，能够免除这样的苦。

太子回来了，他看到了老人这样的苦（"老来苦才是苦"，汉语中有这样的话），不游玩了。净饭王知道以后，赶紧变着法子想绊住太子，又给太子准备了各种各样骄奢淫逸的生活。不过，悉达多太子终究还是要出去走走的，于是净饭王又一次做好了准备，这一次走的是南门，一个病人出现在太子面前。

《方广大庄严经》的原文是："困笃萎黄，上气喘息，骨肉枯竭，形貌虚羸，处于粪秽之中，受大苦恼。"

黄宝生先生将《神通游戏·感梦品》里相关的段落翻译成了现代汉语如下："一个病人，腹内烧灼难忍，身体虚弱，躺在自己的粪尿中，无人救护，无人依靠，呼吸艰难。"

《佛所行赞》原文对这个病人的描述是："身瘦而腹大，呼吸长喘吸，手脚挛枯燥（手脚抽筋，还枯燥），悲泣而呻吟。"

而（太子和车夫的）对话也是一样的。佛经的一个重要特点，就是不停地重复。悉达多太子又问车夫："我是不是也会这样？"车夫回答："当然，太子，人只要出生了就一定会生病，只要是人，谁都逃不过生病这一关。"太子明白了，世间谁都不可能永远健康，无病无灾。于是，悉达多太子闷闷不乐地打道回宫。

不久，太子又一次出行，这一次走的是西门。一出西门，居然碰见了一支送葬的队伍，抬着一具尸体。

《方广大庄严经》讲："死人，卧于舆上（躺在担架上），香花布散，室家号哭而随送之（家属都在号啕痛哭着送他）。"

《佛本行集经》里讲："一尸，卧在床上，众人举行……别有无量无边姻亲，左右前后，围绕哭泣。或有散发，或有捶胸，或复拍头交横两臂，或复二手取于尘土持坌面头，或出种种悲咽音声，泪下如雨，大叫号恸，酸哽难闻。"

这些语句，都是描写为一个死人出殡，家属在送葬时各种悲哀的情形。

《佛所行赞·厌患品第三》里的描写算是最简单、最简洁的："从者悉忧戚，散发号哭随。"跟着的人都非常悲伤地哭泣，披头散发，一边哭一边跟着。

又是一样的问答——悉达多问车夫："我也会死吗？我难道不会长生不老吗？"车夫回答："太子，是人就会死，人只要一生下来，就一定会死，谁也逃脱不了走向死亡的那一天。"悉达多太子明白了，是人都难逃一死，哪怕他贵为太子，也是如此。于是，他又闷闷不乐地掉转车头回去了。

说到这里，不知大家注意到没有，我们一般讲"生、老、病、死"四苦，但在这里只有"老、病、死"，并没有生。这是因为，老人、病人、死人，造成他们痛苦的所有的根源，是由于有"生"，只要人生下来就会老，只要人生下来就会病，只要人生下来就会死。

按此来说，在下一次，悉达多走北门时，会碰到一个新出生的婴儿，来示现降生的痛苦。可情况并非如此。太子确实又一次出行了，确实走的是北门，然而看到的是一个比丘。

黄宝生先生将《神通游戏》的这个段落翻译成现代汉语如下："菩萨看到这个比丘站在路上，平静，柔顺，自制，奉首梵行，目光不散乱，前视一寻（非常有威仪，往前看），具有端庄威仪道行，端庄去来，端庄观察审视，端庄伸屈，端庄执持衣钵。"

《方广大庄严经》则讲:"比丘,着坏色衣,剔除须发,手持锡杖,视地而行,形貌端严,威仪庠序。"

这句都不必翻译就能看懂,就是描述一位比丘,形象非常庄严。

《佛本行集经》讲:"剔除须发,诸僧伽梨,偏袒右肩,手持锡杖,左掌擎钵,在路而行。"

这句所描述的是一个非常安详、端庄、有尊严的出家人的形象,他出现在太子面前。

悉达多就非常惊奇,又和车夫进行了同一模式的对话,说,这是什么人?车夫回答,这是出家人。太子赶紧下车行礼,向出家人行礼,就问这个出家人,"夫出家者有何所利益?"出家有什么好处啊?

比丘答言:"我见在家生老病死,一切无常,皆是败坏不安之法。故舍亲族,处于空闲,勤求方便,得免斯苦。我所修习无漏圣道,行于正法,调伏诸根,起大慈悲,能施无畏,心行平等,护念众生,不染世间,永得解脱,是故名为出家之法。"

出家人就讲,我就是因为在家时,看到生老病死,一切都是无常,都是败坏不安,无法永恒安宁。所以,我就舍弃了亲人眷属,到了空旷幽静的地方,勤求方便,努力学习,进行探索,得免四苦,就不受这个苦了。我所修行的都是正法,都是圣道,能够调整、降服我的各个器官,让各个官能没有了欲望。所以,我发起了大慈悲,我精进无畏,心里有平等心,我护念众生,不会受到世间的染污,我就得到解脱了。这就叫出家的法门。

太子非常欣喜,赞言:"善哉,善哉!天人之中,唯此为上,我当决定修学此道。"这是最棒的了，这是最高明的了！我一定要学习比丘，学习他的方法。

大致来说，这就是佛经中关于悉达多太子出家描写的后期版本，和前期版本相比，主要情节大致相同，但是细节更加完备。然而，后期版本和前期版本相比，还多出了一大段故事，这个故事甚至可以称为悉达多太子临出家前，所经受的最严峻的一次考验。

这个考验到底是什么呢？我们在下一讲为大家讲述。

㉗ 爱欲：最大的诱惑和考验

在前面两讲当中，我分别为大家讲述了悉达多太子出家的早期版本和后期或者叫晚期版本。两者之间有区别，当然也有联系。它们之间的主要关系可以这样看：在早期的佛经中，佛陀讲过自己的出家因缘，但是都非常简单，佛陀还用印度古代传统中常见的，在佛经中也非常常见的比喻说法的方式，讲述了过去佛毗婆尸太子出家的因缘。

后来以此为基础，发展成了后期版本中悉达多太子自己的出家故事。当然，后期版本比前期版本要丰富和复杂，因它毕竟晚出，增加了很多内容，细节更加丰富了。这些增加的部分，我们不必一一列举，但是其中有非常重要的一大段增加，值得我在这里向大家介绍。

在后期版本中，这一段增加出现在佛陀见到老人、病人、死人之后，见到出家人之前。这一段增加非常重要，是佛陀在决定出家之前所经历的一次非常大的考验和诱惑。

据说，净饭王先派了一个非常有智慧、很有办法的谋臣，名叫优陀夷，对那些伺候、诱惑悉达多，使他产生爱欲的宫女说：

"你们啊，聪明而美丽，才艺和容色都是世间稀有的，你们没有一点缺陷！不管什么人见了你们，都会和自己的妻子离婚，而来追求你们，娶你们为妻，哪怕是神仙见到你们也不能不动心。

"所以你们一定要明白，人间最宝贵的就是能够让人一见就喜欢上你。我告诉你们，咱们的太子现在的心非常清净，非常坚定，不太会为女色所动。可是不管怎样，你们一定要用娇美的身体、艳丽的容貌，让太子动心。

"我相信凭着你们的风情，一定能征服太子。过去有一个美人叫孙陀利，她就是凭借能言善辩和如花的美貌，最终感动了大仙人。大仙人为孙陀利的美色所诱，后来孙陀利居然把脚放到大仙人的头上，大仙人依然认为这是最美的事情。还有一个瞿昙仙人，也很厉害，但是一个美女对他一笑，他就神魂颠倒，放弃了长年的苦行。还有一个胜渠仙人，也是为了女人。"

这里边提到了很多仙人，都是为女色所打动。他接着说："你们一定要这样去努力，一定要努力寻求方法，不要让悉达多太子产生出家的想法，千万不要让我们的王位，也就是迦毗罗卫国的王位没有了继承人。"这样一说，这些宫女更加跃跃欲试。

后期佛经中所增加的这一段，充满了各种各样极具诱惑力、香艳的，甚至是俗艳的描写，描写这些女子的各种媚态、各种淫态，包括各种服装。

里边说到，她们穿着薄薄的衣衫，露出白净的皮肉等，描写了这些舞女各种的姿态，比如，太子来的时候，她们有的居然就横卧在太子的腿上，有些和太子说各种各样风流的话，有些和太子做各种各样世俗的调戏动作，有的甚至露出充满爱欲的淫态……

然而太子对这一切都视而不见，听而不闻。他身处其中，却内心非常安静，心里只想着自己的问题。这些宫女越是如此表现，越让太子生起了厌恶和怜悯之心。

太子说："唉，我到今天才知道爱欲的心是这么强烈。这些女子很可怜，她们没有想到短暂的青春易逝，不久就会面对衰老和死亡，她们只知道眼前虚幻的快乐，被愚痴迷住了心。她们真的应该想到老死的悲哀，就好比锋利的宝剑架在脖子上，她们应该刻不容缓地去寻求解脱才对。

"世人为什么都好像在沉睡一样，见到别人的老、病、死，却不知道自己的老、病、死也终将来到？这样，特别是眼前的这些女孩，这些舞女，她们和泥土木石又有什么差别呢？"

佛陀用了一个比喻，他说，好比有两棵大树，都是枝青叶绿，非常茂盛，有一棵已经被人砍倒了，但第二棵在旁边还傻乎乎地站着、生长着，丝毫也不知恐怖，如果世间的人也像这棵大树一样，这是多么可悲啊！

太子的这种心态，以及不时发出的一声声叹息，让站在远一点的地方正在窥视的优陀夷听到了。他想到净饭王派他来是有任务的，于是就走上前去，恭敬地对悉达多太子说："太子，我是奉了大王的命令，来做你的好朋友。我现在就以好朋友的身份，向您说几句话。太子啊，凡是称作朋友的要有三个条件：第一，不做对朋友没有利的事情；第二，做对朋友有利益的事情；第三，要和朋友同甘共苦，不论遇到什么事情都不能遗弃朋友。太子，我既然是你的良友，当然应该尽我的朋友之情，希望你能够诚恳地听我的话。"

优陀夷继续说道："太子，人生在青年的时代，最重要的就是要有异性之爱。男子如果不懂得女性的情爱，那是一种耻辱！世上女子的爱情，是排名第一的快乐。即便现在去喜爱女性违背了太子您的心愿，但是为了您现在的地位，为了您高贵的名誉，您也应该方便、顺从地去做，就权当演戏嘛。方便、顺从，这是世上为人处世的根本之道。

"如果否定了这些快乐，就好像树上虽然开满了花朵，却没有果实，这棵树有什么意义呢？这样的人生有什么意义呢？太子，您现在正好是青年时代，是迦毗罗卫国未来的国王，您具备了一切的重德，所以一切的福报和快乐才会聚集到您的身上。

"您要知道，世上有太多太多的人绞尽脑汁、想尽办法，想要获得一名女子的欢心和爱情，都很难得到，所以您为什么要抗拒这些呢，为什么要无缘无故地远离这些呢？太子，在这个世界上没有什么比爱情更令人幸福和陶醉的了。"

之后，优陀夷举了很多很多的例子，这是印度的传统，也是佛经的一种叙述手法。他列举了很多仙人追求女性的爱情故事，甚至为了这爱情，不惜牺牲自己多年修行的功德，等等。

优陀夷讲："在人间的世界，若要得到女人的这种快乐，实在是很不容易的，这是要前世积聚很多功德，今生才能有这样的果报。您现在舍弃爱情非常不合情理。"

优陀夷讲完这番论调以后，太子非常安详庄重地回答道："优陀夷，谢谢你。你说是我的好朋友，你诚心诚意的话我完全理解。但是我也有自己的看法，也请你听听我的意见吧。

"你说人生在世，爱欲是最大的快乐，可是优陀夷，你知不知道我的苦闷是什么？我的苦闷是因为人生无常。你知不知道我心中的不安是什么？我心中的不安是因为受苦的众生还无法求得解脱。你说的女色所带来的快乐，我不必否认。不过，假如在这些快乐之中，没有老、病、死的痛苦，假如这些快乐不是无常的，而是永恒不变的，那我就愿意去追求这种快乐，而不会产生出家厌离的心情。

"这些宫女，假如她们不会衰老，那么爱欲虽然说是过失，终究在人情上还说得过去，但是她们此刻，事实上正在一步步不可抗拒地走向衰老和死亡。实在地说，优陀夷，人间就是由老、病、死集聚起来的，假如她们自己懂得这个道理，哪怕是对自己，她们都会感到厌恶和恐怖，何况是对别人的老、病、死的身体，怎么还能产生爱欲之心呢？

"反过来，只知道自己的健康，忘记死亡的可怕，终日沉溺在爱欲中的人，和无知的禽兽又有什么不同呢？优陀夷啊，你刚才举出了那么多仙人，就是因为不知道五欲，也就是色、香、味、触、受这五种欲望，就是因为不知道五欲的可厌和危险，所以被五欲的洪流给冲没了。五欲，这些欲望才是毁灭身体、灭生的根源。假如方便、顺从了这种欲望，而接受五欲的快乐，这叫执着，不叫方便、顺从，这是虚伪的欺骗，我不愿意这么做。凡是世间上的事情，你对它太热心了，就会对它产生执着的信念。太执着了，就会产生过犹不及的后果。你要我接受那些我所不爱的欲乐，叫我方便顺从，这难道不是很大的虚伪吗？

"我实在不懂人间有这样的道理。世间是老、病、死的大苦海，是一切苦的集聚地，如果有人要我堕落到里边去，这不是良友给我的忠告吧？优陀夷啊，生老病死，实在是可怕。你看啊，一切都在无常地变化，我们都是一天天地走向坟墓，还怎么有心去追求暂时的爱欲呢？"

悉达多太子又用各种各样的方法，为优陀夷讲述了色、香、味、触、受这五欲为什么是可厌的，听得优陀夷这位能言善辩的谋臣低下了头。

这是在悉达多太子第三次出游以后，晚期佛经中增加的一大段故事。我们前面已经提到，在第四次出游遇见出家人之后，悉达多太子出家的大事因缘终于具足了。他出家的条件和原因，一切都成熟了。晚期佛经加入的这段描写，还有后来提到过的很多描写，都是为了强调，一个人会面临诱惑和考验，而悉达多太子成功地抵御了这些诱惑，成功地经受住了这些考验。

㉘ 有相会的欢喜，就有别离的痛苦

这一讲讲述佛陀生平史上极其重要的一天，我把这一天叫作悉达多太子世俗生活的最后一夜。这一夜之前，悉达多太子是一位世俗的贵公子；这一夜以后，悉达多太子就成为出家人。这一夜是分水岭，非常重要。

悉达多太子在第四次出游，见到出家人后心生大欢喜。此后，他决意出家。在早期的巴利语佛经中，佛陀讲述过关于自己成为出家人的故事，不过非常简略。在《中尼迦叶》的《圣求经》《萨遮迦经》《菩提王子经》和《伤歌逻经》里边都有大致相同的记载。

佛陀自己讲："我年纪轻轻，头发乌黑，神采奕奕，正值青春年华。尽管我的父母不同意，哀哀哭泣，我依然剃去须发，穿上袈裟，离家成为出家人。"

而在比较晚出的佛经里，细节就更丰富了。在晚期的佛经中，对这一夜的描写非常详尽：太子见到出家人以后，回到宫殿里，先向净饭王请安，然后很安详地向净饭王说明了生老病死的可怕，恳求父亲允许他出家。

太子讲："父亲，在这个世间，无论男女，不分贵贱，有相会的欢喜就有别离的痛苦。所以我现在决意要出家，以求得真正的解脱。希望您允许。"净饭王一听，自从太子降生以来就不停纠缠着他的忧虑，现在终于爆发了出来。虽然净饭王早有准备，但是听到太子亲口说出来，还是震惊了。

他抓着太子的手，泪流满面，说："悉达多，你要停止这种想法，无论如何都不能这么想。你年纪轻轻，而年轻人的思想终究是会变化的。因此，你现在仓促的决定，很有可能导致重大的错误。世间并不如你想的那样可怕，人生也并不如你想的那样可厌，你要出家修行，恐怕不能得到根本的解脱。你要出家学道，我不反对，但是至少你应该到我这样的年龄才可以啊！"

净饭王接着说："你现在这个年龄应该统领国家，管理国家，应该接过我的担子，让我出家，去履行我这个年龄该履行的责任，你去是绝对不行的！你舍弃了父亲，忘掉了国家重任，这是没有道理的。你应该顺从世间法，继承王位，等到你对国家尽了义务，履行了治理国家几十年的责任以后，那个时候你才可以出家，那没有问题。"

而太子恭恭敬敬地回答说："父亲啊，这些话我心里早就想过。如果父亲你现在能满足我四个愿望，我可以考虑不出家。"净饭王一听，哎哟，还有最后一点希望，赶紧说："那你说这四个愿望是什么？我一定尽全力满足你。"

太子讲："第一，没有衰老；第二，没有疾病；第三，没有死亡；第四，一切永恒。你要满足我这四个愿望。"净饭王一听，知道太子是真正下定了决心。

太子讲："如果这四个愿望没有人能够保证，那么请父亲还是允许我出家，让我自己去成就、实现这四个愿望吧！我此刻好像住在一个熊熊燃烧的房子里，我必须要走出这个房子，寻求一个安稳的地方。有聚必有散，有相会必有分离，这是最普通的道理。世界上不管是什么人，用合理的方式生活，他得死；用不合理的方式生活，他也要死。既然死是人不可避免的，那为什么不在合理的生活当中去寻求解脱呢？"

太子对父王这样说了以后，净饭王没有办法，但是他不愿意放弃，所以在太子临出家的最后阶段，他依然想尽各种办法加以挽留。比如，净饭王用老办法，对后宫下令，任何时候都不要中断歌舞表演，要提供一切娱乐游戏，所有后宫的女子伺候太子时都要尽全力施展魅力。不过，这哪里还会有什么效果！

我们讲过，佛陀的妻子有好多名字。而且从佛经记载来看，佛陀也未必只有一个妻子。当然，在后来的佛经中，出现最多的佛陀妻子的名字是耶输陀罗。耶输陀罗的梦也越来越多，内容都是悉达多太子离她和儿子罗睺罗而去。

《方广大庄严经》里讲："太子！我梦如是，心甚不安。"耶输陀罗对自己的夫君讲，我的梦都是这样的，心里很不安。"将非我身欲有夭丧？将非恩爱与我别离？此是何征，为凶为吉？"我心里都是不祥的梦，难道是我身体会出现问题，我会死了吗？难道是我最爱的人要与我分离吗？这些梦是什么征兆呢，到底是凶还是吉呢？

对耶输陀罗的提问，悉达多心里很明白，但他只是非常安静地劝慰耶输陀罗说："梦想颠倒，无有时法，皆为虚妄，但自安寝，不假忧愁。"梦想又不是实在的，都是虚妄的，你只管自己好好睡觉，不要去发愁。

《神通游戏》记载，太子在临出家前，还有过如下的考虑，说自己应该征求父亲的同意，否则就是忘恩负义。这个记载很重要，因为到后来，佛教成立以后，如果有人要出家，是一定要征求父母同意的。这个根源就来自悉达多太子出家时并不是瞒着父母跑掉的，而是堂堂正正地征求了父亲的意见。

《方广大庄严经》记载，净饭王尽管内心不愿意，但最终还是口头同意了。《方广大庄严经》里讲："我今亦随喜，利益诸众生，令汝愿满足。"接下来佛经讲："虽发如是语，心犹怀热恼。"净饭王虽然是这么讲的，但是心里满是懊恼。

到了最后一晚，彼时除了太子自己，没有人知道这将是悉达多太子世俗生活的最后一晚。净饭王当夜还在召集释迦族的大臣、谋士们商量，想尽最后的努力阻止悉达多出家。大家的意见是从今往后都看着太子，晚上我们也不睡，如此一来太子还能有什么本事，难道他能强行出家吗？

《方广大庄严经》记载，正在大家开会的时候，悉达多太子躺在后宫的床上，立下了四个誓愿（发了四大愿）。哪四大愿呢？

"一者愿我未来自证法性。于法自在得为法王，以精进智救拔一切牢狱爱缚苦恼众生，皆令解脱。"第一个愿是，我将来要自证，自己求得正法，要自在成为法王，然后努力精进，去救拔一切众生，让他们解脱。

"二者有诸众生瘿此生死黑暗稠林,患彼愚痴无明翳目,以空、无相、无愿为灯为药,破诸暗惑,除其重障,成就如是方便智门。"第二个愿是,对那些愚痴众生来讲,我要以空、无相、无愿为指路明灯,为治病良药,让他们破除各种诱惑,破除各种伪缘和障碍,能够让他们成就自己的智慧。

"三者有诸众生竖懦慢幢,起我我所,心想见倒,虚妄执着,为说法令其解悟。"第三个愿是,如果有些人非常骄慢,心里执着颠倒妄见,全是错误的看法,那我就要说法,让他们明白。

"四者见诸众生处不寂静,三世流转如旋火轮,亦如团丝自缠自绕,为彼说法,令其解脱。"第四个愿是,如果有些人不寂静,非常烦恼,非常执着于各种各样世俗娱乐,三世流转——过去、现在、未来世叫三世,不停地轮回旋转,像转火轮一样,也像一团丝线把自己缠绕住,那么我要为这些人说法,让他们得到解脱。

立下这四个宏愿以后,悉达多太子最后判定,尽管征求了父亲净饭王的同意,但是要堂堂正正地走出这个宫门,走出迦毗罗卫城去出家,怕是做不到。所以太子下决心,趁大家不注意,溜出迦毗罗卫城。佛经中讲道:"于今夜静,出家时到。"现在夜深人静,出家的时候到了。

太子叫来车夫车匿,让车匿将宝马犍陟牵来。悉达多对车夫讲:"车匿汝当知,我今已决定,自利利他故,起于精进心,不动如须弥,终无能退转。假使金刚雹,刀剑及干戈,电火热铁团,坠在我顶上,终不于俗境,而生恋着心。"

悉达多太子对车夫表达了自己的决心。这番话什么意思?说的是,车匿你要知道，我现在已经决定了，我为了要对自己有利益、有好处，也对别人有好处，现在发起了精进之心（精进就是勇猛、勤奋、无畏、向前的决心），我要坚定得像须弥山一样，我终究不会回头，不会回心转意的，哪怕金刚雹（金刚做的冰雹，非常坚硬）、刀剑、干戈、电火、炙热的铁团都打在我的头上，我也不会对世俗的生活有一丝一毫的留恋和眷恋。

那些释迦族的大臣不是都在睁大着眼守护着悉达多太子吗，不是都在严防死守，看着悉达多太子吗？可是就在这夜，也就是悉达多太子世俗生活的最后一夜，不知道为什么，整个迦毗罗卫城的人都沉沉地进入了梦乡。在一片寂静中，悉达多太子出走了。这一夜是悉达多太子世俗生活的最后一夜，也是人类宗教史、人类文化史、人类精神史上极其重要的一夜。

㉙ 从苦海里解救众生

前面我们讲到，太子下定决心，趁着夜色离开了迦毗罗卫城，而跟他一起离开的自然少不了车夫。这位车夫在佛经中非常有名，叫车匿，同时还有一匹宝马，是佛经中最著名的马，叫犍陟。两人乘一驾马车，趁着夜色离城了。

关于离城的过程，佛经中有很多描写。最简洁、平实的描写见于《佛所行赞·离欲品第四》。我给大家介绍一下：

"重门固关钥，天神令自开。"意思是，晚上城门都是关死的，而当太子出城的时候自动开启，好似是有天神下令一样。

"敬重无过父，爱生莫逾子。"在这一刻，悉达多太子心中最敬重的莫过于父亲净饭王，爱得最深的莫过于自己的儿子。儿子罗睺罗还小，有的佛经中为了强调场景感，给大家留下更深刻的印象，说悉达多太子是在罗睺罗出生当天出家的。

"内外诸眷属,恩爱亦缠绵。"除了父子以外,当然那个时候悉达多太子有妻子,可能还不止一位,而且还有众多与他感情很深厚的亲属。

"遗情无遗念,飘然超出城。"太子在那个时候实际上已经把这些都放下了,留在了城里,把情和念想都留在迦毗罗卫城,然后飘然出城。

"清净莲花目,从淤泥中生。"这是佛经中用得非常多的比喻,这一刻悉达多太子就好比是清净的莲花,从淤泥当中超拔出来("淤泥"指代的是在迦毗罗卫城内太子曾经过惯的那种充满了享乐、富贵的生活)。

"愿瞻父王宫,而说告离篇。"这个时候悉达多太子心里想的是,我看着父王的宫殿,内心做一次告别。他在告别同时也发下了大愿。

"不度生老死,永无游此缘。"这十个字,在《佛所行赞》里概括得非常好,意思是,我如果不能把这些生老病死的诸苦全部度掉,就永远不会再回迦毗罗卫城。这个誓愿是发得很重的。

"一切诸天众,虚空龙鬼神。随喜称善哉,唯此真谛言"(按照印度的传统,那时很多天神都非常欢喜赞叹,称"善哉,善哉")。真正的话语,也就是"不度生老死,永无游此缘",才是最究竟的话。

"诸天龙神众,庆得难得心。各以自力光,引导助其明。"按理说,晚上一般夜色昏暗,但那天晚上非常光亮,因为有这些天神用自己的神力为悉达多太子一路照明。

"人马心俱锐,奔逝若流星。东方犹未晓,已进三由旬。"人和马奔驰的心非常急切,像流星一样快速地离开迦毗罗卫城。等东方的天还没亮的时候,已经走了三由旬这么长的一段路。佛经中关于悉达多太子当晚走的路多长,有不同的描写,比如《佛本行集经》里讲"十二由旬",

由旬有多长,也没有固定的说法。《翻译名义集》里面就讲到"由旬",有说是相当于中国的八十里,有说六十里,有说四十里,有各种各样的说法。反正佛陀让车夫车匿快马加鞭,走出了百多里路,这是肯定的。

车匿驾着马车一路前行,到了拂晓时分,已经走了相当长的一段路了,佛经里最多的说法是"六由旬",而前面出现了一片树林。在古代印度,城外的树林里往往都有修行的仙人、高人。

悉达多太子看到了这片树林,就下了马,对车匿说道:"我今天离开,只有你一个人跟随我,非常好,真是难得的善缘。我现在已经到了空旷之处,已经离开了迦毗罗卫城,你带上犍陟宝马一起回去,这段善缘就到此告一段落。"

悉达多太子做了一系列的安排。佛经里讲,他除下了自己发髻上的摩尼宝珠对车匿说:"你把这颗宝珠带回去,带给我的父王,你告诉大王,太子今者于世间法无复希求,不为生天受五欲乐,亦非不孝,亦无嗔忿嫌恨之心,又亦不求财位封禄,但见一切众生迷于正路,没在生死,为欲拔济,故出家耳。唯愿大王勿生忧虑。大王若谓我今年少,未应出家,汝以我言方便咨启,生老病死岂有定时?人虽少盛,谁能独免?往古有诸转轮圣王,舍国求道,诣于山林,无有中途还受五欲。我今私心亦复如是,若未获得无上菩提,终不还也。内外眷属皆当于我有恩爱情,可以我意善为开解。"

意思是:车匿,你回去告诉父王,太子今天对世间已经没有任何欲求了。他不会再受五欲(前面讲过的色、香、味、触、受五种享乐)了。太子这么做并不是不孝,也没有嗔怪、愤怒、嫌恨的心,更不是为了追求财位俸禄。太子之所以舍弃父亲，离城出走，是因为太子见到一切众生迷于正路（找不到真正的道路），没在生死（没顶在生老病死的苦海里）。太子想把他们解救出来，所以才出家，因此希望父王不要有忧虑，这是没必要的。父王如果说太子现在还年轻力壮，正是青春之时，不应该出家，那么车匿你一定替我禀告父王：我是年轻，如果说出家有规定年龄的话，那难道生老病死有规定的年龄吗？换句话说，谁也不知道生老病死是怎么开始的。生老病死并没有一个固定的节点，不能说人到了三十岁一定要生病，到了七十岁一定要死，没有这种说法。所以生老病死是没有定式的，都是无常的。如果要设定一个人，只能在某种固定的年龄阶段出家，去追求真理，那是没有道理的。人哪怕是少年青壮，都逃脱不了生老病死。过去，那么多转轮圣王，那么多了不起的人，都舍国求道，跑到山林里去，他们没有半途而废再回去接受享乐。我今天内心就是如此想的，如果我得不到至高无上的智慧，是不会回头的。内外眷属对我都有恩爱之情，你也替我一一开解。

实际上，悉达多太子在这一刻，心里还是有特别挂念的人。他解下璎珞（身上挂的各种串饰）交给车匿，说你把这个交给摩诃波阇波提（就是佛陀的姨母，也是他的养母，他称其为妈妈），"我为欲断诸苦本，今故出家，求满此愿，勿生忧念"。我今天就是为了断离各种苦，所以才出家的。既然是为了断离各种苦而出家，那妈妈你更不要有离愁，不要有别离之苦。

他又脱下身上的首饰，交给车匿，说："与耶输陀罗语言，'人生于世，爱必别离。我今为断此诸苦，故出家学道，勿以恋着，横生忧愁。'"

他把别的首饰脱下来,叫车匿带给自己的妻子耶输陀罗,说,人生一世,相爱的人最终难逃别离的结果,我现在就是为了断除爱别离之苦,所以出家学道。你叫她千万不要因为爱恋执着,而横生忧愁,要放下。

佛家讲八苦,我们前面讲来讲去的是生、老、病、死四苦,其实后面还有四苦。第五苦叫怨憎会。人生在世,你总归要与这些怨的人、恨的人、不喜欢的人碰头的,这一辈子总归要碰到很多你不喜欢的,甚至是恨的人或者事,这当然是苦的。

第六苦就是爱别离。人生在世,和喜爱的人、喜爱的事物总归是要分离的。

第七苦叫求不得。求不得是对生、老、病、死、怨憎会、爱别离这六苦的总结。

佛教的逻辑顺序非常独特,你要求"不生",我不要生下来,不可能吧;你要求生下来了以后"不老",不可能吧;你要求"不病",不可能吧;你要求"不死",不可能吧;你要求一辈子都不要跟不喜欢的人和事碰到,不可能吧;你要求一辈子不要跟自己喜爱的人和事分离,不可能吧。所以"求不得"是第七苦,而第八苦是"五取蕴",讲求不得的深层的道理。这是八苦,所以在这里用了"爱别离"这个苦,是特指耶输陀罗。

佛经中的道理非常多,有很多思辨非常精巧、逻辑非常严密的哲学论述。但是佛经绝不是抽象地讲道理,而主要通过善巧方便、比喻说法,换句话说,就是用各种各样的故事引导大家自己去领悟、去思考、去了解佛法,这是佛教非常高明的一面。所以,在这里给大家讲很多细节、很多故事,其实是希望我们一起能够透过这些故事,理解这背后佛陀或佛教想讲述、传达的道理。

悉达多太子面面俱到，非常细心，他又托车匿转告宫中的婇女（美女），还有释迦族同龄的伙伴，说："我今欲破无名网故，方得智明，所为师毕，还当相见。"意思是，我今天离开大家，是为了想冲决无名的网罗（"无名"就是没有知识、不了解、想不明白、看不透）才出家的。等到我彻底想明白的那一天，彻底觉悟的那一天，我们还会相见的。

佛经里还有很多太子和车匿的对话。车匿在那一刻变得格外能言善辩，想尽一份心，能够最后挽留自己的太子，希望在最后一刻打消太子出家的念头。所以佛经中描写非常多。在这些描写当中，车匿已不再是一个车夫，而是一个非常善于说法、善于言辞的人物了。

车匿的说法，其实跟前面我们提到的净饭王、优陀夷等劝阻佛陀不要出家的说法大致相同，我们也就不再赘述了。一方面，车匿实在是不舍；另一方面，他又怕回去之后净饭王责怪他，怎么能偷偷驾车把太子送出去呢！所以车匿坚决不肯离去。

悉达多太子再三开导，最终，车匿牵着宝马犍陟哭哭啼啼地往回走。此时就只剩下悉达多太子一个人了。车匿带着犍陟宝马回到迦毗罗卫城以后，又发生了什么呢？在迦毗罗卫城里，因为太子的出走，引发了哪些事情呢？我们留待下一讲为大家讲述。

㉚ 断发割须，舍弃了一切物欲

车夫车匿带着犍陟宝马回到迦毗罗卫城，迦毗罗卫城顿时陷入了悲戚之中。佛经中的描写非常生动，说车匿没有办法，只能流着眼泪，牵着宝马往回走，他的脚步非常沉重。而犍陟原本是日行千里的宝马，但是回去的时候不肯吃草，而且神情疲惫。出城只不过走了半个夜晚，回去的时候走了好多天，才回到迦毗罗卫城。

我曾经讲过，我们一定要透过佛经文字的表面，去看文字背后的深意，不要执着于文字，而要把文字看作触及意义或抵达对岸的一座桥梁。

佛经里描写，从悉达多太子出家的那天晚上开始，迦毗罗卫国泉水都干涸了，花果都凋落了，路上行人的脸上再也没有往日的笑容，整个迦毗罗卫国笼罩在一种悲戚的气氛当中。

城中的居民看到车匿牵着宝马回来，看到他像一具僵尸一样悲哀，大家赶紧围住他，探问太子的情况。有的人甚至指责车匿，说悉达多太子是迦毗罗卫国的宝物，是我们的保护者，你这样做就好比是遗失、盗窃了我们的国宝！

车匿实在没有办法，只能对大家讲，我一直追随着太子，不是我舍弃他，而是太子舍弃了我。太子不仅舍弃了我，我要告诉大家的是，太子已经舍弃了整个世界。他说，太子已经除下了王冠上的宝石（就是他发髻上的摩尼宝珠），脱去了华美的服饰，剃除了须发，穿上了袈裟，太子一去不回头，已经出家了。听了车匿的话，大家大为惊慌，都不知道怎么办才好。

车匿又走到宫里。宫里当然是乱作一团，那些女子都是等着悉达多太子回来，要伺候太子的，从太子走的那一夜开始，她们很多人就不再去沐浴，也不再更换衣服，头发也散乱了，脸上也不去涂脂抹粉了，宫里一片狼藉。

而悉达多太子的姨母，也就是他的养母摩诃波阇波提夫人，知道自己代姐姐抚育长大的太子竟然最终还是出家了，顿时跌倒在地，手足损伤，血泪满面！

她不禁哀号说："我这个宝贝的太子为什么要出家呢？他那柔软的双脚怎么能够在荆棘密布的树林中行走？他那娇弱的身体怎么能够在石头上睡觉呢？他是金枝玉叶，穿惯了温暖的衣服，洗惯了芳香的浴汤，现在却要风餐露宿，忍暑受寒，怎么禁得起！他过去吃的是佳肴美味，睡的是高广大床，听的是悦耳音乐，侍奉在他旁边的是娇美宫女。今天他舍弃这一切，他的日子怎么过得下去呢！"摩诃波阇波提几乎昏了过去。

另一个伤心的女人当然就是耶输陀罗，她直接去责骂车夫，说："车匿，你夺走了我所有的快乐，你罪大恶极，你不要隐瞒我，你把太子到底送到哪里去了？你是和太子一起出城的，现在你却单独回来。"

她甚至指责车匿不忠不义，指责是车匿把太子诱惑出去的（当然，佛经中这些描写其实是为了增加冲突，加强场景感）。耶输陀罗在那一刻可能是受到巨大的刺激而失去了理智，甚至说了这样的话："你是不是为了不想当他的车夫，不想受这份累，才把太子骗出去的？你现在是不是很开心啊？你为什么要假装哭泣啊？"当然这是一时失态，耶输陀罗平时是非常贤淑的。

耶输陀罗不仅骂了车夫车匿，而且连宝马犍陟也开始责怪，去骂那匹马，说："马儿，你把我的丈夫载到那么遥远的地方，你就是一个强盗，抢去了我的珍宝！"又说："在以前你跟随主人上战场，刀兵不避，忠心耿耿，没有一个人不知道，你怎么会突然之间变得那么不忠不义呢？可恶的马，你刚才进宫的时候，悲鸣不断，哀号声声。但是，奇怪，你驾着车把我丈夫带出去的时候，怎么一声不响啊？回来的时候却声声哀号？那个时候如果你鸣叫一声，宫中的人都会惊醒，就能把太子拦住，不让他走！"她连马都指责。

车匿只能一一解释，并且把太子离家出走，以及出家那个晚上的场景全部重复了一遍。这样的一些描写，我们现在读起来，都感到愁云密布，非常悲哀。

最后车匿向净饭王进行了禀告。净饭王听到自己的太子最终还是出家的消息以后，当场晕厥，过了很久才清醒过来。

他指着车匿，说："车匿，你怎么可以一个人回来？你虽然过去尽心尽力伺候太子，功劳非常大，但是就因为这一个晚上，你现在已经功不抵过，你忘恩负义！你怎么可以把太子一个人丢在山林里？你赶快带上犍陟，送我到太子隐藏的山林里去，或者你即刻去把太子给我追回来！失去了太子，我就像是一个垂死的人，这样的病，除非太子回来，否则是无法治好的。如果太子从今以后不回来，我只有自杀了。"

净饭王在这个时候用了这样的一个比喻，他说："我等待太子回来，就好像饿鬼在等待饭食。"净饭王是如此悲痛，旁边的臣子都看在眼里，其中有两位很聪明的大臣就安慰净饭王，说："大王，请您不要伤心，事到如今，伤心也没有用了，过度的伤心只会伤害您的身体。过去有很多的圣君也是弃国出家的，他们的心里没有一点痛苦。太子今天是为了学道而出家的，所以他的心里也是很平安的，不会忧伤悲苦的。大王，您回想一下，当年阿私陀仙人是怎么预言的？可见，这件事情是人力无法回天的。当然，我们这些做臣子的，怎么能看着您整天悲痛呢？我们现在马上出发，去找太子，一定想方设法劝他回来，您就不要着急了。"

《方广大庄严经》里说，净饭王其实也知道，想挽回自己的儿子是千难万难了，但是他就好比临淹死的人抓住最后一根稻草一样，决意还要最后努力一次。

尽管那两个聪明的大臣说他们愿意去劝请太子，但是净饭王还是决定派一群年轻人前往，第一，他们可以走得快一点，能追上太子；第二，倘若不能把太子劝回来，那就让这些人留下来伺候太子，和太子一起出家。

《方广大庄严经》里讲:"净饭王,普召大臣而告之曰:'卿等在家皆有子息,共相娱乐。目前有慰,不念吾忧。吾有一子奇相圣达,当为转轮圣王主四天下,一旦离别,入于深山穷谷绝险无人之处,饥渴寒热,令谁所悉?卿等子弟宜择五人追而侍之。'"

意思是,你们在家都有孩子,都欢乐无比,你们眼前都有孩子伺候,开心得很,考虑不到我的担忧。我有一个儿子,奇相圣达,有三十二种大人之相,注定要成为一代明君统治天下。现在一旦离别,到了深山穷谷、绝险无人的地方,饥渴寒热,谁能知道?所以,你们要从自己的孩子当中选五个人,赶紧追上去,去伺候太子。

被选中的五个人一想,这如何找得到太子啊?根本找不到啊!如果找不回来的话,净饭王肯定要责怪他们。所以这五个人最后的结果,据佛经记载是遁于山林,干脆就跑了——面对这样的重任,根本没有把握,一走了之。

悉达多太子出家以后,孤身一人,抛弃了往日的荣华富贵,舍弃了一切的欲乐,独自走上了漫长的求道之路。这条道路,最终通向无上菩提,通向最高的智慧。

那么,佛陀的求道之路,到底是怎样的?是一帆风顺,还是经历了各种坎坷呢?在他的求道之路上,是不是遇到过其他能给他以指导的修行者呢?他对这些修行者的学说又有哪些考量,有哪些舍弃和批判呢?下一讲接着为大家讲述。

㉛　寻找自己的道路

悉达多太子离开了迦毗罗卫城，独自开始了伟大的求道之路。相关的时间节点，佛经的记载各有侧重，有所出入，并不完全一致。但是，幸好差别不是那么大。我们基本上还是能够根据佛经记述理出一条大致的线索。

首先，看一看巴利文佛经的记载，在巴利语三藏中，《中尼迦耶》的《圣求经》和《萨遮迦大经》都记述了太子出家求道的经历，其中特别重要的是，提到太子刚出家的那个时间段，遍访名师，到处寻找有名望的修行者，向他们学习，希望从他们那里寻求到至高无上的智慧。

巴利文佛经记载，悉达多先是拜阿罗罗·迦罗摩为师。在《圣求经》里，佛陀有一段自述。

"我离家成为出家人，寻求一切的善，寻求至高无上的寂静之道。我到了阿罗罗·迦罗摩那里，我说道：'尊者迦罗摩，我愿遵照这种正

法和戒律修习梵行。'

"迦罗摩听后对我说：'尊者，请住下吧。聪明的人凭自己的直观，很快就能像自己的老师那样学会这种法，进入其中，安住其中。'"

根据巴利语佛经的记载，太子很快就学会了这种法，能够倒背如流，而且悉达多太子很快就明白了，迦罗摩传的这种法，并不是单纯出于信仰，而是凭借着自己的直观。

他进一步向迦罗摩请教，迦罗摩向他讲述了"无所有处"的概念，这个概念我们就不详细展开了，非常烦琐。太子认识到迦罗摩确实是个有修行的人，具备信念的力量，也具备精进力，具备念力，具备定力，还具备智力。然而，悉达多本人也具备这些能力，所以他很快也凭借着自己的直观，进入并且安住在这种法里边，马上就完全了解了这种法。

迦罗摩是一个非常好的修行者，他也发现了这一点，发现前来向他学习的悉达多太子和别人不同，特别善于领会自己的思想，也特别快速地掌握了自己的思想。所以他就邀请悉达多太子也成为老师，就不要做学生了，和他一起来指导其他的人修行。

但是，太子认为这种法并不能导向厌弃、离欲、断绝、灭迹、通慧、觉醒和涅槃。用一句话来说就是，迦罗摩的这种学说虽然也有道理，却并不能让悉达多太子达到寂静涅槃的境界。所以他拒绝了迦罗摩邀请他共同当老师的邀请，继续上路，去寻找别的老师。

巴利语佛经记载，太子又到了郁头迦·罗摩弗那里，拜他为师。追随这位老师的修行，和追随前面那位迦罗摩老师的修行，过程和结果大致一样。悉达多太子当然是学到了一些东西，但是也意识到他们的学说并不能满足自己的心愿，所以他又拒绝了罗摩弗邀请他为师共同指导他人修行的请求，又离开了，继续他的访求之路。这个经历在巴利文佛经中有比较清楚的记载。

回到梵文佛经或者汉译佛经中，这个记载相对就要更丰富一点。佛经中记载，悉达多太子离开迦毗罗卫国以后，他先来到释迦婆罗门女与波德摩婆罗门女的净修林，得到了他们的食宿招待。后来又来到梵仙利婆多的地方，也受到了款待，还有陀特利摩登迪迦之子，也供养了悉达多太子。这些是在悉达多太子出家以后、成佛以前，最早供养他的一批人。

这个时候，有一位著名的仙人叫阿罗罗·迦罗波的（你看，这个名字跟巴利语佛经里的名字略有区别），带了三百个弟子，来到了毗舍离这个地方，正在修行"无所有处法"。这是一种禅定，梵文佛经里有解说，就是观察一切的对象，最后能够把这些现象观察到"无所有"，所以叫"观一切对象无所有法"。

阿罗罗远远地看到悉达多太子，一看之下，大为吃惊，就对自己三百个弟子说："来的这个人相貌堂堂，不是一般人！"悉达多太子遇到这么一位很有名的仙人，当然不会放过学习的机会。他很早就发了一个大愿："我有意愿，有精进，我有记忆，我有禅定，我有智慧，我能够独居一处，不放逸，勤奋努力，清静无欲，求取并且亲证这种法。"

于是，悉达多太子就跟随着阿罗罗和他的三百个弟子一起修行，非常精进用功。过了不久，悉达多太子就问阿罗罗仙人，说，你的法就是这些了吗？阿罗罗回答，就是这些。悉达多说，我都已经掌握了。

于是，阿罗罗就邀请他一起教授门下的弟子。《方广大庄严经》记载：

"是时仙甚相尊重,即以最上微妙工具供养于我。诸学徒中,以我一人为其等侣。"这是佛陀自己的讲述,说的是:这个时候,仙人阿罗罗对我很尊重,用最好的东西来供养我,在三百多个学生当中,只认为我一个人跟他是平等的,是学侣,不是他的学生。梵文和汉译佛经当中都留下了这样的记载。

佛经中同样也记载了佛陀碰到别的一些老师的经历,比如罗摩之子卢陀罗迦,这个人带着七百个弟子在修行,受到万众的敬仰。根据《神通游戏·苦行品》《方广大庄严经》的记载,悉达多又去向卢陀罗迦请教。

当然,这个结果和他就教于阿罗罗仙人的结果是一样的。卢陀罗迦的法很快被悉达多太子掌握,再也没有更高的法了。悉达多太子就判断,卢陀罗迦和阿罗罗仙人所讲的法都一样,"其所得者非为正路,非厌离法,非沙门法,非菩提法,非涅槃法"。所以,他们的这些法都不是究竟的法门。于是,佛陀离开了他们,拒绝了卢陀罗迦请他共同掌管修行团体、教育弟子的邀请。

不过,在汉译佛经中有一段非常有意思的记载。大家还记得悉达多太子出家以后,净饭王派过五个人去追吗?这五个人后来没敢回去,因为他们觉得这怎么找得到呢!而且悉达多太子既然决意出家,找到了,岂是那么容易就能劝得回来的?如果回去,净饭王难道不会责罚他们吗?所以五人一琢磨,干脆就跑了。

非常巧,跑掉的这五个人正好在卢陀罗迦那里修行,这下总算遇到了自己的悉达多太子,非常高兴。同时他们看到,悉达多很轻松地就掌握了自己费尽力气也未能掌握的卢陀罗迦的法门,不仅掌握,而且他还指出卢陀罗迦的法门"未究竟",不是根本的,不是彻底的,而要"更求胜者",还决意要追求更上的法。所以,他们非常佩服。

这五个人讲:"由斯义故,必当证获无上菩提。彼得道时,我等五人以应有份。"这么看来,悉达多一定能够证得无上菩提——寻求到至高无上的智慧,而他如果悟道了,我们这五个人也得有份吧!他们这么想,很可爱,所以这五个人就离开了卢陀罗迦,改为追随悉达多太子了。

巴利语、梵语和汉译佛经都非常清楚地告诉我们,悉达多太子出家以后,并不是马上或者仅凭一己之力,就证得无上菩提,就求到究竟法门。他也努力地寻找比他早出家的修行者,希望能够从他们那里学习到一些法门,学习到一些智慧。

他也经过了很多老师的指点,这些老师不只刚才为大家介绍到的这几位,在佛经中还提到不同的老师,这里就不一一为大家讲述了。只不过,悉达多太子觉得这些老师所讲所传的法,并不能根本解除他对生命、对人生所抱有的疑惑。对此,他感到不满足,因此,他必须继续去寻求一条属于自己的道路……

㉜　最初的守护者

这一讲的内容很特别,要为大家讲述一个国王和悉达多太子的故事。这位国王在佛教历史上非常有名和重要。当然,我要再一次强调,大家千万不要把这位国王想象成中国古代大一统的那种帝王。

在印度的绝大部分历史上,并没有统一过,有的都是一些小王国,我们把这个国王理解为类似中国春秋战国时期一个小国的国王就差不多了,可能还没那么大。

根据巴利文《出家经》的记载,悉达多在出家漫游的过程中,曾经遇见过频毗娑罗王,亦做频婆娑罗王。悉达多太子到王舍城,也就是这个国王的都城去乞食。频毗娑罗王正好站在宫殿上,看见悉达多太子相貌非凡,就派身边的侍者打听他的住处。这个侍者回去就告诉频毗娑罗王,刚才相貌堂堂的这个人,住在般度婆山。于是,频毗娑罗王亲自乘车到那座山,劝他还俗。

这位国王对悉达多讲："你年轻娇嫩，正值青春初期，肤色漂亮，身材魁梧，我看你是刹帝利出身，我将装备一支精良的军队，赐给你财富，给你享用这些财富，你替我率领这支军队。你告诉我，你到底是什么种姓，什么出身啊？"

悉达多太子就把自己出身于释迦族告诉了频毗娑罗王。不过，太子拒绝还俗。他说："我看到了爱欲的危险，我看到了这种欲望、这种贪求的威胁，我把出家看作是安全的。"这句话来源于巴利语，是郭良鋆先生译过来的。"我将精进努力，我乐于此道，我不会还俗。"

悉达多太子究竟是在什么时候遇到频毗娑罗王的，具体时间并不太清楚。我们能肯定的是，他遇见频毗娑罗王的时候，是他出家漫游的阶段，在他遍寻名师的阶段。根据《因缘记》记载，是在太子拜师之前。说太子离开家以后，就在一个村庄的树林里过了七天，然后就到王舍城里去乞食，乞讨到食物后回到城外，在般度婆山进食。他原来是太子，过着锦衣玉食、钟鸣鼎食的生活，根本没有吃过乞讨来的东西，所以这是他初次乞食。

面对这些食物他感到难以下咽，几乎要呕吐。然而悉达多太子控制住了自己，从容地进食。而国王频毗娑罗正好出城来，看到了他，看到了这种情景，非常喜欢他。在一番交谈以后，频毗娑罗就表明愿意把王位让给他。

悉达多当然拒绝了频毗娑罗王的好意。频毗娑罗王就请求他说："行，你不愿意接受我让给你的王位，那么希望你将来成佛以后，一定要首先光临王舍城。"这些描写肯定是有所夸张，在不同佛经里也有所不同，但有一个事实是清楚的：在悉达多太子出家漫游的早期，不管是在拜师以前,还是拜师以后,反正他遇见过频毗娑罗王。

在《神通游戏》里,这个描写就更加细致,说,悉达多前往摩竭陀,来到了王舍城附近的灵鹫山(这座山在汉译佛经中非常有名,巴利文里讲是般度婆山,梵文里讲是灵鹫山,这个细节不必太在意)。

总之,悉达多太子就在王舍城外,独自一人住下。天亮以后,他法相庄严地进入王舍城,托钵乞食。王舍城的居民看到法相如此庄严的一位出家人,都来围观,欢喜赞叹。

而频毗娑罗王听说城里来了一位乞食者,但是与众不同,非常庄严,他就站在窗口偷偷地看。国王命人施舍给悉达多太子食物,并且派人跟着他,去看看他住在哪里。

夜晚,频毗娑罗王带着随从来到山脚下,满怀敬意徒步登山。他看到悉达多盘腿坐在草地上打坐,像须弥山一般巍然不动,非常有定力。于是就有了佛教史上很有名的一段对话。

《佛所行赞》里关于频毗娑罗王去看太子,专门讲了一章,叫《瓶沙王诣太子品》(瓶沙王就是频毗娑罗王)。而在《佛本行集经》中叫《劝受世利品》,就是频毗娑罗王劝悉达多太子接受俗世的利益。《方广大庄严经》中有《频毗娑罗王劝受俗利品》。而《神通游戏》的梵文本,有《频毗娑罗来访品》。不同佛经中,各有记载。

当频毗娑罗王看到这么庄严的一位出家人,静如磐石地坐在草地上时,一瞬间就被打动了。记载说,他俯首顶礼悉达多之足(顶礼一位尊者的脚,是当时最高的礼节)。他说:"我给你一半王国,你和我一起享受吧!"

接下来有一段梵文佛经,但很可惜,没有严格的汉译文来对应它,我们要感谢黄宝生先生把它翻译成现代汉语了。

悉达多太子回答:"我已抛弃了可爱的王国,出家求平静,毫不留恋。"

国王说:"你还年轻,正值青春,肢体优美,充满活力。请你接受这些财富和美女,在我的国家中享受欲乐吧!"

悉达多太子回答道:"欲乐如同毒药,弊端无限,或堕入地狱,或成恶鬼牲畜。智者都回避邪恶的欲乐,我抛弃它们,犹如唾弃痰液。欲乐如同树上的果子坠落,如同空中乌云飘走,或者像一阵风吹过,一切好事破灭,蒙受欺骗。不获得欲乐,欲火中烧;而获得了欲乐,又不会满足。可怕的欲乐吞噬失控的人,造成巨大而深重的痛苦。

"高尚者平静、自制(自我控制),没有烦恼,意念中充满正法,聪明睿智,达到真正的满足,不会在欲乐中寻求任何满足。追求欲乐的人在过去的千万世中都不满足,正如渴者喝下盐水更渴,追求欲乐者欲望更加强烈。"

悉达多太子用了"喝下盐水解渴,结果更渴"这个比喻,就好比我们汉语成语当中的"饮鸩止渴"。

悉达多太子接着说:"这个身体,无常而脆弱,是痛苦的机械。"

频毗娑罗王听到这位出家人这样的一段宣讲以后,大受教益。于是详细地询问了悉达多的家世背景。

频毗娑罗王最后说:"贤士(贤明的人),我有幸见到你,也要请你宽恕我的欲望,我居然那么荒唐,劝说你这位没有欲望的人。如果你此后获得菩提,它也属于我,法王啊!"

频毗娑罗王那个时候就称悉达多太子为"法王"。佛经中是这么记载的:"你住在这里,住在我的城市,获得大收获,自在者啊!"赞颂他,然后又对悉达多太子行礼,告别而去。

这一段记载是很重要的。因为这是悉达多太子在没有成佛以前做的大段的宣讲。从这些宣讲当中我们可以看到,悉达多太子确实已经有了与众不同的一些思考和想法,虽然仅仅是萌芽阶段,却已经闪烁着智慧的光芒。所以特别为大家介绍这么一段。

在王舍城附近,还有一个地方叫伽耶。就在王舍城和伽耶之间,有一个修行的团体(印度古代有很多出家人,大家居住在一起,共同精进努力,寻求智慧,这样的团体有很多)。这个团体正在庆祝节日,他们招待了悉达多一行六个人(指悉达多太子和当初奉净饭王之命寻找太子而逃掉的五人)。

悉达多正好想远离喧嚣(大概是因为王舍城是都城,比较繁华,所以他想躲一躲),于是,就在伽耶山顶上安住了。

悉达多的眼前呈现三个前所未有的比喻,这三个比喻非常重要。佛教史上,把在伽耶顶上的这一幕,叫作"伽耶修行",也就是说,悉达多太子在伽耶顶上的修行,有非常特别的收获。那么,这三个比喻到底是什么呢?它的重要性到底在哪里呢?下一讲为大家讲述。

㉝ 远离贪欲，除却烦恼

王舍城在佛教史上非常著名，也非常重要。悉达多太子在这里遇见了频毗娑罗王，和他进行了一段有名的对话。

这段对话是悉达多太子在成佛以前做的很重要的一段宣讲，表明了他的思考、他的想法。同时，在王舍城和附近的伽耶之间，发生了著名的伽耶修行，悉达多眼前突然呈现三个前所未有的比喻。

巴利文佛经《萨遮迦大经》中记载，佛陀自述："在那里我看到一个可爱的地方，一片清静的树丛，一条清澈的河流，堤岸优美，附近有供应食物的村落。"毫无疑问，这是一个非常适合精进修行的地点，所以他选择在那里住了下来。

在这期间，悉达多太子突然想到了三个比喻：

根据《方广大庄严经》的记载，第一个比喻说，"世间若沙门，若婆罗门，放逸身心，住于贪欲，随于热恼，虽行苦行，去道甚远。譬如有人为求火故，使取湿木，置之水中，钻燧索火，是人有能求得火否？若人住贪欲等，虽行苦行，不能证得出世胜智，亦复如是"。

世间这些要修行的人，不管是婆罗门还是沙门，贪欲旺盛，又放逸身心，哪怕行苦行，也无非好比拿一块湿木头，并且把它放在水里，然你去钻木取火，可能得到火吗？

第二个比喻，说"世间若沙门，若婆罗门，制御于身，不行贪欲，于境界中心犹爱著，虽修苦行，去道尚远。譬如有人为求火故，犹取湿木置之陆地，钻燧索火，是人有能求得火不？若复有人起贪爱等心未寂静，虽行苦行，不能证得出世胜智，亦复如是"。

沙门也好，婆罗门也好，不贪，能够控制自己的身心，贪欲没那么旺盛了，但是心里还是有执着贪爱。跟前面相比，当然好一点，不过也就好比是拿了块湿木头，把它放到干燥的陆地上。用这块湿木头钻木取火，还是取不到火的。

第三个比喻，"世间若沙门，若婆罗门，摄卫身心，离于贪欲，除诸热恼，最上寂静，修行苦行，即能证得出世胜智。譬如有人为求火故，取彼燥木，置于干地而钻燧之，当知是人定求得火。如复有人不处贪欲，身心寂静，勤修苦行，即能证得出世胜智，亦复如是"。

沙门也好，婆罗门也好，能够控制自己的身心，远离各种贪欲，能够除去一切的烦恼，处于一个无上的寂静、安宁的境地，再去修苦行，当然就能证得出世的无上智慧。就好比拿了一块非常干燥的木头，又放在很干燥的地面上，然后去钻木取火，肯定是会取火成功的。

这三个比喻在佛教史上非常有名，对我们思考人生，或者说思考一些令我们烦恼的问题，非常有助益，大家可以记住。我再为大家总结一下：第一个就好比湿木头泡在水里；第二个是湿木头放在干燥的地上；第三个是干燥的木头放在干燥的地上。毫无疑问只有第三种情况才能钻木得火。这就是悉达多太子在伽耶山顶修行时候的一些领悟与想法。

于是，悉达多沿着这个思路想下去：我一定要让我这块木头干透。把自己此生的肉身，视作一块木头，首先不能让它被水打湿。我已经出家了，远离了贪欲，这就好比是木头已经从水里边被捞出来，但依然是湿的木头，所以，我要让它干燥，等于说要让它干透，要让自己从外到内都清静寡欲。

怎么才能做到呢？悉达多选择了印度历史最悠久也是最流行的一种方法——苦行。

"苦行"是非常具有印度特色的一种修行方法，有深厚的历史根源。直到今天，我们如果到印度去，在一些山林里，一些村庄里，一些山上，甚至是在城市的闹市区，都可以看到一些苦行者。"苦行"有各种各样：有的苦行是住在树上；有的苦行是瞪大了双眼，死盯着太阳，不眨眼；而有的苦行是喝脏水，甚至是吃各种污秽的东西；有的苦行是不穿衣服，裸体修行……所有这些苦行形式，基本上在今天依然可以看到。

苦行的理论基础是什么呢？它认为：人在这个世界上之所以有痛苦，之所以有各种各样的烦恼，完全是因为有身体。换一句话讲就是：有这副臭皮囊。有了身体，才会感觉到饿；饿了，就要吃东西；有了身体，身体有眼睛，才会去欣赏美色，才会去追逐美女；有了身体，有了触觉，人家打你一下，会感觉到痛；总之，有了身体，就会和这个世界产生各种各样说不清的关联。怎么才能够解脱呢？

苦行背后的理论当然非常复杂，我们在这里用一种最简单的方式向大家做介绍。为了断绝这一切，为了灭绝这一切，就要用"苦行"把身体的欲望降到最低。换句话说，用苦行消耗身体的能量，让身体的能量在苦行的过程当中消耗殆尽，直到筋疲力尽。

大家不妨想一想，一个人筋疲力尽了，半死不活了，还会贪恋美色，还会去追求山珍海味吗？苦行用的就是这么一种方法。

悉达多在经过很多仙人、老师的指点以后，得不到满足。在伽耶山修行的时候，他眼前又突然出现了这三个比喻，于是他就选择了印度最有历史传承，也是最受当时人推崇的苦行之法。

从此，悉达多走上了艰苦卓绝的，甚至可以说是惨绝人寰的苦行之路。这一条苦行之路，他一走就是整整六年。无论是在巴利文的佛经，还是在梵文或者汉译佛经中，都可以看到非常多的关于悉达多太子修苦行的记载。

我们前面再三强调，佛经用语古奥独特，通常不太好理解，而关于苦行又有很多专有名词，更难把握。但好在《神通游戏》这部梵语佛经，现在有了黄宝生先生非常精确的现代汉语翻译，这样我们就能非常容易地理解它。而巴利语佛经，又有郭良鋆先生经过长期的研究，进行了翻译、归纳和总结。依据这些，我们才得以向大家介绍悉达多成佛前的六年苦行之路。

在《神通游戏》中，他自己总结道："我在这个污浊恶世降生，众生志趣低下，外道盛行，怀抱各种邪见，执着于肉体。"

  这是悉达多对他所降生的时代和环境做出的判断。他到底修习了哪些苦行呢？这些苦行，常人到底能不能忍受，能不能想象呢？答案非常清楚：我们常人无法忍受，也根本无法想象。

㉞ 一味苦行，并不能脱离苦痛

前面我们讲到，经过很多曲折，也经过了很多思考，悉达多太子最后决定采用当时印度最流行的修行方式——苦行。他尝试过各种各样的苦行，时间长达六年之久，这些苦行都是常人无法想象和忍受的。《神通游戏·苦行品第十七》中就有相关的描述。

悉达多太子所修的苦行，在佛经中都一一予以列举。比如，使用咒语，舔手，不乞食，不受邀请，吃各种根茎，不吃鱼和肉，不避雨季，不饮蜜酒和米酒等。（其中比较特殊的是舔手，这也是一种修行方式。）或者只乞食一家、三家、五家、七家，吃根、果、叶、牛粪、牛尿、牛奶粥、凝乳、酥油、糖和生食，吃仙鹤和鸽子咀嚼吐出来的食物，这些讲的是吃什么。

在乡村或树林中生活，发誓像牛、鹿、狗、野猪、猴子或大象那样，进行站立、沉睡或英雄坐；只对一个到七个人说话；一天一夜，乃至四天、五天或者六天才吃一次饭，或者半个月禁食，或者一个月禁食，或者每天的食量按照月亮的盈亏而递增或者递减。

如果上面这些苦行还能够理解，下面有些就很难理解了。比如手持兀鹰或者猫头鹰的翅膀，坐在果实、树皮、骆驼皮、羊皮和各种草地上，身穿潮湿的衣服躺在水中，或者躺在灰烬中、沙砾里、石板、荆棘草或石杵上睡觉。头朝下或蹲坐而睡，露天而睡。（苦行还有各种各样的躺法、坐法、站法，甚至连躺下休息也采取各种各样奇特的方法，反正不让自己舒服，不让自己好好休息，尽可能地折腾自己。）

有时身穿一件、两件、三件、四件、五件、六件、七件乃至更多的衣服，有时衣服却穿得很少，甚至赤身裸体，不择地点。留长发、长指甲、长胡须，束顶髻（把头发在头顶束成髻）。吃一颗枣、一粒芝麻或一粒米，吃得非常少。往身上涂抹灰烬、墨汁、尘土或污泥等各种东西，佩戴毛发及各种草、指甲、布条、枯骨或者骷髅。喝热水、浸米水、过滤水、浸麦水或锅中水。

身穿用木炭或者矿物染色的袈裟衣，剃去头发，手持三杖（指三根木头捆在一起），或者拿着水瓶、托钵、床柱（指上面系着骷髅的木杖，是湿婆神的标志）。

吞烟、吞火、凝视太阳，五热炙身（就是用五种最热的东西来烤自己。在太阳底下还嫌不够热，旁边再点四堆火，加起来叫五热）。单腿站立，而手臂高举，用以糠火、火炭烧热的瓶瓶罐罐或者石头烫自己。进入火和水，甚至尝试走到荒野中，或者走到某些圣地去自杀。

大家可以看到，列举是没有顺序的，也没有系统、没有规律。这里完全是按照佛经的记载给大家念下来的。它要传达的一种信息是，悉达多太子为了超脱生死，为了探究最高的智慧，经历了各种各样数不清的苦行。

同时，悉达多太子还尝试过各种各样的崇拜。他拜过梵天、因陀罗、楼陀那、毗湿奴、女神、鸠摩罗、母神、月亮、太阳、毗沙门、伐楼那、婆薮、双马童，他拜过蛇、药叉、健达缚、阿修罗、金翅鸟、紧那罗，还拜过大蛇、罗刹、鬼魂、鬼怪、鸠盘陀、群主、毕舍遮、神仙、王仙和梵仙。

可以看出，对崇拜的描述也是没有顺序可言的。佛经要传达的，就是这种让人觉得喘不过气来的气氛。悉达多太子崇拜过当时能够崇拜的各种各样的事物，他还皈依过地、火、水、风和空，皈依过山岳、河流、山泉、池塘、湖泊、大海、蓄水池、莲花池、水井、树木、灌木、蔓藤、草、木柱、牛圈、火葬场、十字路、丁字路、市场和路口，他皈依过各种各样的东西。这也是印度非常奇特的一种风俗，一种相信多神、自然神的传统。什么地方都有神的存在，什么地方都可以去皈依。

悉达多太子还非常恭敬地去礼拜过房屋、柱子、石头、石杵、刀、弓、斧、标枪和三叉戟；他通过凝乳、酥油、芥末、麦子、护身符、杜尔婆草、摩尼珠、金子和银子来让自己获得吉祥和庄严。

可以看出，其中很多我们难以想象。需要强调的是，这里只不过是列举了当时印度流行的苦行和崇拜的形式，悉达多确实修行过、信仰过其中的某一些，当然不一定是全部。其中有些很荒诞的东西，后来的佛陀以及在后来的佛教中依然奉行。总之，不能一概而论，感受到这种氛围就可以了。

悉达多太子也逐渐地认识到，有些苦行，根本就是愚痴，根本无助于解脱。的确，在修习苦行的过程中，他进行了反思。佛经中记载："在这个世上，一些人认为我们依靠苦行就能获得彼世天国和解脱，这使他们走上了邪路，将不是归处视为归处，将不吉祥视为吉祥，将不纯洁视为纯洁。"

悉达多经过反思以后，并没有马上或者简单地放弃了苦行，而是发了大愿。《方广大庄严经·苦行品》里讲：

> 我今为欲摧伏外道，现希有事，令诸天人生清净心；又欲令彼坏因缘者知业果报；又欲示现功德智慧有大威神，分析诸定差别之相；又欲示现有大勇猛精进之力。

他发的这个愿用今天的话来讲，就是，我现在为了要摧伏各种各样不正确的学说，能够展现非常稀有难得的事迹，让众生能够产生清净心，让那些因缘不好的人能够知道业，知道行为的后果，我要展现出功德智慧是有很大威力、很大神通的。我要能够把各种的不同、区别、差异分析出来，我要展现勇猛、精进的力量。

发完这个大愿以后，悉达多太子依然在苦行，而且采取了更加严酷的苦行方式。毕竟，传统的力量是巨大的，想要摆脱是非常不容易的。很多时候，大家想要冲破传统，采取的其实还是传统的手段和做法，只不过自己不知道罢了。而在这当口，悉达多太子正是如此，他的办法还是苦行,而且还是比难行——不容易做到的、不容易实施的、很困难才能实行的叫难行——还要难行的苦行。《神通游戏》这部佛经中直截了当地用"专心制伏和折磨自己的身体"来概括悉达多太子所修行的苦行。

那么,悉达多太子究竟是怎样专心制伏和折磨自己的身体呢?下一讲接着为大家讲述。

㉟ 制伏和折磨自己的身体

上文讲到佛陀艰苦卓绝的苦行历程。这样的苦行经历,我在向大家介绍的时候,整个身心都仿佛被牵涉其中。我相信大家也有和我一样的感受。这些苦行是我们常人根本无法想象和忍受的。

在经历过一段时间的苦行以后,悉达多太子确实经过了反思。然而这些反思并没有使他马上放弃苦行,反而更加专心地制伏和折磨自己的身体。

他是怎样制伏和折磨自己的呢?

"在冬季的八夜(八个晚上),我这样制伏和折磨身体:汗水从腋下流出,也从额上流出。那些汗珠落地,化为露,化为气,化为雾。正如一个强者挟住一个弱者的脖子,折磨弱者。我实施阿娑颇那迦禅定,抑止口和鼻中的出入息。"

控制久了以后,"两个耳朵出现巨大的声响,正如铁匠拉动风箱,出现巨大的声响"。"我抑止口、鼻、耳（不光是控制嘴巴和鼻子出入的呼吸，还要控制自己的耳朵，把自己的耳朵给堵上），它们受到抑止后，内风便向上冲击头顶，好像有人用标枪打击头颅。"

佛经里讲到，悉达多太子在苦行的时候，有很多天神在天上围观，有些天神甚至认为他已经死了，这苦行太严酷了。然而悉达多却觉得这样还不够，他接着进行了更加严酷的节食和苦行。

下面都是佛经记载的佛陀自述："我只吃一颗枣，不吃第二颗。我的身体消瘦乏力，我的肢体变得像阿斯多吉树节或迦罗树节。我的肋骨变得像蟹肋（螃蟹的肋骨），正如车棚和象厩年久失修，两侧敞开，里边的栋梁毕露（体内两侧的肋骨显露）。我的脊骨凹凸不平，正如一串念珠上下凹凸不平。我的头萎缩干瘪，正如新鲜的苦瓜摘下后萎缩干瘪。我的眼睛深陷难以显露，正如夏末的井底深陷。我的腋下、腹部和胸部变得像羊蹄和骆驼蹄。我的手接触腹部，就能触及背脊（人瘦得只剩一层皮了，摸腹部就能摸到背）。我起身清理自己，挺不起腰，跌倒在地，即使勉强站起，用手清理沾满灰尘的肢体，衰朽的毛发纷纷从身上脱落。我以前肤色优美的身体已经消失，备受折磨，心力交瘁。"

周围的村民看到悉达多太子这样的一位苦行者，他们这样想：

哎呀，沙门乔达摩这么黑！

哎呀，沙门乔达摩这么脏！

哎呀，沙门乔达摩的皮肤像鲇鱼！

这种苦行依然不够。悉达多太子想："我怎么还没有觉悟呢？我的修行，这样的严酷；我的态度，这样的精进；我的意志，这样的坚定。

我怎么还没有觉悟呢？我怎么还没有得道呢？是不是苦行还不够啊？是不是还要继续节食啊？是不是我还在吃东西，好像还不够啊？"

怎么节食呢？《方广大庄严经》里说，"又食一米乃至一麻"，也就是每天只吃一粒米，或者一粒麻（芝麻）。"身体羸弱过前十倍，色如聚黑，又如死灰。"所以他的身体比过去更不行了，还要羸弱十倍，整个人的颜色乌黑，像死灰一般。

消息传回悉达多太子的故乡迦毗罗卫城，净饭王听了，非常难受。他本来就不赞成悉达多出家，现在更是心疼儿子，所以派人天天来探望昔日的太子、今天的苦行者。

从这样的记载来看，悉达多通过苦行也得到了很高的名声。印度对苦行者非常尊敬，这些名声都传回了他自己的家乡。佛经里说："整整六年，在这六年中菩萨心不怯弱，始终结跏趺坐，从不失去威仪。不从太阳下移到树荫下，也不从树荫下移到太阳下。不躲避风吹、日晒、雨淋。不驱赶虻虫、蚊子和爬虫。不屈不伸，不侧卧、俯卧和仰卧。无论是乌云、暴雨还是霹雳降临，无论秋天、夏天和冬天，菩萨甚至不用手遮挡身体，不封闭感官，也不执取感官对象。"

悉达多苦行的状态到了什么程度？《方广大庄严经》讲："放牧童竖常来睹见，戏以草茎而刺我鼻，或刺我口，或刺我耳，我于尔时身心不动。"有些在附近放牧的小孩经常来看他，因为悉达多太子在那不动、打坐，修各种苦行。孩子不懂，就拿草的茎秆来刺悉达多太子的鼻子，刺他的嘴，或者刺他的耳朵。而他身心不动，根本不受打扰。

所以，很多人觉得这个修行者、这位苦行者已经死了！在这六年里，他身体变得瘦弱乏力，瘦弱到从两只耳朵塞进去的小草，能从两个鼻孔里取出来。

根据佛经的说法，就在这样的苦行中，还有各种各样的魔、怪前来捣乱，但都无法得逞。对这种描写，我们不必太执着于佛经的叙述方式。我们不妨把它看成是佛陀在苦行的过程当中，经历过或者出现过的各种各样的心理反应，或者是幻觉。这样来理解各种魔、怪的捣乱，大概就能得其真了。

前面讲的是梵语佛经和汉语佛经中的记载，在巴利语佛经中也有各种各样关于悉达多太子进行苦行的记载，有的和梵语、汉语佛经的记载大致相同，有的也有所不同。我根据郭良鋆先生的研究，给大家做一些介绍。

巴利语佛经《中尼迦耶》里讲："悉达多太子想，我是否应该以齿压齿（用牙齿抵住牙齿），舌抵上颚，以心降伏心，控制心？这样正如强者拽住弱者的头或肩，击倒弱者，制伏弱者？"

刚开始的时候，他用牙齿抵住牙齿，用舌抵住上腭，以心击倒心，制伏心，导致腋下出汗，但长久地这么做，当然身心劳累，会产生出各种各样痛苦的感觉，其实并不能控制住自己的心。

于是他停止口鼻呼吸，这样做的时候，"耳孔里发出呼呼的风声，仿佛风箱发出的声音"；"猛烈的风冲击他的头，仿佛有人用剑劈开他的头，头剧烈疼痛，仿佛有人用皮带勒紧他的头，猛烈的风又切割他的腹部，仿佛屠夫用尖刀切割牛腹"；"腹部发烫，仿佛被强按在火炕上烧烤"。他依然精进不懈，意念不乱，但是身体劳累、产生出痛苦的感觉，依然不能控制住心。

巴利语佛经讲,在这个时候,很多天神来看他。一些天神说:"哎呀!沙门乔达摩已经死了。"有一些天神说:"没死,但是正在死去。"但是另外一些天神说:"沙门乔达摩既没有死去,也不会死去。沙门乔达摩是名副其实的阿罗汉。"

悉达多太子还在想:"我是否应该完全绝食?"旁边的天神劝他:"你不要完全绝食,如果你这样做,我们就把天国的食物输入你的毛孔,让你维持生命。"悉达多太子讲:"如果我对外宣称我彻底绝食,而这些天神又用神通,把天国的食物输入我的毛孔,让我维持生命,那我不就成了说谎的人吗?"所以悉达多太子拒绝了天神的这个提议。

他又想:"我是否应该每次吃一丁点食物,比如小豆子、扁豆子或者豌豆子呢?"总之由于吃得极少,他的身体消瘦,"四肢变得像枯藤,臀部变得像牛蹄子(臀部已经非常干瘪),脊柱凸出像念珠,肋骨凸出像椽子,眼珠深陷像深井,头皮皱缩像干果。他的肚皮和脊背相贴,摸肚皮就能摸到脊背,摸脊背也能摸到肚皮"。"他在大小便的时候,"巴利文佛经中描写,"会扑面而倒。他用手去按摩身体的时候,汗毛会连根脱落,他的皮肤失去了光泽。"

人们看到他的手,有些人讲:"哎哟,沙门乔达摩怎么是黑色的?"有的人说:"不是,沙门乔达摩是褐色的。"而有些人就讲:"沙门乔达摩不是黑色,也不是褐色,而是土黄色。"总之,巴利文佛经里也记载了悉达多太子各种各样的苦行。

经过六年时间,那么多的苦行以后,他发现这些并不能控制自己的身心。最后,悉达多太子终于从古印度根深蒂固的苦行传统中醒悟过来,对修炼苦行产生了怀疑,而这个怀疑是非常要紧的。

  悉达多太子究竟产生了什么怀疑?产生这些怀疑以后,他又采取了哪些行动呢?下一讲接着为大家讲述。

㊱ 放弃苦修，寻找新的解脱方式

在前面几讲中，我们为大家讲述了悉达多太子为了成佛，为了成就无上菩提，为了普度众生而采取的严酷的苦行。

在修习了一段时间的苦行以后，悉达多太子获得了一位伟大的苦行者的名望，声誉很高。直到今天，印度对苦行者都是充满了尊敬，顶礼膜拜。陪在悉达多身边的五个人看到太子如此的苦行，如此的求道，有着金刚一般的信念，都对他崇拜得五体投地，把他像神一般地侍奉。这五个人一直非常卑下谦和，随侍在太子的身侧，一刻都没有离开过。也就是说，悉达多太子修苦行的时候，身边是有人陪伴的。

作为一位伟大的苦行者，悉达多太子声名远播，传到他的故乡迦毗罗卫城。净饭王本来就时刻挂念着儿子，听说太子苦行到皮骨相连、奄奄一息的地步，非常悲伤，马上命令太子出家的时候为他赶车的车夫车匿，带了很多珍馐美味去送给太子。

耶输陀罗和摩诃波阇波提夫人也再三嘱咐车匿，无论如何，为了使父王和大家安心，为了让所有爱他的人放心，一定要让太子吃完这些食物。听到这些嘱咐，车匿心里也非常难过。

他急匆匆走出宫殿，想到不久就可以见到自己的太子的时候，他又欢喜高兴起来。一路上，车匿心急如焚，恨不得马上见到太子。而当他看到太子的时候，看到昔日相貌非常俊秀、庄严，按佛经的说法是相好圆满的太子，变得几乎看不出人形，他伤心之余，甚至觉得恐怖。

车匿拜伏在静坐的太子面前，就说："太子，车匿拜见！"

悉达多太子睁开了眼睛说："哦，车匿，你来得好，你有什么事吗？"

"奉大王的命令，受摩诃波阇波提夫人和耶输陀罗王妃的嘱托，送食物来供养太子。"

车匿就把食物都搬了出来。

太子威严而又慈和地说道："这些东西我都不要，请你赶快拿回去。"他说："车匿，我没有享用这些食物的必要。这些东西、这些美味反而是我修行的障碍，是一种违缘，一种不好的缘分。快点拿回去，不要再啰唆，不要让我再重复一次。"

车匿本来想，趁着悉达多太子进食的机会，把太子离开王宫以后迦毗罗卫国的情况，把净饭王对他的思念，把摩诃波阇波提夫人和耶输陀罗等所有人的事情都向他报告，没想到一下被太子给制止了。太子命令他火速回去，不得停留。车匿无可奈何，只好含着满眶热泪，告辞而去。

在巴利文佛经中讲，经过如此长时间的、极端的苦行，悉达多太子逐渐对修炼苦行产生了怀疑。他想，过去不管是谁，不管什么时候，那些修苦行的人，他们体会到的痛苦，不可能超过我所体会到的痛苦。我修炼这种严酷的苦行并没有获得过人之处，也没有获得非常神圣的知识。

"看来觉醒之路不一定在苦行，可能有其他的觉醒之路。"悉达多太子对此产生了怀疑。《方广大庄严经》里也有这样的说法："苦行时，逼迫身心受痛恼者，应知是等但自苦已，都无利益。"苦行的时候，让自己的身心饱受痛苦和苦恼，只不过是苦了自己而已，根本没有好处！

"我今行此最极之苦，而不能证出世胜智，即知苦行非菩提因，亦非知苦、断集、证灭修道，必有余法，当得断生老病死。"意思是说，我现在修行了最极端的苦行，还不能证得、能够导至出世的最高智慧，这就可以知道苦行不是菩提之因，苦行并不能导向智慧，更不能知苦、断集、证灭、修道。

这里提到的苦、集、灭、道，就是后来极其重要的四圣谛。苦行并不能让我了解苦、断除集（苦的原因）、证得灭（灭苦）、修得道（智慧或者出世之道）。"必有余法，当得断生老病死"，了断生老病死的一定有其他的方法。

这个时候，悉达多太子已经有了基本判断，他说："衰弱无力的人不能走上菩提之路。如果我的身体都衰弱无力，单凭神通和智慧力，前往菩提场，那样便是对凡俗众生缺乏同情，这不是菩提之路。"意思是说，身体衰弱无力，哪怕我有神通和特殊的智慧，我能够得到菩提，但这样，就是对那些凡夫俗子、对众生缺乏同情。因为众生没有神通，没有智慧之力，如果他们也像我这样修苦行，只能使身体衰弱，并不能得到菩提。所以，这不是普遍有效的、对众生一视同仁的菩提之路。

因此,"我要摄取美食,使身体产生精力,然后前往菩提道场"。

《方广大庄严经》记载:"我今将此羸瘦之身不堪受道。若我即以神力及智慧力令身平复,向菩提场,岂不能办如是之事?即非哀愍一切众生,非是诸佛证菩提法。是故我今应受美食,令身有力,方能往诣菩提之场。"这就是前面用现代汉语跟大家介绍的悉达多太子的想法。

他回想起自己幼年进入初禅而产生喜乐的那次体验,心想,我为什么要害怕那种喜乐呢?那种喜乐并不是爱欲、不是执着、不是欲望,不同于不善法,它是一件好的事情,并不是不好的。他觉得自己没有必要害怕这种喜乐。

他决心要吃一些东西,吃一些米饭和酸奶。这个时候,旁边那五位侍奉他的出家人,原来对他充满崇拜,对他的苦行佩服得五体投地,满心期望悉达多太子能够通过苦行得道,然后能够带自己一起得道,现在看到悉达多太子放弃了苦行,居然开始进食,开始吃米饭和酸奶,便开始心生反感。

这五位出家人对悉达多太子的崇拜顷刻之间崩塌,不再抱有信心,便离他而去。他们讲,沙门乔达摩生活奢侈,放弃努力,他回到了奢侈生活当中。他们认为悉达多太子吃米饭和酸奶违背了苦行,所以选择弃他而去。

悉达多太子在苦行了六年之后,只剩下自己一个人。《神通游戏》的梵文本记载,悉达多太子终于从苦行中站起身来,进食了一些东西。食谱记载,他进食了一些糖煮豆羹、豌豆羹,还吃了一些麦粥。

佛经有记，悉达多在苦行的时候，除了这五位出家人侍奉着他以外，还有附近村中的十名少女供养他。这些少女有的只不过供养过悉达多太子一颗枣子，有的只不过供养过一粒米，有的只不过供养过一粒芝麻，但是她们的名字都留在了佛经中。

按照佛经的说法，饭僧，也就是为僧人提供饭食，是有大功德的。不忘一米、一饭、一麻的功德，就是要彰显感恩之心，别人的帮助和施舍，哪怕再小，都要铭记于心，也就是我们中华传统讲的"滴水之恩当涌泉相报"。所以佛经把这十名少女貌似很微小的功德都一一记录在册。

正是这些少女为放弃苦行的悉达多太子准备了食物，他吃了以后，体力和气色都开始恢复。他又去附近的村落乞食，恢复了乞食的生活。村民们都赞叹，这是美沙门，这是大沙门。因为他依然非常庄严，恢复了相好圆满。

经过六年的苦行，悉达多太子衣不蔽体。这个时候十名少女之一、年龄最小的善生（一个富家女）有一个叫罗陀的女仆去世，她的遗体上裹着麻布，拉到坟场，就放在那里。悉达多太子身上的衣服破了，他就走过去捡起麻布，洗洗干净，当衣服来穿。

佛教认为，这名女仆是有大功德的。悉达多太子把她的裹尸布拿来作为自己的衣服，这就是佛经中讲的"粪扫衣"。对佛教文化比较感兴趣的朋友，在看一些佛经时，经常会见到"粪扫衣"这个词，而"粪扫衣"的典故就来源于此，指的是善生的女仆罗陀的裹尸布。

善生姑娘一心一意供养悉达多，她把居住的地方洒扫干净，安置妙坐（安置很好的坐垫），来请悉达多，恭敬行礼，供奉最好的牛奶粥。

善生是富家女，为了表达对悉达多太子的尊敬，不仅供奉最好的食品，还用最好的器皿来供奉。佛经里讲，都使用金钵，而且每次都是连钵一起施舍给悉达多太子。

悉达多太子说："这么昂贵的东西，对我没有用。你不要拿这么昂贵的东西，不要用金钵来供养食物。"

善生表明："这是我的一份心意，请您随意处置。"

悉达多太子是怎么处置这些金钵的呢？他来到尼连河畔，洗干净了经历六年苦行后布满了尘埃、汗水的肮脏的身体，同时顺手将金钵丢进了河里。随后，他走向了菩提场。

换句话说，悉达多太子开始走向成佛的道路，这是人类文明史、人类信仰史、人类精神史，更不必说是佛教史上最关键的时刻！

㊲ 愉快禅定，降伏心魔

悉达多太子平静而庄严地往菩提树走去，到了那里，他平静地坐在树下的草地上。这就是在佛经中经常可以见到的"走向菩提场"。也就是说，悉达多太子从苦行中摆脱出来，走上了成佛的道路。

这条道路当然不会是一帆风顺的，不会是毫无曲折的。在这条道路上，悉达多太子经历了各种各样的考验。这些考验有的是来自外部的各种各样的诱惑，各种各样的干扰，各种各样的障碍，用佛教的话来说，就是各种各样的违缘。还有一些考验，来自他自己的内心。他要和自己以往对人生、对生死的一些看法、一些认知，去进行纠缠，进行搏斗。

所有的这些考验，在佛经中都被称作"魔"。佛经在描述悉达多太子成佛前的经历时，充斥着好像是神魔小说的描写，长篇累牍地渲染魔、魔王对悉达多的种种干扰。这本是印度的叙事习惯，我们不必拘泥，但是我们一定要理解，在这里"魔"究竟是什么意思。只有真正地理解了佛教里所讲的"魔",才能明白什么叫"降魔"。

"魔"是简称,它的全称是"摩罗",也就是恶魔的意思。在古代汉语中,单音节词是占主流的,我们一般不太习惯比较长的译名,所以翻译时就把"摩罗"后面的"罗"字省略掉,只留下了一个"摩"字。而这个"摩"在早期还写成什么呢?也写成"磨"。

据说,南朝的梁武帝是一个非常著名的信佛的帝王,他懂梵文,了解这个"磨"代表的意思是魔鬼,他就生造了一个字,把"磨"下面的那个"石"字改成了"鬼"字,才有了今天的"魔"这个字。因此,在汉字的大家族里边,魔算是一个相当年轻的、比较新的字。

在佛经中,魔是一种拟人化的表达方式。摩罗,或者说魔,在佛陀的语言里,实际上是通向菩提之路、解脱之路上的种种障碍的象征。它主要象征着婆罗门教的生活方式,这在前面已经讲过。毫无疑问,这是悉达多太子或者说后来的佛陀坚决摒弃的各种各样的障碍,比如爱欲、烦恼、饥渴、贪欲、昏沉、怯懦、疑惑、虚伪、自私、沉溺名利、赞颂自己、诋毁他人等各种毛病,这些都被称作魔。

郭良鋆先生曾经说过,魔是修行者身内身外各种障碍的人格化,各种罪恶的人格化,是人性各种弱点、缺点的人格化。可以说,摩罗、魔是佛教独创的,跟婆罗门教里不一样,所以它经常也会代表一些很抽象的意思。

在巴利语的佛经《杂尼迦耶》中,佛陀曾经说过这样的话:"把色看作摩罗,看作摩罗性,看作毁灭,看作脓疮,看作枪矛,看作痛苦之源。"摩罗在这里就成了一切有碍于解脱、有碍涅槃的物质或者观念的代名词。

明白了这一点，我们才能真正地理解佛经。佛经里充满了各种各样的描写，描写各种魔来引诱、来威胁甚至来进攻悉达多。现实生活中完全不可能有这种现象，这有悖于常识。但是一旦我们明白了它是一种象征，是一种拟人化的修辞，就容易理解了。

悉达多太子走到菩提场以后，经历了各种各样魔的考验，击败了魔的种种挑衅与进攻。比如有很多魔女前来诱惑佛陀，她们非常魅惑。佛经里讲："菩萨（悉达多太子）睁着眼睛面露笑容，他的感官不骚动，肢体不激动，保持正直，不沾染，无恶欲，不愚痴，如同高山不动摇，不怯弱，不受破坏，不受打击，智慧坚定，依靠自己，凭借着知识法门，彻底摒弃烦恼。"

悉达多太子对那些竭尽全力来诱惑自己，企图让自己动摇的魔女这么说：

"爱欲极具痛苦，是痛苦的根源。爱欲破坏愚者的禅定、神通和苦行。人们都说女色不能让人满足，而我会用智慧让愚者满足。"

"人们追逐爱欲，渴望随之增长。这就好像有的人口渴，却去饮用咸水。你的美色如同水沫和水泡，如同你自己幻想的幻影戏，如游戏、如梦幻，变化无常，经常蒙蔽缺乏智慧的愚者。"

"我不与贪欲共住，不与罪恶共住，不与无常和不净共住，不与忧乐共住，而与我共住。我的心已解脱，如同空中之风。"

在佛陀的话语中，爱欲、痛苦、愚痴、贪欲、罪恶、无常、不净、忧乐等都是魔。换句话说，魔就是这些概念、这些现象的拟人化。上述的这些话反映了悉达多对外在的魔或内在的魔所展开的一种搏斗、一种殊死的斗争。

佛经中有这样的描写，魔王非常沮丧，派了自己非常美丽的女儿，去诱惑悉达多太子，却未能奏效。

魔王愤怒地去责骂自己的女儿，说："为什么你们不能让菩萨从菩提道场起身？难道他是呆子或者傻子吗？难道他看不到你们的美色吗？"

最后居然连魔女都由衷地赞叹。魔女对她们的父亲——魔王讲："他（指悉达多太子）说话时微妙甜蜜而不动情，看人时目光深邃而无恶意，同时具有威仪。他当然不是傻子，他估量一切的身体，思想深刻，他的思想摆脱爱欲，不沾染贪欲。天上或地上，凡人或天神都不了解他的思想和行为。"

最后，这些原本是被派去诱惑、去动摇悉达多太子的魔女，居然对自己的魔王父亲讲：你不要心怀恶意去对付他。

这种激烈的斗争，充分反映了悉达多成佛之前的艰难。

以上都是梵文佛经或者汉语佛经中佛与魔交战的记载。而在巴利语《经集》的《精进经》中，佛陀还自述了自己在修禅的过程中降伏摩罗的情景。

那个时候有一个摩罗，名字叫那摩支，来到悉达多太子面前，好像是好言好语地劝说悉达多太子，说："你消瘦羸弱，气色不好，死亡已经临近，你死亡的可能有一千分，活命的希望只有一分，你还是活命吧！还是活命更好，只有活命你才可以做种种的好事。你应该像婆罗门那样过反省的生活，你已经积累了很多功德，何必还要这样精进努力呢？精进努力是一条艰难的道路，非常难行，你也难以成功。"

悉达多太子听到摩罗的话以后，对摩罗讲：

"我有信仰，从信仰中产生力量和智慧。我如此精进努力，你还问我什么活命不活命呢！既然风能够吹干河水，那么当我精进努力时，它怎么不会吹干我的血液呢？血液干涸时，胆汁和黏液也干了，肌肉消耗时心更平静，我的意念智慧和禅定更坚定。我这样生活着，虽然体验到最强烈的感觉，但是我的内心对爱毫不渴求。"

摩罗听到悉达多太子这番话，又开始喋喋不休地诱惑和劝说。而悉达多向摩罗指出："爱欲是你的第一支军队，忧恼是你的第二支军队，饥渴是你的第三支军队，贪欲是你的第四支军队，昏沉是第五支，怯懦是第六支，疑惑是第七支，虚伪、自私是第八支，靠不当手段获得利益、荣誉、崇敬和名声是第九支，吹嘘自己、贬低别人是第十支军队。"

悉达多太子说："那摩支啊，这就是你这个黑家伙赖以进攻的军队。懦夫是不能战胜它而获得幸福的。"

悉达多太子斩钉截铁地对摩罗表示："我宁可死于战斗，也不屈辱求生。人、神都征服不了你这十支军队，但是我将用智慧粉碎它，就像用石头击碎没有经过高温煅烧的泥罐。"

面对悉达多太子坚强的意志，摩罗最后认输，哀叹道："我亦步亦趋，跟随了你七年，在你这个富有思想的人的身上找不到任何机会，就好比一只乌鸦盘旋在一块看上去像是肥肉的石头附近，心想，我能在这里找到食物，或许是一道美味。

"然而乌鸦没有得到美味的肥肉（因为它是一块石头），所以乌鸦只能从那里飞走。正像乌鸦飞近石头又失望地离去，我们（指各支魔的军队，各种各样的魔）也只能像乌鸦离开石头一样，离开乔达摩。"

换句话说，悉达多太子彻底击溃了各种魔。这是他在成佛路上所进行的艰苦卓绝的战斗，这些战斗对悉达多太子最终能够成为佛陀非常重要。

㊳ 破晓时分,思索一切之源头

从前面所讲的内容中,我们可以看出,悉达多太子的成佛之路绝不是一帆风顺的,而是非常曲折、非常艰辛的。他经历过各种各样的挑战,面临过各种各样的诱惑,和各种各样的认知、思想进行过搏斗和纠缠。

佛经里这样的描绘非常多,之前我已经跟大家做了一些介绍,这里我想再强调一点,一个人绝不可能轻易就会成佛、得到无上的智慧和觉悟,这是不可能的。

总的来讲,早期的佛经,比如巴利语佛经中,对悉达多太子降魔,也就是和各种不正确的观点、不正确的思想进行斗争的描写比较简略,风格也比较古朴。而到了后期的佛经中,这方面的描述就越来越繁复,渲染得越来越厉害。因为对悉达多太子走向最终觉悟的道路这件事的理解也是随着时间的流逝越来越深刻的。

比如,比较晚出的《神通游戏》里,这样的描写就多了起来,增加了很多巴利语佛经中原本没有的内容，具体来看，是对悉达多太子放弃苦行、恢复进食，进行了细节的描写和夸张的描写。

在这以后，他身上原本有的三十二大人相和八十种好，又开始清晰可见。他在尼连河边度过了一天，日落以后在河里沐浴，然后前往菩提树之后，《神通游戏》里是这样描写的：在途中他向一个割草人讨了一些拘舍草，铺在菩提树底下，向右，也就是顺时针绕行七圈，然后盘腿坐在拘舍草上，面向东方，发出了一个宏大的誓愿。

"坐在这里，我的身体可以枯萎，我的皮肉骨骼可以毁坏，只要我还未获得菩提，我绝不起座。"这是悉达多太子在菩提树下发的愿。

太子盘坐在菩提树下，两道眉毛之间放射出光芒，照亮了四面八方，惊动了各路天神，都来向太子致敬。这道光芒不仅震动了天神，也震动了魔宫，也就是恶魔居住的地方，魔宫发生了剧烈的震动。摩罗梦见了三十二个恶兆（做噩梦了）。

于是，他召集自己的儿子和女儿讨论这件事情，商讨怎么对付悉达多太子。站在他左边的儿子主张去攻打，而站在右边的儿子说：算了，不要打了，咱们就和平相处吧！

摩罗最终还是决定去攻打悉达多。他集合了魔军，向太子发动进攻。实际上就是各种各样的诱惑、各种各样的烦恼、各种各样的障碍，都向走在成佛路上的悉达多太子扑来（这些我在上一讲详细讲述过）。

《神通游戏》里讲，这些恶魔、魔王投出来的各种武器都悬在天空，变作了花雨。魔军败退以后，摩罗的三个女儿，一个叫欲染，一个叫悦人，一个叫爱乐——这三个女儿的名字从字面上看，就知道是象征性的，她们都来诱惑太子，当然也以失败告终。

《因缘记》里也有这种描写，摩罗施展风、雨、刀、枪、热炭、热灰、沙砾、泥土和黑暗这等九种风暴来袭击太子。但是，这些都不能赶走太子，也不能让太子从这拘舍草座位上起身，最后魔王自己赤膊上阵，骑着大象冲向太子，投掷飞轮（古代印度的一种武器），结果投出去的飞轮变成了太子头上的华盖，像一把伞一样，替太子遮挡阳光，遮挡风雨。魔军又向太子投掷大山，结果大山变成了无数的花球和花树，飘摇落地。魔军最终失败，向四方逃散。太子降伏摩罗，这就为他最终觉悟成佛，铺平了道路。

此后，在梵文本《神通游戏》和汉文本《方广大庄严经》里有如下这样的描述，我们先用黄宝生先生的现代汉语译本向大家做介绍，因为这个比较好理解。我们把它总结一下，便可以将悉达多太子最后成佛的历程，为大家做一个呈现。

悉达多远离种种爱欲，远离种种邪恶的不善法，思考观察，因远离而产生了欢喜和快乐，进入初禅；住于其中，思考观察止息，内心平静，心定于一，无思考、无观察，因入定而产生欢喜和快乐，这就是第二禅，层次更高一点了。

第一步，是因为远离而产生欢喜和快乐。第二步，是因为入定，进入禅定的状态而产生欢喜和快乐，这是第二禅。不贪恋欢喜，住于舍，也就是要舍弃，到了这么一种境界，有念而感知快乐，住于快乐，脱离欢喜。进入第三禅，住于其中，到那个时候，连快乐欢喜都不再执着。他的感觉超越了欢喜、超越了快乐，这是第三层次的禅。

抛弃快乐、抛弃痛苦，灭除从前的喜悦和忧愁，无快乐、无痛苦，因舍和念而清净，进入第四禅，住于其中。逐渐从初禅、第二禅、第三禅到最后无快乐，无痛苦，灭除从前的喜悦和忧愁，到了第四禅。

就这样，悉达多太子的心已经入定。到了初夜时分，他亲证了"天眼通"，这也是一个拟人化表达，一个比喻。也就是说，他打开了智慧之门，看见了众生的生死、美丑、祸福和优劣，知道众生依随业行，他一下子悟出来，众生都是对自己行为的后果负责，要受各种业报的影响。他同时回忆起自己和一切众生的种种宿命和种种情况。

破晓时分，远处的晨鼓敲响，悉达多太子在脑海里思索："这个世界陷入困境，生、老、死、堕落和再生。"他把这个世界的基本规律，在破晓时分通过自己的思考表达出来。那就是，人都要出生，出生了就会变老，老了就会死亡，死亡了就会堕落到地狱，或者堕落到别的地方；然后还要再来一次，要再生，不停地生、老、死、堕落。

按照佛经的说法，在破晓时分，悉达多还不知道如何处理、如何摆脱这种再生的轮回，但他已经悟到了这一步：人的生、老、死、堕落，一直在这样的轮回当中。佛经里用一问一答的形式，这样描述了他的思考：

"是什么导致了老和死呢？老和死是因什么而有的呢？有生便有老和死，老和死是因为生才有的，或者说是缘于生才有的。"

"有什么便有生？生又缘于什么呢？有有便有生，生缘于有。"他的思考不断往更深的层次推进，前面是生、老、死、堕落，到这里问到"生"之前了。因为什么才有了"生"，"生"是因为什么才有的呢？这里出现了"有"这么一个概念。

"有什么便有有？有又缘于什么呢？有取便有有。有缘于取。""取"就是说想去获得，有一种贪求，所以自然就有了"有"这样一种概念和想法，有了"有"就会产生一些东西，所以有了"生"。他把这个生，从"出生"变得更抽象化了。

"有什么便有取？取缘于什么呢？有爱便有取，取缘于爱。"怎么会想去获得一样东西呢？因为内心有一种爱，有一种感情，有了这种爱，爱这样东西或者爱一个人，当然就会想去取得它。

"有什么便有爱？爱又缘于什么呢？有受便有爱，爱缘于受。""受"是一种感受，因为人可以感受，人有这种能力，就会有爱的感觉。

这样的思考就这样一直推演下去。

"有什么便有受？受缘于什么？有触便有受，受缘于触。"因为总归会和所有的东西产生一种接触，产生一种关系。

"有什么便有触？触缘于什么？有六触便有触，触缘于六触。"

"有什么便有六触？六触缘于什么？有名色便有六触，六触缘于名色。"

"有什么便有名色？名色缘于什么？有识便有名色，名色缘于识。"这里的"识"是认识的"识"，辨识的"识"。

"有什么便有识？识缘于什么？有行便有识，识是缘于行。"

"有什么便有行？行缘于什么？有无明便有行，行缘于无明。"

推到这里，一切的起源，所有的源头，是"无明"。"明"在梵文中实际上是"知识"的意思。我们现在还讲五明——因明、声明、医方明、工巧明和内明。"明"就是知识,"无明"就是没有知识。也就是说,对人生的幽幽大事,对天地宇宙间的一切,没有知识,不了解、不掌握,所以才会有各种各样的思想(包括不正确的思想),有各种各样的行为,最后导致生、老、死、堕落。所有这一切的源头,是因为"无明"。

到了这一步,悉达多已经非常接近成佛了,这在人类思想史上是一个重大的突破和成就。他在破晓时分,将所有一切的源头推到了无明。

那么,接下来,悉达多太子的思考,还将如何往更深层次推进下去?下一讲再为大家讲述。

㊴ 到底悟出了智慧

对于悉达多在破晓时分的觉悟，我在上一讲借助黄宝生先生的现代汉语译文为大家做了一些介绍，也许对一部分人来讲，依然有些晦涩难懂。确实如此，佛教的道理本来就非常深奥，它是古印度思想、宗教、文化传统的一种反映，与我们习惯的概念、思考方式、表达方式，都有很大的距离，因此不容易理解。

简单地讲，就是如果没有爱欲，没有欲望，或者没有执念、执着，那么你就不会有想获取的念头。你没有爱欲，就不会想获取；如果你不想获取，就不会有占有的念头。

这样推下去，如果没有这样的念头，生就不会再有了；如果没有生就不会老了；如果没有老就没有死了。如果人能够跳出生老病死的轮回或者循环，换句话说，如果能够摆脱这种困境，怎么还会有忧？怎么还会有悲？怎么还会有苦恼呢？大致说来，这就是十二缘起，或者叫十二因缘。这是人类历史上、宗教史上最伟大的时刻之一，这是一个了不起的智慧发现。佛经里讲：

> 菩萨于后夜分明星出时，佛世尊、调御大夫、圣智所应知，所应得，所应悟，所应见，所应证，彼一切一念相应慧证阿耨多罗三藐三菩提。

悉达多悟得缘起性空的那一刻，就成就了无上正等觉。他在这一刻得到了一种至高的智慧。汉语佛经把它音译为阿耨多罗三藐三菩提，意译成汉语就是无上正等觉，用大白话来讲，就是至高无上的智慧。

成就了，也就意味着悉达多太子觉悟了，成佛了。"佛"本来就是觉悟了的人的意思，从此我们称他为佛陀，称他为觉悟者，也就是彻彻底底想明白的人。那一刻，悉达多三十五岁，佛教也就在这一刻开始了它的历史。这一刻，毫无疑问是非常重要的。

幸运的是，在巴利语佛经中，能够找到一段记录这个过程的佛陀自述，更幸运的是，我们拥有郭良鋆先生从巴利语直接翻译过来的现代汉语文本。毫无疑问，它比晦涩难懂的古代汉译佛经要容易亲近得多。佛陀的自述是这样的：

"我进食后，体力恢复。我远离欲乐，远离不善法，因远离而产生喜乐，进入初禅（最初步的禅定），住于其中（我在里边很安稳）。虽然产生喜乐的感受，但不束缚我的心，内心平静，定于一点。因入定而产生喜乐，进入第二禅，住于其中。虽然产生喜乐的感受，但不束缚我的心。喜乐止息，住于舍、念、智，亲身体验到圣者所谓'有舍有念，住于快乐'，进入第三禅，住于其中。虽然产生快乐的感受，但不束缚我的心。摒弃乐和苦，摒弃从前的喜和忧，无苦无乐，因舍和念而清净，进入第四禅，住于其中。虽然产生快乐的感受，但不束缚我的心。

"就这样，我的心已定，清净、纯洁、无污、无垢、柔韧、堪任（可以去做，可以承担很多任务）、稳固、不动，趋向忆宿命智。我回忆起种种宿命，一生、二生、三生、四生、五生、十生、二十生、三十生、四十生、五十生、百生、千生、百千生、无量成劫、无量坏劫、无量成坏劫（换句话说，悉达多在觉悟的那一刻，一下子明白了无数生无数世的事情。当然，这都是比喻，它实际上就是想说，已经明了了一切的一切）。

"我在此处，是这个名字，这个族姓，这个种姓，这样的饮食，这样的苦乐，这样的寿命。在此处命终，生于彼处。我在彼处，是这个名字，这个族姓，这个种姓，这样的饮食，这样的苦乐，这样的寿命。在彼处命终，生于这里。这样，我回忆起种种宿命及其状况。我于初夜达到第一智。由于勤奋努力，意志坚定，无知灭，知识生（我的无知被消灭了，我的知识产生了）；黑暗灭，光明生。虽然产生快乐的感受，但不束缚我的心。

"这样，我的心已定，清净、纯洁、无污、无垢、柔韧、堪任、稳固、不动，趋向有情生灭智。我以超人的清净天眼，看见有情生死。我理解有情贵贱、美丑、祸福，皆是他们的业的结果。

"这些有情身有恶行、口有恶行、意有恶行、诽谤圣者、怀抱邪见、择取邪业，身坏命终后，生于恶处、恶趣、恶道和地狱（而这些有情身有善行、口有善行、意有善行、不诽谤圣者、怀抱正见、择取正业，身坏命终后，生于善趣和天国）。

"这样，我以超人的清净天眼，看见有情生死。我理解有情贵贱、美丑、祸福，皆是他们的业的结果。我于中夜，达到第二智。由于勤奋努力，意志坚定，无知灭，知识生；黑暗灭，光明生。虽然产生快乐的感受，但不束缚我的心。

"这样，我的心已定，清净、纯洁、无污、无垢、柔韧、堪任、稳固、不动，趋向漏尽智。我真正理解这是苦，这是苦集，这是苦灭，这是苦灭之道。我真正理解这些是漏，这些是漏集，这些是漏尽，这些是漏尽之道。我这样知，这样见，我的心摆脱爱欲漏，我的心摆脱有漏，我的心摆脱无知漏。得解脱而知解脱，我生已尽，梵行已立，所作已办，自知不受后有。我于后夜，达到第三智（第三智是什么呢？我知道，我不会再轮回了。'生已尽'，就是我不会再降生了，不再轮回了，应该做的我已经做了）。

"由于勤奋努力，意志坚定，无知灭，知识生；黑暗灭，光明生。虽然产生快乐的感受，但不束缚我的心。"

悉达多太子潜心修禅，入定生慧，觉悟成佛。

我们再总结一下。第一禅是远离欲乐，因为远离而产生喜乐。第二禅是没有思考，没有观察，因入定而产生喜乐。第三禅是喜乐都停止了、没有了，而安住在平静意念和智慧当中。第四禅是无苦无乐，无喜无忧，因平静和意念而清净。这就是觉悟成佛的思想标志。

在巴利语《因缘集》中，佛陀还有这么一段自述："唉！这个世界陷入苦难。有生，有老，有死，逝去复又生，却不知怎样摆脱苦、摆脱老和死。哦！何时才能得知怎样摆脱苦、摆脱老和死呢？"佛陀进行了极深层次的思考，进行审慎的思考，想通了这个问题，他提出了缘起说，也就是十二因缘说：

"这是我达到的觉悟之道：名色灭则识灭，识灭则名色灭，名色灭则六触灭，六触灭则触灭，触灭则受灭，受灭则爱灭，爱灭则取灭，取灭则有灭，有灭则生灭，生灭则老、死、忧伤、痛苦、烦恼灭，由此一切苦蕴灭。灭也，灭也。在这些前所未闻的法中，我产生见、识、智、慧和光。"

轮回转生，业报，四谛（苦、集、灭、道），缘起，五蕴，这些构成原始佛教的基本教义，在那一刻都已经产生了。他也就在那一刻成为佛陀。成佛以后，我们尊称他为佛陀或者释迦牟尼。成佛以后的释迦牟尼，又做了一些什么呢？留待下一讲为大家讲述。

㊵ 最早的居士

有些朋友也许非常想了解佛陀在觉悟的那一刻,他所得到的智慧、他的学说。由于篇幅和结构的限制,我在上一讲只为大家做了最简单的介绍,接下来会为大家全面介绍佛陀时代佛教的基本教义。

佛陀在成佛以后,做了些什么呢?根据巴利语的一部律典《大品》,还有《自说经》的记载,能够了解到这方面的信息。

巴利语的佛经年代比较早,记载了佛陀在尼连河边、菩提树下得道以后,在原地停留了四个星期。第一个星期,他在菩提树下坐禅,尽情地享受解脱所带来的快乐。在第一个星期结束的那个晚上,他重温了最重要的发现,最重要的觉悟,也就是"缘起说"。

第二个星期,佛陀从菩提树下移到阿伽波罗榕树下坐禅,接着享受解脱的快乐。这个时候,有一个外号叫"哼哼"的婆罗门来了,他的名字很有意思,大概平时经常用鼻孔出气吧。

这位婆罗门询问佛陀,"何为婆罗门啊？"佛陀将婆罗门解释为摒弃邪恶,不傲慢,不污染,能够自我控制,掌握很多知识,遵循梵行。

第三个星期,佛陀从阿伽波罗榕树下移到目真邻陀树下坐禅,享受解脱的快乐。在这个星期,天降暴雨。蛇王盘身保护佛陀,并以蛇冠作为雨伞,为他遮风挡雨,一直到第七天,天气放晴,这个蛇王才化身成一个青年婆罗门,双手合十,向佛陀致敬。

第四个星期,佛陀从目真邻陀树下移到罗阇耶多那树下坐禅,享受解脱的快乐。而在这个星期,有两名商人路过,一名商人叫 Tapussa,另外一名叫 Bhalluka,这是巴利语的名字。

他们向佛陀供奉了炒面和蜂蜜。佛陀想,我不能用手直接捧着吃啊。他刚这么一想,四大天王就送来四只石钵,佛陀就用钵来吃饭,这两名商人就皈依了佛陀和佛法。

根据巴利语佛经的记载,这两名商人成为最早的优婆塞,也就是居士。如此说来,居士比僧人在佛教史上出现的时间要早。

以上是巴利语佛经对佛陀觉悟以后的这段时间所作所为的记载。我们一看就知道,其中已经糅进了不少类似于神话传说的描述。然而,在更晚的时候,也就是在巴利语佛经以后的一些佛典中（比如梵文佛经,或者依据梵文而翻译成的汉文佛经）,神话成分有了更大的扩充。

首先,巴利语佛经只讲述了佛陀觉悟后四个星期的所作所为。在晚期的佛经中,四个星期就拓展成了七个星期。根据比较晚出的佛经记载,成佛以后佛陀依然保持结跏趺坐整整七天——眼睛都不眨,一直望着菩提树,全身心地沉浸在禅定带来的喜悦里,感受到无法言说的快乐。

在成佛后的第一个星期，他就这样一直坐着，他说："在这里我证得了无上正等菩提（阿耨多罗三藐三菩提），在这里我灭寂了无始无终的生、老和死的痛苦。"

在第二个星期，他站起来了，到旁边去漫游了一圈。第三个星期，他又回来了，还是眼睛眨都不眨地一直看着菩提道场。到了第四个星期，他又出去漫游了。

为什么会这样？有的学者认为，这是佛陀在反复地确认自己是否确实已经证得了阿耨多罗三藐三菩提，是否已经确确实实地获取了最高的觉悟和智慧。他在思考自己的学说究竟是不是有把握，是不是完全正确。最终，佛陀对自己的学说确信无疑。

到了第五个星期，天气非常恶劣，而他好像还是到外边去漫游了。到第六个星期，他又来到尼连河畔，看到了很多游方僧、出家人和年老的声闻（外道）。第七个星期，他来到多演林，又在一棵树下结跏趺坐，仔细地观察思考众生是如何被生老病死所逼迫的。

而在第七个星期里，来了两名北印度的富商，按汉译佛经里的名字，一个叫帝履婆娑，一个叫婆履。值得注意的是，这两个名字与巴利文佛经中提到的那两个商人名字非常相似，几科一样。

他们是兄弟俩，偶然遇见了正在多演林中结跏趺坐的佛陀，被佛陀的威仪慑服，心生恭敬。佛陀向这兄弟俩展示了袈裟，兄弟俩就以甜奶粥和去掉皮的甘蔗来供养佛陀（巴利文佛经说，他们供养的是炒面和蜂蜜），俯首，向佛陀的脚顶礼，右绕三匝（顺时针绕佛陀三圈），站立在一旁，恭敬地请佛陀接受自己的敬礼。

这里有一点想跟大家讲一讲。现在有很多汉族朋友喜欢到藏地去旅行，一定要注意，见到塔，见到寺庙，一定要右绕，也就是顺时针方向绕行，千万不要逆时针。当然有些教派的寺庙和佛塔可以逆时针绕行，比如苯波教，不过现在藏传佛教的绝大多数教派都是顺时针绕塔的，这就是直接延续了印度佛教的传统。

佛陀接受了这两名富商的供养和敬礼，对商人表达了祝愿，说了一个偈子。汉语译文非常有意思，说的是："如等所向皆吉祥，一切财宝悉充满。吉祥遍汝左右手，总汝身形是吉祥。所求财宝自然至，以吉祥鬘为首饰。"

意思是，你们无论到哪里都会遇到吉祥，都会拥有很多的财宝，你们左右手都是吉祥，你们满身都是吉祥，你们所要追求的财宝自然就会到来，你们用吉祥作为饰品来装饰自己。这当然是对商人最好的祝福。

佛陀最早祝福的，就是最早供养他的两名商人。《方广大庄严经》记载：

> 如来最初为二商主及诸商人而授记莂，时诸商人闻受记已，得未曾有，皆悉合掌，作如是言，"我从今者皈依如来"。

我们可以看到，最早皈依（不是出家）或礼敬和供养佛陀的都是商人。这一点很重要，透露出佛教史上一个重要的信息：佛陀、佛教和商人的关系非常密切。

确实，佛陀和佛教在后来受到很多商人的支持和供养。佛教的传播,基本上也是沿着商路。我们仔细思考一下,世界上其他的宗教也概莫能外。

佛陀对这两名商人表达了自己由衷的祝愿,然而他并没有为这两名商人说法,帝履婆娑和婆履更没有出家,所以这不能算是初转法轮。

佛陀是怎么开始说法的?换句话说,他是怎么开始在佛教史上具有顶尖重要性的初转法轮的呢?佛陀是怎么创立僧团的呢?这些,留待下一讲。

㊶ 说服自己为众生说法

要建立僧团就离不开弘法,最早弘法的当然是佛陀。弘法在任何宗教中都是非常重要的一环,佛教也不例外。因此,佛陀的第一次弘法就格外重要。

佛教专门有个名词,叫"初转法轮"。"轮"是古代印度的一种叫"轮宝"的器物,初转法轮,就是第一次弘法,这是个重要的事件,其中牵涉佛陀的思考,牵涉有哪些人会成为佛教的第一批正式的僧人,牵涉早期的佛教到底有哪些教义和学说。

为了尽量详细、准确地把最关键的佛教文化信息传达给大家,我打算分三个步骤来讲。

第一个步骤,先为大家讲述比较早期的佛教经典里关于初转法轮的记载,主要依据巴利语佛经,根据郭良鋆先生的第一手研究成果。

第二个步骤,依据以梵文佛经和汉译佛经为主的相关记载进行讲述,换句话说，讲梵文或汉文佛经中记载的初转法轮。从时间上来看，这一部分要比巴利语佛经晚一些，两者在内容上有个别不同，但大体上是一致的。

导致这种情况的原因是，梵文、汉文的佛经出现时间比较晚，所以就会增加一些东西，或修改一些东西。然而，也有学者认为，这恐怕没那么简单，也许梵文佛经有它非常古老的源头，在这里就不展开介绍了。

第三个步骤，集中为大家讲述佛陀的思想，也就是他在觉悟的那一刻，以及觉悟以后经过反复的思考，不停的反思，最终确认下来用于初转法轮的学说。这个部分内容可能要占比较大的篇幅。

巴利语佛经讲，一开始，佛陀对要不要传法还有过一些犹豫。根据《中尼迦耶》的《圣求经》以及律藏的描述，佛陀自己讲，他在得道以后有过以下这样的思考。

佛陀说："我获得的这种法，深刻难以洞察，难以理解，平静，微妙，不可思议，精密，唯有智者能知。而这个世界，众生喜好欲乐，难以洞察这种缘起，难以理解平息一切行（'行'就是行为），放弃一切依（'依'就是依靠、依赖），根除一切贪，离欲，灭寂，涅槃。所以，如果我宣示这种法，别人不理解，我就枉费精力，而且徒添麻烦。"

这是郭良鋆先生根据巴利语直接翻译过来的一段经文。按照佛教的这种传统，佛陀会念一首偈子，类似于诗歌。

佛陀讲："我之所得不容易，何必费力去宣示；众生执着贪和嗔（'贪'是贪欲，'嗔'是怨恨、愤怒），难以理解这种法。微妙精密逆潮流（佛法跟当时流行的潮流是不相合的，有些地方是反对当时潮流的，所以叫'逆潮流'）。深入细致难洞察，众生染欲陷黑暗（众生沾染了各种欲望，被欲望污染），不能理解这种法。"

这是佛陀说的一首偈子，当然也可以把它理解为佛陀口唱、吟诵的一首诗。

巴利文佛经的记载中会有些神话的成分，也不排除这是佛陀在进行很深的禅定和思考，身处很高的境界中所出现的一种幻觉，或者是因为他所见与常人不同。巴利语佛经说，佛陀在犹豫的时候，天神出现了。

天神来劝请佛陀，说："众生都深陷于生死烦恼，您已经觉悟了，您已经成佛了，您应该为他们打开不死之门。"

从表面上看，佛陀接受了天神的劝解，实际上这样的故事在佛经里很多，主要是用来反映佛陀本人内心的一些矛盾，或者一些冲击。换句话说，他在自己说服自己要去为众生说法。

决定了要为众生说法以后，问题马上就来了。首先，为谁说法呢？总得找到对象啊。佛陀的考虑是，要找到那些能够迅速理解自己的这种法的人。他首先想到了两个人，一个是阿罗罗·迦罗摩，一个是郁头迦·罗摩弗。

这两人就是悉达多太子离开迦毗罗卫城出家以后，最早拜的两位师父。他当时转益多师，拜了一些老师，希望能学到摆脱生死的知识。这两位都是当时很有名的修行者，门下弟子众多，他们对悉达多太子非常欣赏和尊重，都曾经邀请他和自己一起掌管他们的修行团体。换句话说，他们在不久以后就不把悉达多太子当学生看了，而是看作自己的等侣（平等的伴侣和学侣）。

这两个是佛陀最早想到的人。按照佛教的传统说法，他们是这个世界上最有福报的人。大家想，这个福报有多大啊！他们会成为佛陀最早的弟子。这是佛教的开山门弟子，有什么福报能比这个更大呢？

然而，事情并不那么简单。按照佛教的传统说法，这两位修行者真的是太没有缘了。为什么这么说呢？

佛陀决定去找阿罗罗·迦罗摩，佛陀对他的评价是很高的："阿罗罗·迦罗摩是智者，坚决、聪明、长期清净少垢。""少垢"是说他所受的污染、污垢比较少。如果选择他为自己说法的对象，他会比别人更快地理解佛法。

但是，很快佛陀就了解到（佛经里说的是天神来告诉佛陀），阿罗罗·迦罗摩已经于七天前去世了。也就是说，在佛陀成佛以后不久，他就去世了。多么可惜啊！

第二个人，郁头迦·罗摩弗，佛陀对他的评价也很高，因为他确实是经过修行的，经过修行的人往往对各种学说有自己的感悟和判断，对佛陀讲法，也会比较快地领悟。

更不巧的是，郁头迦·罗摩弗居然在前一天晚上刚刚去世。我每次看到这里的时候，都会为这两个修行者感到巨大的惋惜！真是缘分不够，因缘不具足。所以这两个人没有缘分成为佛陀的弟子。

那么，佛陀会选择谁做他初转法轮的对象呢？换句话说，又有谁有这样巨大的福报和幸运，成为佛陀的第一批正式弟子呢？

㊷ 黑暗世界中，捶响不死鼓

上一讲讲到佛陀决意初转法轮，也就是说，佛陀在觉悟以后，决心传播他的学说，传播佛教的教义。

他首先想到的两个传法的对象，是他最早曾经拜过的两位师父，阿罗罗·迦罗摩和郁头迦·罗摩弗。但是他俩福报不够（这是佛教的说法），都不久之前去世了。

接下来，佛陀又决定选择谁作为传法的对象呢？"对了，我在进行最严酷的修行的时候，不是有五个人陪着我吗？那五个人后来因为不理解我，看到我放弃了苦行，他们认为我不精进了，认为我退转了（倒退了），所以放弃了我，离开我了，我可以为这五个人先去说法。"

佛陀凭借着天眼通（这是佛教的说法），得知这五个人现在正好在波罗奈城（直到今天，这座城市在印度还是非常有名）。这是座古城，那里有个地方叫鹿野苑，可能是这个地方过去有鹿出没，佛陀就想到那里去。

在前往鹿野苑的途中，佛陀又遇到了一个人。这个人如果福报够，具备"殊胜因缘"的话，他也能成为佛陀的开山门弟子，成为佛教史上的第一位正式僧人。

他的汉译名字叫优婆迦，而他的身份，在有的地方被翻译成"阿字婆"。很多人认为阿字婆是他的名字，这是不正确的，其实这是他的身份，学派的归属，意思就是邪命外道，阿字婆是它的译音。他是一个外道，或者甚至可以说（当然这种说法不完全严格），他是处于佛教对立面的人。他是"邪命外道优婆迦"。

这个人看到佛陀以后，对佛陀还是很尊敬的。他说："长者诸根清净，肤色光洁，你为何出家？你的老师是谁？你师承什么法门呢？"

"诸根清净"，"根"就是感官。这句话的意思是，没有什么欲念，也没有什么执着。用大白话讲，就是人很平静，不温不火，喜怒不形于色，荣辱不惊。大致可以这么去理解。

"你为什么要出家？你的老师是谁？你师从什么法？"从佛陀的外表来看，应该是个得道之人。所以，外道优婆迦还是有眼力见儿的，不是一个没有见识的人。

佛陀就回答道（以下是郭良鋆先生从巴利文译过来的）：

"战胜一切，通晓一切。万事万物不受污染，摒弃一切，摆脱贪欲，自知自觉，拜谁为师？"我是这么一个人：我能够战胜一切，我自己知道，自己获得知识，自己觉悟，我还要拜谁为师吗？

"我无老师，无与伦比。尘世天国，独一无二。我是阿罗汉，我是无上师，我是正等觉，清凉得涅槃。为了转法轮，我去迦尸城（一个地名）。黑暗世界中，捶响不死鼓。"

这是佛陀按照印度传统回答的，中国人听了可能会说：你怎么一点都不谦虚，怎么说自己无与伦比、独一无二、至高无上啊？但印度传统就是这样，而且这还是后人描述的当时的情景，对佛陀怀有极度尊崇的心理。

最后一句话更加有力："黑暗世界中，捶响不死鼓。"在茫茫黑暗里，我敲响了不死鼓（超脱生死，进入一种永恒宁静的状态）。意思是用鼓声来惊醒世人。

优婆迦说道："照尊者这么说，那你是称得上一切圣者。"

佛陀又说："凡能达到漏尽，与我同是胜者；我已战胜恶法，故而我是胜者。"我战胜了一切不准确的、错误的法门，所以我是胜者。

听到这里，优婆迦的反应是："但愿如此。尊者。"说完以后，他居然摇头而去。

很明显，这位邪命外道优婆迦，根本就不相信佛陀的话。这就是他没有福报，在见到佛陀本尊的时候，居然没有产生信心。

佛陀接着前往鹿野苑，那五个比丘（出家人）正好在那里修行。看到当年的太子，这位放弃了苦行的太子，从远处向他们走来，他们非常惊讶。他们赶紧商量，说沙门乔达摩来了。他们不知道佛陀已经觉悟成佛，没有称他为佛陀。

沙门这个词比佛教出现的时间早，在印度的传统中早就有了，指出家修行的人。随着佛教的弘扬和日益繁盛，"沙门"这个词,特别是在中国，就专指佛教的出家人，但在印度不是这样的。

在这五个人眼里，沙门乔达摩生活奢侈。哪怕只是喝了一碗牛奶粥，吃了一点蜂蜜，也会被看作骄奢淫逸，放弃了努力，回到了奢侈的生活。因此，五个人相互说：我们不要站起来欢迎他，也不要接过他的衣钵，连基本的礼仪也不做，就扔个座位在那里，他想坐下来就坐下来。

然而，当佛陀走到他们面前的时候，他们却被佛陀的威仪折服，全都不由自主地站了起来，恭敬地接过了佛陀的衣钵，并请佛陀入座，为佛陀端来了洗脚水（这也是印度的传统，表示尊敬）。他们依然称呼他的名字（因为他们不知道佛陀已经觉悟，所以依然称他为乔达摩，或者长者，长者在巴利语里意思是长寿的尊者，是尊称）。

佛陀听到就告诉他们，不要用名字或长者来称呼如来。

"你不要以名字或长者称呼如来，如来是阿罗汉，是正等觉。请听，我已得不死，我教诲和宣说这种法。你们奉行我的教诲，就能很快在现世凭自己的智慧证实和达到无上梵行，住于其中。"

"这是善男子离家成为出家人最初的目标。"这个就是你们应该追求的目标。

那五个人听了以后，回答道："长者乔达摩（还是不称他为如来，不称他为佛陀，还是直呼其名），当年你苦心修道成那个样子，你的所得也没有过人之处，你也没有获得圣知和圣见，没有得到很高明的知见。后来你还放弃了努力，回归到奢侈的生活当中，你怎么还可能有过人之处呢？你怎么还可能得到圣知和圣见呢？"他们很激烈地质疑佛陀。

佛陀回答道："如来生活不奢侈，没有放弃努力，没有回到奢侈生活。

如来是阿罗汉，如来是正等觉。"

佛陀询问他们：我以前对你们说过这样的话吗？这五个人听到佛陀这样发问，就愣住了，说："没有。尊者。以前我们没有听到过。"佛陀就跟他们说："好，那你们少安毋躁，我来为你们说法。"

这就开始了初转法轮。

现在看来，初转法轮并不是一瞬间的事情，甚至不是一天两天的事情。因为在巴利语佛经中是这样记载的：这五个人分成两拨，一拨是两个人，一拨是三个人。在向其中两个人传法的时候，另外三个人就游行乞食，来供六个人生活。而在向三个人传法的时候，另外两个人就外出游行乞食，供六个人生活。

在佛陀的教诲下，这五个人知道了受缚（被束缚）于生老病死、忧愁和污秽的祸患，知道了追求无生、无老、无病、无死、无忧愁和无污秽的无上解脱涅槃。

听完了佛法以后，也就是经过佛陀的初转法轮以后，他们产生了这样的知见，有了这样的觉悟：我们明白了，这是人生的究竟，这是根本啊！我们明白了这些，我们就已经解脱了，我们不再受束缚了，我们不再受生老病死、忧愁、污秽这些东西的束缚了。我们自由了，我们解脱了，我们不再变动了，这是最后的生，不会再有。他们就生起了这样的信心。

这就是"初转法轮"。这五个人的名字在巴利语佛经中都有记载，一个叫憍陈如，他首先开悟，认识到万法有生必有灭。佛陀给了他肯定和确认，说："憍陈如确实已经知道。"由此，憍陈如得名阿若·憍陈如，"阿若"就是"已经知道，已经学会了，已经了解"的意思（阿若，很多朋友念成阿 ruò,但我觉得最好是念成阿 rě)。接着,婆颇、跋提、阿说示(有很多朋友念成阿 shuō 示,根据巴利文的音译,我建议还是念成阿 shuì 示)和摩诃那摩相继开悟,都认识到万法有生有灭。

那么,初转法轮,佛陀究竟讲述的是哪些法呢?他是怎样向这五个人传达佛教教义的呢?我们在下一讲再为大家讲述。

㊸ 宣说四谛妙法

初转法轮时,佛陀到底讲述了哪些学说呢?这些是佛教教义的根本和基础,也是佛教文化的根本和基础,极其重要。

巴利文佛经《杂尼迦耶》的《谛集经》,以及律藏《大品》中的《转法轮经》,记述了佛陀在鹿野苑向五位比丘初次说法的过程。这五位比丘是憍陈如、婆颇、跋提、阿说示、摩诃那摩。

根据记载,佛陀讲述了"四谛说",以及自己的修行方式。佛陀讲的修行方式格外重要,对于很多亲近佛教文化、学习佛教文化的朋友,就修行来讲,这是佛教文化中最根本和最重要的。佛陀在初转法轮的时候,就将自己的修行方式称为"中道"。

佛陀的原话是:"众比丘(他称呼这五个弟子)!出家人应该避免两种极端。"一种极端是沉溺于欲乐、低级、粗鄙、凡俗、不体面、无意义;另一种极端是热衷苦行、痛苦、不体面、无意义。在佛陀看来,无论是沉湎于各种享乐，还是执着于苦行，只要是极端的，都是不体面、无意义的。

佛陀讲："众比丘！如来已经避开这两种极端，而通晓'中道'（'中道'就是不偏不倚、不极端、不执着于一端的意思）。'中道'产生见和知，导向平静、通慧、等觉和涅槃。"

"中道"能够使人拥有真正的见识和对问题的真正看法；"通慧"就是贯通的智慧、普遍的智慧，"等觉"就是无上正等觉。

"比丘！何为'中道'？"这就是"八正道"——正见、正思维、正语、正业、正命、正精进、正念、正定。正见，要有正确的看法；正思维，要有正确的思维方式；正语，要有正确的表达方式、叙述方式；正业，要有正确的行为……"正"就是正确的、不偏不倚的、端正的意思。

佛陀首先讲的是"中道"，是最要紧的；不要走极端，要平衡，要守八正道。

接下来，佛陀才讲了"四谛"（苦、集、灭、道）。"众比丘！这是苦的圣谛（苦谛）。生是苦，老是苦，病是苦，死是苦，忧愁、悲哀、痛苦、伤心和烦恼都是苦，与可憎者会合是苦，与可爱者别离是苦，求不得是苦，五蕴盛是苦。"这就是著名的"八苦"。

佛陀把人生的各种不如意和苦难归纳为八苦：生、老、病、死、怨憎会、爱别离、求不得、五蕴盛。"生、老、病、死"，前面我们讲得太多了；"怨憎会"，就是说这一生中，总归要碰到不喜欢的，甚至是憎恶的人或者事情；"爱别离"，是说终究要和所爱的人和事物告别。

生、老、病、死、怨憎会、爱别离这六种，为什么是苦呢？想不生不轮回，得不到吧；生下来以后想不老，不可能吧；老了以后想不生病，不可能吧；病了以后想不死，不可能吧；想这一辈子都碰不到自己不喜欢的、怨恨的人和事物，不可能吧；想这一辈子都能和自己所喜爱的人和事物相守、永不分离，不可能吧。这正是"求不得"，所求的是得不到的。这是印度的一种叙述和归纳传统。

"八苦"不是并列的。它们有的是现象，有的是背后的原因，有的是原因的原因，有的是更深层的原因。其中的五蕴盛苦，就是更深层次的。

"众比丘！这是苦集的圣谛（第二个圣谛）。""苦集"，就是苦的原因。"贪求引起复有，伴随喜欢和激情。诸如贪求欲乐，贪求有，贪求无有。"所以"苦"是因为有贪求，有了贪欲，才有去追求的渴望和激情。

大文豪拉宾德拉纳特·泰戈尔有一句诗："我求索我得不到的，我得到了我不求索的。"这句著名的诗里，是不是有古老的印度传统的影子？是不是有佛教文化的影子？都有。这是苦、集两个谛。泰戈尔是孟加拉国人，用孟加拉语写作，但也属于印度文化的影响。

第三个谛是灭。"众比丘！这是苦灭的圣谛。完全摒弃和断绝贪求，抛弃贪求，放弃贪求，摆脱贪求，排除贪求。"有苦，也有苦的原因，但怎么去消灭苦呢？怎么去消灭苦的原因呢？就是要摒弃和断绝贪求，不能有所贪求。

第四个圣谛是道。"众比丘！这是通向苦灭之道的圣谛。"也就是八正道。等于又回到了前头。怎么才能彻底地了结这一切呢？要守八正道，要正见、正思维、正语、正业、正命、正精进、正念和正定。换句话说，还是要回到"中道"上，不能走极端，不能执着。

"这是苦的圣谛,应该理解苦的圣谛,已经理解苦的圣谛。众比丘!在这些前所未闻的法中,我产生见、识、智、慧和光。

"这是苦集的圣谛,应该根除苦集,已经根除苦集。众比丘!在这些前所未闻的法中,我产生见、识、智、慧和光。

"这是苦灭的圣谛,应该亲证苦灭,已经亲证苦灭。众比丘!在这些前所未闻的法中,我产生见、识、智、慧和光。

"这是通向苦灭之道的圣谛,应该开拓通向苦灭之道,已经开拓通向苦灭之道。众比丘!在这些前所未闻的法中,我产生见、识、智、慧和光。"

这是佛经的一个常见表达形态。在汉语中为使表达更加有力,会用排比句。在印度则是不断地重复,以此加强力量,便于记诵。

佛经是弟子、再传弟子,甚至更晚的弟子复述的佛的言说,当时并没有文字记录,都是后来好多代的人去回忆教主的言论加以编撰的。这就和在孔子的年代,《论语》也并没有被写下来一样。

佛经最早的形态也不是写下来的,而是复诵的。就是说,佛陀讲过这句话,大家用背诵把它记住,并没有文字记录。背诵最好的方法就是不停地重复,可能里边会有一两个字改变。比如在讲苦集灭道时,只不过将苦谛、集谛、灭谛、道谛这四个字改一改,而后面都是"在这些前所未闻的法中,我产生见、识、智、慧和光"。这种形态有助于记忆。

佛陀又讲道:"众比丘!这四圣谛(苦、集、灭、道)有三个层次,十二种形态。如果我对它们的知和见不真正清晰,在这个包括天神、摩罗、梵天、沙门、婆罗门、神和人的世界上,我就不能断定获得了正等觉。

"众比丘！如果我对它们的知和见真正清晰，我就能断定获得了正等觉。我产生这样的知和见：我的心已解脱，不再变动，这是最后的生，不会再有（我已经跳出轮回，不再轮回）。"

这是巴利文佛经记载的、佛陀对这五个弟子初转法轮时所讲的学说。

巴利文佛经还记载，佛陀为这五个比丘宣讲了"无我说"。这在巴利文佛经《杂尼迦耶》的《五经》和《大品》的《无我相经》里都有记载。什么叫"无我说"呢？

佛陀讲："众比丘！色不是我（这个'色'不同于我们讲的好色之徒的色，是指各种名色，指'我'的本性，包括'我'的肉体和'我'与世界发生联系的种种行为）。如果色是我，色就不会受到折磨。人们就能说：'让我的色这样，让我的色不这样。'然而，众比丘！色不是我，所以色受折磨，人们不能说：'让我的色这样，让我的色不这样。'同样，受、想、行和识也不是我。"

佛陀讲完以后，还发问："众比丘！色是常，还是无常？"这些名色、外在的东西（不能简单说是物质化的东西）是常，还是无常？这些名色、外在的东西是永恒的，还是不永恒的？

"无常。尊者。"这一点学生已经明白了。

"无常是痛苦，还是快乐？"这种经常变换的、不恒久的状态，是痛苦还是快乐？

"痛苦。尊者。"

"把无常、痛苦和变易之物看成'这是我的，我是这个，这是我的自我'合适吗？"

"肯定不合适。尊者。"

佛陀讲："众比丘！所有的色，无论过去、未来或现在，无论内在或外在、粗或细、低或高、远或近，都应该依据正确的智慧，如实看成'这不是我的，我不是这个，这不是我的自我'。"

佛陀讲："如果你们都这么看，就会厌弃色、受、想、行和识；因厌弃而离欲，因离欲而解脱，因解脱而知解脱。"一定要这样了解，了解了以后，才会对这些外在的东西、变化不定的东西、不恒久的东西产生厌弃之心。既然已经厌弃了，就会离欲（离开对它的贪求和欲望）。不喜欢它、讨厌它，怎么还会对它有欲望，要去追求它呢？因为离欲，就能解脱，就能摆脱各种各样的束缚，达到一种大自由的状态；解脱了，就真正了解了解脱的甚深经义。

这五个弟子（也称作五比丘）听了佛陀宣讲的初转法轮的法，摆脱了烦恼，心不再执着了。换句话说，他们成了阿罗汉。

佛陀在讲法的时候，比如天雨花（天上撒下花瓣）、九龙球、大地震动等这些类似神话的描写我们在这里就省略不提了，这里主要讲的是带有明显历史痕迹的内容。

巴利语佛经中记载的初转法轮的情况，就为大家讲述到这里。初转法轮在佛教历史上是极其重要的事件，而在梵文佛经或者说比较晚的佛经中，对初转法轮又是怎么记载的呢？下一讲为大家接着讲述。

㊹ 船人憾失修法之机

前面为大家详细讲述了巴利语佛经中记载的初转法轮，在这里，我再依据梵文佛经的记载，做进一步讲解。巴利语佛经和梵文佛经有很多相似的地方，但是在一些细节上，两者还是有一些不同，这就可以丰富和完善我们对初转法轮的认知。

悉达多觉悟成佛以后，两名商人帝履婆娑和婆履有幸得到佛陀最早的祝福。但是，佛经记载得很清楚，佛陀并没有向他们两个说法、传法。佛陀首先想到了一个人，想去对他说法、让他皈依。

《佛本行集经》卷第三十三《梵天劝请品下》记载：

"其优陀罗迦（也叫卢陀罗迦），罗摩子，心应巧智，辩了聪明，长夜成就。其心虽复少有尘垢，诸使结薄，根熟智利。我今应当于优陀罗迦罗摩子，对于其前，先为说法。我所说法，彼能速疾证知我法。"优陀罗迦是罗摩的儿子。他很聪明，有一定成就。尽管他的心还有一点点尘埃和污垢,但是他的根器很好。我现在决定去找罗摩的儿子优陀罗迦,去为他说法。我如果对他说法的话,他能够很快地掌握我的学说。

很明显,佛陀对优陀罗迦这个人评价高、期望大。但是优陀罗迦没有这个福分,他在七天前已经往生。

《佛所行赞》也提到了类似的事情,说由于这个人去世了,没有福报,所以他没能列入转法轮之下。在梵文本《神通游戏》和《方广大庄严经》中,都把优陀罗迦列在《转法轮品》里;《佛本行集经》把他列在《梵天劝请品》里。以后者为合适,因为他是跟初转法轮相关的一个人物,但比较早就去世了。

这时,佛陀想起了那五位释迦族的子弟,在佛经中,佛陀称他们为"跋陀罗",梵文的意思是贤者、好人、聪明人。佛陀认为他们纯洁、清净、素质优良、可教导,贪嗔痴都比较淡薄,能够迅速领悟。他们如果听了正法,以后就不会忘记。

佛陀说:"我在修行苦行的时候,他们伺候我,他们会理解我宣示的正法,不会令我苦恼。"那个时候这五个人正好在波罗奈城(鹿野苑),巴利语佛经里也提到这个地方。

和巴利语佛经讲的一样,佛陀在前往鹿野苑的途中也碰到了一位外道,而且这个外道也是邪命外道。《方广大庄严经》里对这次相遇的记载非常有意思,戏剧化的程度比巴利语佛经记载的似乎还要强一些。

优婆迦看见佛陀"诸根恬静,端正可爱",就问道:"仁者!修何梵行?师为是谁?从谁出家?进止威仪安稳乃尔!"

佛陀回答:"我本无有师,世无与我等。于法自能觉,证清净无漏。"

佛陀说，我本来就没有老师，世上没有可以和我比肩的人，是我自己证得了正法。

优婆迦道："瞿昙！汝自谓是阿罗汉耶？"很有意思的是，他知道佛陀出家前的名字。他说，瞿昙（乔达摩），你难道自认为是阿罗汉吗？

佛陀说："我为世间，无上导师，当度一切，真阿罗汉。"佛非常有信心地说，我是世间至高无上的导师，我将超度一切人，我是真正的阿罗汉。

优婆迦又问道："瞿昙！汝自谓为佛耶？"你难道自认为是佛吗？你是觉悟者吗？这就是后期佛经的一个特点，已经提到"佛"这个称谓了。

佛陀说："我于世间最为殊胜，灭除一切烦恼恶法，我为正觉。"我在这个世间是最厉害的，我已经断除了一切烦恼，我成就了正等觉。这段记载比巴利文佛经的内容要丰富一些。

邪命外道优婆迦没有福报，他没有请法。如果他好好地向佛陀请教，将会成为佛陀的第一位弟子。

在梵文佛经《方广大庄严经》的汉译本里，还提到了另外一个人物，他本来也有可能成为佛陀的第一位弟子。但可惜他也没有这个福报，但是有一项传统却因这个人而起。

佛陀还是往鹿野苑继续前行，经过很多村庄，都受到了供养。但是，可能那些人都把佛陀看成一般的出家人，也没有向佛陀请法，佛陀也没有因缘去说法。走着走着，佛陀来到了恒河边上，当时恒河正在涨潮，他看到有个船夫和一艘船停在那儿，就请求船夫摆渡。

《方广大庄严经》的记载非常精彩。

经书里讲:"世尊欲渡,问彼船人。"

答言(船夫说):"与我价值,当相济耳。"给我钱,就把你渡过去。

世尊报船人言:"我无价值。"世尊讲我没有钱。

船人言:"若无价值,终不相济。"没钱,就不可能摆渡你。

"如来尔时飞腾虚空,达于彼岸。"如来就"嗖"地飞上天,飞越了恒河。

船人见佛如是神通,乃自责言:"我无所识,云何不渡如是圣人?"船夫一看这不得了,这是有神通的人,说,我真没有见识啊!我怎么会不渡这样的圣人呢?

"心生忧恼,闷绝辟地,良久乃苏。"船夫心里又害怕、又烦恼、又后悔。"闷绝辟地",气都断了,嘭地倒在地上。"良久乃苏",过了好久才醒过来。

"诣频婆娑罗王,具陈所见。"后来船夫见到了频婆娑罗王,详细陈述了见到的事。

王闻是事,即敕船人:"自今以往,沙门求济,勿收价值。"频婆娑罗王听到这件事情以后,马上就下令:从此以后只要是沙门要渡河,船夫不许收钱。

在以往的传统中,一般而言,僧人摆渡是不付钱的。僧人是度人的人,他要摆渡过河,怎么还能向他收钱呢?"不收僧人摆渡钱"就来源于此。这是继承了佛教史上的传统,也是佛陀在初转法轮路上发生的一件趣事。

船夫因此也错过了成为佛弟子的机会。如果他把佛陀摆渡过去,在船上他向佛陀请教,佛陀向他说法,佛教史上第一个僧人就会是这个船夫。然而佛陀飞过去了。

佛陀渡过河,最终来到波罗奈大城,先乞食,吃完饭后来到鹿野苑。

在黄宝生先生翻译的《神通游戏》中,是这样描述佛陀与五位跋陀罗(贤者、聪明人、好人)相见的情景的。

他们远远看到佛陀,便凑到一起商量,直称"沙门乔达摩来了,他放逸,贪食,放弃努力"。"他过去进行过难行的苦行,尚且不能亲证任何高深的智慧和见解,何况现在他贪吃、贪图安乐、放逸、不成器,谁也不要向前迎接他,也不要起身,不要为他接过衣钵,不要给他提供食物、饮料、用品和脚凳,让他坐剩下的座。"这五个人旁边还有空座,让佛陀坐那边。

但是在《方广大庄严经》里有一句话:"唯阿若·憍陈如不同众心。"这五个人当中,只有憍陈如一个人例外,他跟大家的想法不一样。梵文佛经里描写,当佛陀真正走到他们面前的时候,奇怪的事情发生了。究竟发生了什么奇怪的事情呢?下一讲接着为大家讲述。

㊺ 后夜时分,初转法轮

佛陀见到那五个释迦族的贤者的时候,发生了什么?

本来五个人商量好不礼敬佛陀,准备冷落佛陀,给佛陀一个难堪。但是憍陈如内心不太认同,他想对佛陀表示亲近和尊敬。可是大家既然商量好了,憍陈如并没有公开地表示反对大家的意见。然而当佛陀真的走到他们面前的时候,奇怪的事情发生了。

佛经里讲:"世尊渐近五人所居之处,是时,五人皆自不安,如鸟在笼为火所逼,皆违本要。不觉忽然俱起迎佛。或有敷置坐具,或有给水洗足,或有撰履,或有持衣。皆言:善来,长老瞿昙!请坐胜座!"

佛陀渐渐地走近了这五个人待的地方。这个时候,五个人突然开始觉得不安,觉得心里没有着落,就像在笼子里的鸟被周围的火烤一样。他们不约而同地违反了当初的约定,不自觉地站起身来欢迎佛陀。有的人赶紧给佛陀铺座,有的人赶紧拿水请佛陀洗脚,有的人赶紧给佛陀搬脚凳,有的人赶紧接过佛陀的外衣。他们齐声说欢迎长老瞿昙,请上座!

他们还寒暄了一阵,可能佛陀问了五个人离开之后的情况,这五个人可能也问了佛陀后来吃到过什么好吃的吧?

寒暄以后,五个人最后问佛陀,你是否已经证得了殊胜正法?换句话说,你是不是已经找到最好的法门了?佛陀说:"我已经亲证甘露和通向甘露的道路。"

对藏传佛教比较亲近的朋友知道,有一种法物叫甘露丸。另外,过去有很多寺庙叫甘露寺。"甘露"是什么意思呢?甘露后来的解释是天上降下的很好的、甜甜的雨露,其实这是有点误解了。甘露,就是不死、不堕入死亡。佛陀这里讲的,是我已经亲证不死和通向不死的道路。

佛陀接着说:"我是佛陀,我通晓一切,洞悉一切,清凉无烦恼,我已掌握一切法。"清凉,在近现代汉语中主要指很凉爽,但在佛经里是指清净,后来引申出了其他意思。

"我将教导正法,你们迅速来听取正法,修习正法,你们专心听法吧。我演说法,我讲解法,听我正确演说,正确讲解,你们会发现思想和智慧,能摆脱烦恼,亲证正法,受具足戒。"

梵文佛经比巴利文佛经要复杂得多,在这里还提到了"受具足戒"。什么叫具足戒?就是很完整、很圆满的戒。只有受了具足戒以后,才能成为真正的僧人。没有受具足戒之前可能只是沙弥或是居士,但不是僧人。根据佛经的描写,这佛陀话音刚落,五个人即刻受戒。

怎么受戒呢?"须发自落,法服着身,便成沙门,须发长短如剃经七日,威仪整肃如百腊比丘。"这是《方广大庄严经》里的描述。

什么意思呢？胡须和头发自己就落掉了，身上突然就披上了法服（袈裟），外表就像沙门一样。而且须发不光是脱落那么简单，脱落不过就是头顶秃了、下巴光了，可这五个人须发的长短就好像是剃了以后经过了七天的样子。"威仪整肃如百腊比丘"，他们仪表非常肃穆、庄严，好像已经受戒了一百年，是资历非常深的年长比丘。"腊"，指岁、年的意思；"僧腊"，指出家人受戒成为僧人的年份。他们就这样成为佛陀的第一批弟子。

这五位比丘诚心忏悔，伺候佛陀在莲花池中沐浴。佛陀在初夜时分保持沉默，并没有转法轮；在中夜时分，开始和五位比丘进行愉快的交谈；后夜时分，佛陀才开始了佛教史上首次正式说法，就是"初转法轮"。

我们根据《神通游戏·转法轮品》黄宝生先生的现代汉语译本，可以清楚地为大家做如下的概述。

佛陀开始首先说："众比丘啊（五位比丘）！出家人常走两种极端。一种是耽迷欲乐、低劣、粗鄙、庸俗，非圣人所为，有害无益，不能导向厌离、离欲（离开欲望）、灭寂、神通、正觉、涅槃；另一种则是非中道，折磨自己的身体，痛苦，有害无益，现世受苦，未来受苦报。我不走这两种极端，而依据中道，也就是正见、正思、正语、正业、正命、正精进、正念和正定，这'八正道'。"这跟巴利文佛经里几乎是一致的。

接下来的内容也是和巴利文佛经完全一致的。"众比丘啊！还有'四圣谛'，就是苦、集、灭、道。什么是苦？生、老、病、死、怨憎会、爱别离、求不得、五取蕴是为'八苦'。什么是集？贪爱，重生（'重生'，就是不停地轮回，英语译成 rebirth，又一次地投胎降生）；伴随喜爱和贪欲。什么是灭？灭尽贪爱、再生，摒弃贪欲，灭寂。什么是道？就是灭苦之道，就是上面说的由正见到正定的'八正道'。"

"众比丘啊！对于这些前所未闻的法，要亲证，要修习（不能听了我讲就算完了，要自己去证悟、自己去修行）。在我没有觉悟这些之前，我确认自己没有证得无上正等菩提；此后，我确认自己证得了无上正等菩提，我已了断生，安住梵行，应作已作，不会再生。"我该做的已经做了，我不会再堕入轮回了。"我正是依据缘起而觉醒，唯有理解因缘，才成为佛陀。"

佛陀接下来就讲什么叫因缘。很多对佛教文化亲近的朋友经常把"因缘"挂在嘴边，到底什么叫因缘呢？没那么复杂，却也不简单。佛陀要讲的是，世界上所有的东西都是相互依赖而存在的，单独任何一样都不会存在，而是一个牵一个、一个拖一个，离开了这个就没有那个。这叫一种"因缘"。

佛陀接着讲："你们要舍弃，要持戒，要修苦行，守誓愿。"佛陀反对极端的苦行，反对毫无意义地、不体面地折磨自己的身体。但是，他并不是全盘否定苦行，有些苦行是对自己的高标准、严要求，佛陀赞成这样的苦行。

佛陀接着讲："你们要保护父母、沙门、婆罗门、老师、尊者和守法者；你们不能抛弃前来寻求庇护的人；你们要戒绝杀生，要教导他人不杀生；你们要布施（施舍）；要爱语（说话要亲爱，不要去骂人、诽谤人家）；利行（做好的行为）；同事（要集体精诚合作，共同做事情）。

"你们要恭恭敬敬听法受持，要善于说明，确定和阐述语句的词义；

你们要向老人、病人和死者提供庇护；你们不要接近别人的妻子；你们要控制手，控制脚，不伤害众生；你们要知道自己的食量多少，要节制饮食，要控制口腹；你们要为病人提供药草；你们不要藐视穷人，不得伤害无助者。

"你们要修塔，你们要建塔；你们要亲近智者，求教什么是善，什么是不善，什么是可以指责的，什么是不可指责的，什么是可以侍奉的，什么是不可侍奉的；你们要清扫佛塔，反省自己的过失，不挑剔他人的过失、缺点和错误；你们要放弃会导致与他人不和的争论；你们要守护自己的言行。

"你们要通晓经典，调伏争论，遵守自己的职责和戒律，教导国王和大臣奉行善法，教导一切善行，舍弃一切，满足祈求者；你们要言语可爱，不傲慢，不两舌（两舌，指东家长西家短，翻来覆去），不拒绝，慷慨布施，摒弃挑拨离间，鼓励和合团结。

"你们要摒弃虚妄、尖刻、粗鲁、欺骗，令他人苦涩、难堪、不悦和痛心的话；你们要心怀慈悲，说话合适，令他人高兴、温柔、甜蜜、微妙、贴心，待一切众生如父母，不怀憎恨。

"摒弃卑劣思想，怀有宏大志愿；摒弃愁眉苦脸，面含微笑；亲近一切善有，增进一切善业，不退转；你们要刻写、宣讲、诵读和教导佛经；你们要善于讲解佛经。"

这就是梵文佛经里讲的初转法轮。初转法轮非常重要，在许多佛经里占有很大比例，比如《神通游戏》，写完初转法轮，整部经就结束了。

以上是根据巴利语佛经、梵文佛经、汉译佛经，为大家所做的介绍。

下一讲，还会根据一位了不起的学者所做的研究，就佛陀时代的佛教基本要义，为大家再做一次概括性的介绍。这位是真正想明白的人，是一个大师级的人物。真正大师级的学者研究出来的东西都是很清晰的，不会让大家有好像怎么也弄不明白的感觉。

㊻ "中道"和"四谛"

鉴于初转法轮在佛教中的重要性，这里用了很大的篇幅进行讲解，希望大家能够理解我的苦心。初转法轮中最重要的是佛陀的学说，因为这是佛教的基础，也是佛教文化的基础。但是前几讲的内容可能略显零碎，或许我们还需要用一讲的篇幅，对佛陀的学说进行一次总体性的讲述或归纳。

我学问浅薄，读书不多，但是就有限的阅读范围而言，我认为，无论中外，对于初转法轮的描述，还没有谁能够超越中国现代著名的佛教学家吕秋逸先生（吕澂，字秋逸）。

在他的著述当中，对原始佛学的要点进行了非常简明扼要的、清晰的归纳。时间过去了几十年，也许有比吕先生更详尽的研究，但是像他那么清晰的、简明的描述，我还没有见到。在这一讲，我主要依据吕先生的著述，为大家集中讲解一次原始佛学的特点。

佛教徒把释迦牟尼（佛陀）初次宣传他的学说称为"初转法轮"。印度有个传说，谁能统治全印度，就会有轮宝出现。轮宝本意是一种武器，它无坚不摧，无敌不克，得到轮宝的统治者被称为"转轮圣王"。我们在最早几讲中提到过这个词。

释迦牟尼还没出家之前，他面前有两条路：一条就是做转轮王，这是从政治的层面上讲的；另一条是做法轮王，这是从宗教、思想上讲的。把佛教第一次讲法称为"初转法轮"，它包含了这样的一个意蕴：佛陀所悟的是最高的真理。它所向披靡，能够摧毁一切、战胜一切不正确的想法。

我们在巴利语佛经和梵文佛经中都能清晰地看到，在初转法轮的时候，佛陀首先讲的是"中道"，而不是"四谛"。这是非常清楚的，也是合乎情理的。因为原来追随他的这五个人，就是因为看到佛陀放弃了苦行而感到失望，才离佛陀而去。理所当然，佛陀首先批评了他们极端的苦行和相关的主张，提出自己不苦不乐的"中道"学说，来证明苦行尤其是极端的苦行并不是正道，只有"中道"才合理。他先讲了"八正道"，也就是正见、正思维、正语、正业、正命、正精进、正念、正定。把这五个人说服后，才开始宣讲"四谛"（苦、集、灭、道）。

"四谛"的重点在人生现象。按照佛陀的教法，人生的全部不外乎两个方面。一是染（有污染、不干净）。污染，包括了"四谛"里边的苦和集。二是净。净，也包括两个部分——灭和道。在苦、集、灭、道这"四谛"中又以"苦谛"为根本，集是苦集，灭是苦灭，道是苦灭的方法，对此大家都已经有了初步的了解。

佛陀第一次宣扬"四谛",反复讲了三次。佛经里也有这样的说法,叫"三转法轮"。初转法轮是肯定"四谛",也就是肯定人生就是生老病死这些苦。二转法轮讲的是"四谛"在人生中的意义,也就是"苦应知,集应断,灭应证,道应修"(我们应该了解和知道苦,应该断绝苦的原因,应该证明灭苦,应该能够修正到灭苦,而灭苦的方法我们应该去修习)。三转法轮是证明佛陀本人已经做到了"苦已明,集已断,灭已证,道已修"。这就是原始佛学的基础,是非常重要的。

在佛陀涅槃两百多年以后,阿育王留下的"法敕"(法令)中,也是这样规定的。它要求佛教徒念的第一本经就是《毗奈耶最胜经》,里面讲的就是前面说的三转法轮这部分。

后来,佛学发展到大乘佛学,比较早的《维摩经》、《法华经》,一开始也是讲"四谛"。后期的大乘经典,像《解深密经》,把佛说分为三个阶段,第一阶段依然是讲"四谛"。可见"四谛"是原始佛学的根本,是它的中心思想。

"四谛"中的"苦谛"又分为八苦:生、老、病、死、怨憎会、爱别离、求不得、五取蕴。前四种生老病死是自然规律,不可避免。人总归要生老病死的。但是人的要求经常与这种自然规律相悖,人经常要求不老,要求长生。这是违背自然规律的,所以就会产生痛苦。而后面的"三苦"(怨憎会、爱别离、求不得)是讲人与人之间的关系。这"三苦"在很大程度上是不合理的社会现实所造成的。

进一步讲,苦的总原因是什么呢?佛陀认为是"求不得"。大家都去追求得不到的东西,当然就苦。而再进一步追问,为什么"求不得"

是苦的根本原因或者说总原因呢？佛陀又认为是由于"五取蕴"。

什么叫五取蕴呢？前面没有为大家展开讲，因为一展开就会打乱原来的讲述次序。佛陀将人的构成分为五种：一是色，也就是物质；第二是受，也就是感情、感觉；第三是想，也就是理性活动、概念活动；第四是行，也就是人的意志活动；第五是识。色、受、想、行、识，"识"是统一前几种的。

各种情况相当复杂，归为一类就称为"蕴"。取，是指一种固执的、难以摆脱的、根深蒂固的欲望。五蕴和取，结合在一起，就叫五取蕴，就产生了种种贪欲。人一旦有了五蕴，就会产生出一切的苦。所以五蕴是苦，归根结底是由于贪欲。消灭了贪欲就消灭了苦，人方能获得解脱。

在佛陀时期，关于人生的学说主要是两类：一类是婆罗门的学说，认为人是由梵天而来，是神的转换，所以叫"转变说"；一类是六师（六种婆罗门教以外的其他学说，比如顺世派），认为人是由很多元素积聚而成的，所以也叫"积聚说"。佛陀对这两派都是反对的，他主张"缘起说"。他认为世界的一切都是因果相互联系、相互依存、互为条件的。

佛陀把人生分为好多部分，佛经中记载的有五分、九分、十分、十二分等。讲得较多的是后来在中国北方流传较广的十二分，就是我们很多朋友所熟悉的十二因缘，到大乘佛教中就把它固定了下来。十二因缘就是无明、行、识、名色、六入、触、受、爱、取、有、生、老死。这一切可以归纳为一个公式，此有故彼有，此生故彼生，完全构成一个因果链。

后世把十二因缘和轮回结合起来，就有了小乘佛教的三世两重说，三世是过去世、现在世、未来世，两重就是因果。过去世是因，现在世是果；但现在世同时又是因，是未来世的因，而未来世是果。大乘佛教是两世一重说，过去世是因，现在世是果，或者现在世是因，未来世是果。这种说法真的是非常合理的，因为现象之间本来就是彼此联系的。

老死是结果，它根本的原因就是有"生"。从佛经的记载可以清晰地看到，佛陀观察人生就是从老死开始，从而推演出十二因缘的。

把十二因缘展开，为什么会有老死呢？因为有生；为什么会有生呢？因为有有；为什么会有有呢？因为有取；为什么会有取呢？因为有爱；为什么会有爱呢？因为有受；为什么会有受呢？因为有触；为什么会有触呢？因为六入；为什么会有六入呢？因为有名色；为什么会有名色呢？因为有识；为什么会有识呢？因为有行。所有的一切归结到最后，为什么会有这一切？因为无明（没有知识），人对这个世界、对一切没有准确的了解，没有把握，没有知识。所以，无明是一切的起点。

佛陀还认为人的行为与业力有关。"行"是支配大家有目的的行动的意志，本质就是"业"。"业"有三种，身、口、意。"业"是由什么决定的？佛陀的答复正是无明（无知）。众生为什么或者对什么无知呢？佛陀认为人生是无常的，终究是要消灭的，而众生却要求它永久、恒久。这就是无明。

照佛陀的说法，人生就好比是一座房子。房子是由砖瓦木石组合而成的，是由很多部分相互联系、彼此牵连形成的。房子本身只是一个概念而已，你要把砖瓦木石拆掉，房子也就塌掉了。人也是由五蕴（色、受、想、行、识）结合而成的！众生却要求有"我"，执着地认为"我"是存在的，这就是无明。众生由于这种无知而产生的种种行为，就是苦的总根源。

佛陀论证人生无常、无我，他提出了三个非常重要的命题，也叫"三法印"。"法印"其实就是标志，是指佛陀和其他派别相区别的标志。什么叫"三法印"呢？"诸行无常，诸法无我，一切皆苦。"后来又于"三法印"之外加了"涅槃寂静"，所以也有一种说法叫"四法印"。

"法印"就是以"缘起"为基础发展而来的。佛陀经常说，懂得了缘起（因果关系），也就懂得了法。懂得了法，你就懂得了一切。可见，"缘起说"是佛教最根本的教理，也是佛教的哲学基础。

这些就是对佛陀以及佛陀那个时代的佛教学说最简单的一个概述，希望对大家有所助益。

㊼ 耶舍求法：第六位比丘来了

为什么"初转法轮"特别重要？道理很简单。悉达多太子觉悟后成为佛陀，佛教有了自己的教主，这在佛教史上自然非常重要。然而佛教的真正成立要具备三个要素，就是我们通常所说的"三宝"。"三宝"是指佛、法、僧。佛，就是佛陀；法，就是佛教的学说，也叫"佛法"；僧，是僧团、僧伽的简称。僧的原义，指僧人的团体而不是指单个的僧人。只有佛、法、僧三宝俱全，才能说明佛教真正创立起来了。

哪件事情才能标志着三宝具足呢？毫无疑问就是"初转法轮"。因为"初转法轮"里有了佛陀；有了法，佛陀开始说法了；说法自然要有对象，而这些听法的人成了佛教史上的第一批僧人，换句话说就是有了僧团。所以"初转法轮"是特别重要的事。

在初转法轮的时候，听佛陀说法的一共有五位比丘。其中憍陈如首先开悟，最早认识到世间万法都是有生必有灭的，不是永恒的。所以佛陀夸赞憍陈如确实已经知道、已经了解佛法了。另外四个比丘，一个是婆颇，一个是跋提，一个是阿说示，另外一位是摩诃那摩。这五个人就是最早的僧团。

所以"初转法轮"象征着佛、法、僧三宝具足。对任何一个宗教或者任何一种文化传统而言，它的受众、它的传播者、它的传承者具有根本的重要性。换句话说，对佛教而言，僧团自然就特别重要。有了五位僧人，仅仅是佛教僧团的开端而已。佛教之所以能成为一个影响巨大的宗教，首先在于僧团的发展壮大，只有如此，佛教才能有非常多的传承者、传播者。在接下来的几讲里，我就要为大家讲述佛教僧团，特别是最早期的佛教僧团是如何发展壮大的。

首先要提到的就是第六位佛教僧团成员（第六位比丘）——耶舍，他有特殊的重要性，不仅本人重要，他的家人也非常重要。按照之前的讲述习惯，可以把它分成两个系统来讲。一是依据巴利语佛典。在这方面，我们非常感谢前面多次提到的郭良鋆先生，她对早期的巴利文佛经进行了非常透彻的研究，她也关注到了耶舍及其家人的重要性。《大品》中记述了耶舍出家的事情，这是巴利文传统。二是依据梵文和汉文佛经讲述。

根据《大品》的记载，有一天拂晓时分，耶舍来到了鹿野苑（佛陀初转法轮的圣地），他脑海里还浮动着"舞女丑态"的情景。因为他是一个富家公子，他的生活当中少不了舞女，就会经常发生各种各样的事情，也就会有各种各样的丑态。他一边走一边说："哎呀，太可怕了！太恐怖了！"

佛陀看到他，觉得这个人很有意思，就对他说："这儿不可怕，这儿不恐怖。来吧，过来，耶舍，坐下。我为你说法。"耶舍的情绪稳定了下来，他脱下了自己的金拖鞋（印度人很喜欢穿拖鞋，由于耶舍是富家公子，《大品》特别提到耶舍穿的是金拖鞋），走到佛陀面前，敬礼，坐下。

佛陀就向耶舍讲解了布施（施舍）、持戒（要严守佛教的规矩）、天国、欲乐的祸患和出家的好处。这些内容吸引了耶舍，因为它直接针对的是耶舍所面临的各种困惑。佛陀看到耶舍很虚心，听讲很认真，也很开心，所以就进一步为耶舍讲解了苦、集、灭、道这"四谛"。

由此，耶舍也像阿若·憍陈如那样，领悟到世间万法不是永恒的，世间万法不是实际存在的，世间万法是有生必有灭的，世间万法不应该是贪恋、执着的对象。

耶舍的母亲发现，宝贝儿子不在宫中（耶舍是富家公子，居住在宫殿中），赶紧报告了自己的丈夫。耶舍的父亲沿着耶舍的金拖鞋的足迹一路找，就找到了鹿野苑。佛经里讲，佛陀施展神通不让耶舍的父亲看见儿子坐在那里。

佛陀请耶舍的父亲坐下，也为他说法。耶舍的父亲同样心悦诚服，说："哎呀，太妙！太美妙了！世尊说法，透彻明白，仿佛把摔倒的东西扶正了过来，把隐蔽的东西揭示了出来，好像为迷路者指明了道路，好像在黑暗中举起了油灯，让那些有眼的人能看到东西。"换句话说，如果没有领悟佛法，就有眼无珠，根本看不明白，看到的东西都是错误的、虚幻的，都是假象。"我要终身皈依佛陀，皈依佛法，皈依僧伽。"他也进行了"三皈依"。

这样一来，在佛教僧团史上又一件重要的事情发生了：耶舍的父亲成为第一位三皈依的优婆塞。他跟儿子不一样，并没有出家，不是比丘。耶舍的父亲成了第一位居士。所以佛教史上先有了僧人（最早是五位，加上耶舍是六位），紧接着有了居士（男居士）。

这个时候，佛陀又施展神通让耶舍的父亲看见坐在那里的儿子。耶舍的父亲看到了耶舍后说："耶舍，我的儿子。你的母亲发现你离家出走，忧愁悲伤。你是儿子，你要保住你母亲的性命啊！"耶舍听到自己的父亲这样的哀求，眼睛就望着佛陀。

佛陀对耶舍的父亲说："如果耶舍已经亲证佛法，如果他的心已经摒弃了执着，摆脱了污染，他怎么会走回头路，再去享受世俗的欲乐呢？"换句话说，耶舍已经出家了，已经亲证佛法了，怎么还会回家呢？

耶舍的父亲表示同意。他也成为居士了，自然很开心看到儿子成为佛陀的弟子。但是他提出了一个请求：请佛陀和自己的儿子耶舍到家里去吃顿饭。佛陀默许了。而这顿饭绝不是一次普通的布施，对耶舍家来讲，这顿饭也绝不是普普通通的一餐。正是这顿饭，又引发了在佛教僧团史上一件重要的事情。

㊽ 队伍不断壮大

这一讲开篇之前,首先申明一点:上一讲提到耶舍是佛教史上第六位比丘,这句话是没错的;耶舍的父亲是佛教史上第一位男居士,这句话也没错。但是这里有一个细微之处,需要特别强调一下,以免引起大家的误会。

上一讲中我讲到,耶舍领悟到世间万法有生必有灭,也向佛陀表达了自己要加入佛教僧伽(僧团)的心愿。而耶舍的父亲听了佛陀说法以后,也表示自己要皈依佛、皈依法、皈依僧,于是他成为佛教史上第一位男居士。然后耶舍的父亲请求佛陀和耶舍回自己家里去吃一顿饭,佛陀表示同意。

根据巴利语佛经的记载,耶舍的父亲向佛陀表达了请求以后,就先行回家了。他走的时候,身份已经是佛教史上第一位男居士。然而,一直等到耶舍的父亲走了以后,耶舍才向佛陀正式请求:"世尊,我希望出家，我希望受具足戒。"

佛陀自然非常欣喜，就说："来吧，比丘，法已宣说（佛法我已经为你讲过了），你就行梵行，彻底灭苦吧！"到这个时候，耶舍才正式成为佛陀的第六位弟子。到这一刻，事实上就一共有了七位阿罗汉（佛陀、以憍陈如为首的五位比丘、耶舍）。佛陀和他最早的六个弟子，成为世上最早的七位阿罗汉。

换句话说，根据巴利语佛经，严格来说顺序应该是这样的：佛陀，以憍陈如为首的五位弟子，耶舍的父亲（第一位佛教居士），接着才是成为第六位佛教比丘的耶舍。这一点，在此要为大家做个特别交代。

接受邀请以后，佛陀手持一钵前往耶舍家。此时耶舍已经正式出家了，成为正式的僧人了，他作为随行比丘一起到家里吃饭。耶舍的母亲和妻子先向佛陀致敬，敬完礼以后就坐在一边，听佛陀为她俩说法。听完以后，她们也非常开心，也领悟到佛法的奥秘，当场表示要终身皈依佛、法、僧。于是，耶舍的母亲和耶舍的妻子同时成为最早三皈依的优婆夷（女居士）。

我们知道，佛教的僧伽（僧团）一般讲四众：比丘、比丘尼、男居士、女居士。大家特别要注意的，这里面的顺序是：先有了僧人，再有了男居士，再有了女居士，而比丘尼是最晚在佛教僧伽里出现的。这一点，在后面讲到比丘尼的时候，会为大家做进一步的详细解说。

耶舍一家，贡献了佛教史上的第六位僧人、第一位男居士、最早的两位女居士，所以在佛教僧伽的早期历史上怎么能不重要呢？然而，耶舍对于佛教僧伽的重要性还远不止于此。

耶舍在波罗奈城的朋友很多，其中有四个跟他一样出身富商家庭的好朋友，一个叫毗摩罗，一个叫修婆睺，一个叫富兰那迦，一个叫伽婆跋帝。他们听说耶舍已经剃去了须发，穿上了袈裟，离家成为出家人，就前来看望他们的好朋友。在这种场合，佛陀也为他们进行说法，他们听了以后也像耶舍一样请求出家，受具足戒。这样一来，世界上就有了十位佛教的僧人。再加上佛陀，一共就有了十一位阿罗汉。

紧接着，在波罗奈城周围的乡村里，也有好多朋友知道耶舍出家，也来看望他，这一来就是五十位。这五十位也有机缘和福分聆听佛陀的说法，领悟了佛法，请求出家受戒。世界上就有了六十位僧人，加上佛陀就有了六十一位阿罗汉。

所以，佛教僧团早期的第一次壮大跟耶舍是分不开的。这就是在巴利语佛经中，关于耶舍出家的因缘以及他一家人的故事。

而根据梵文佛经或者汉译佛经，我们可以看到略有一点点区别。在《佛本行集经》里也提到了耶舍，说他是富家公子，偶然撞见自己心爱的舞女和乐师调情，痛苦不堪。然后遇到佛陀的开导，马上就出家了。在梵文和汉语佛经中，就把耶舍出家的因缘具体化、戏剧化了。他的父亲和母亲也受了戒，在家修行，成为最早的男居士和女居士。而且佛经中留下了耶舍父亲的名字，叫俱梨迦，也叫善觉长者。

在汉译佛经的传承系统中，紧接着耶舍和他家人的故事以后，还提到了一个非常重要的人物，就是富楼那。佛陀对富楼那大加夸赞，曾经讲过："此是满足真比丘，说法人中最第一。"

"满足真比丘"，意思是非常圆满、非常完美的真正比丘；"说法人中最第一",是说他非常善于说法,在说法的人当中排名第一。对佛教来讲,说法、弘法是非常重要的,尤其是在佛教的早期。

富楼那原本已经是一个小修行团体的首领,本来就是虔诚的求道者,也带着二十九个人在雪山上苦行求道,后来听说鹿野苑有一位佛陀(觉悟者)在那里说法,就赶到了鹿野苑,前来求法。

佛经里记载:"顶礼佛足,以两手执世尊之足,摩挲顶戴。举头,以口鸣如来足。"什么意思?他对佛陀非常恭敬。用头的额部触碰佛的脚背("顶礼佛足"),用两手举起佛陀的脚;"摩挲顶戴"(这里的"顶戴"指头顶),为表示对佛陀特别的敬重,他举起了佛陀两只脚放在自己的头顶;"以口鸣",用自己的嘴去亲吻佛陀的脚。富楼那对佛陀如此尊敬,后来也受具足戒出家。

对于早期的这些僧人,佛经里评价极高。在《佛本行集经》里,关于富楼那出家专门就有一品。《佛本行集经》第四十品,就是《富楼那出家品》。它讲这些僧人"各个用心,勇猛精进,用心谨慎,不曾放逸,悉成罗汉,以心善得一切解脱,皆成大德,一切悉能作大事,利益众生"。意思是说,早期的这些僧人都非常用心、非常勤奋、非常勇猛;严守戒律,没有做过放浪形骸的事,没有放松过自己;所以,他们都很快或者当下就成了阿罗汉,得到了解脱,都能做大事,都对众生有益。对富楼那,佛陀更是特别赞誉,"满足真比丘,说法人第一"。前面已经提到过。

佛陀僧团的发展绝不仅仅限于耶舍和他的家人、朋友,也不只富楼那和他的求道团成员。接下来会为大家讲述其他早期佛教僧人出家的故事。

㊾ 迦叶三兄弟

根据巴利语佛经的记载,耶舍皈依佛陀后,佛陀对传法、弘法就更加有信心,更加重视了。耶舍成为第六位出家人后,又有他的四位富家子弟朋友也出家了,之后又有耶舍家周围的五十位朋友出家,所以这一下世界上就多了六十位出家人。

此时,佛陀就对六十位弟子讲:

"现在你们要去周游传法,造福众生,怜悯世界。你们要去讲法,要好好地讲,要把开头、中间、结尾都讲好,音和意要都美好。你们要去讲解完美纯洁的梵行,那些清净少垢之人(本性清净、受污染少的人),如果听不到佛法,他们就蒙受了损失。一些人会理解这种法的。而我自己要去优楼毗罗,去一个叫犀那镇的地方说法。你们去周游。"

这些比丘去周游传法,从各个地方把愿意出家的和愿意受戒的人带回来,由佛陀认可,这样就正式完成出家的手续。不过这样来来回回非常麻烦，所以佛陀决定授权这最早的六十个比丘可以直接接纳出家人，可以直接为他们授戒，只不过佛陀规定了接收出家人的仪式。

首先要剃去须发，穿上袈裟衣，上衣覆盖一肩。这样的风俗在现在的南传佛教中保存得还比较好。其次，向比丘行触足礼（要顶礼比丘的脚）。最后，要跪在地上，双手合十，说："我皈依佛陀，我皈依佛法，我皈依僧伽。"连说三遍，也就是三皈依。这样就正式成为佛教的出家人。佛陀授权给这六十位弟子后，自己就去优楼毗罗度化迦叶三兄弟了。

在此，说一下迦叶这个名字的念法。很多人把它念成迦 yè，这是不妥当的，建议大家念迦 shè。有人会觉得这是个多音字，可以读 yè，也可以读 shè，事实上并非如此。"迦叶"这个词是从梵文或者巴利语、俗语翻译过来的，是个音译词，所以还是应该念成迦 shè，不要念成迦 yè。

迦叶三兄弟皈依佛陀，也是早期佛教发展史，或者说早期佛教僧伽发展史上的一件重要的事情。

简单地说，在耶舍皈依佛陀成为第六位出家人后，佛陀主动去拜访了拜火教的教主优楼毗罗迦叶。此时的优楼毗罗迦叶教主地位当然很高。

拜火教是起源于古代伊朗地区的一个大宗教。它崇拜火，崇拜光明，曾经在世界上产生过重大的影响，而且也传入过中国，跟后来中国的某些民间宗教，都有很大的关联。

优楼毗罗迦叶是迦叶三兄弟中的老大，拜火教的教主。当时拜火教的势力很大。佛教刚刚创立时，影响并没有拜火教大。迦叶大哥（优楼毗罗迦叶）本来就是一个很有威望的人物，国王、大臣都向他表达敬意。他门下弟子众多，达五百人。佛陀对他也很尊重，曾提出过在他那儿修行一段时间的请求。佛陀已经是觉悟者了，已经创立了佛教，而佛陀不惜以佛教创立者之尊，提出在迦叶家老大门下修行一段时间。

然而佛陀很快就指出，迦叶大哥身上的气质还存在一些问题，主要是有妒忌之气，并没有真正的觉悟。佛陀向他指出以后，迦叶大哥深表折服。迦叶大哥比佛陀年长，但是依然表示了钦佩之意。他还和自己门下众多的弟子商量，恭请佛陀说法，正式放弃了拜火教的信仰，全体皈依成为佛弟子。

优楼毗罗迦叶的两个弟弟，那提迦叶和伽耶迦叶，也一同皈依佛陀，成为佛弟子。老二、老三这两兄弟也不是一般人，他们每人也有二百五十名弟子。三兄弟加起来，就有一千名弟子。这一次集体皈依以后，就让佛陀的僧团新增了一千零三个人，佛教僧团得到空前壮大。

在《大品》的记载中，佛陀度化迦叶三兄弟的事迹已经被神话，用以渲染佛陀的神通，而且也开始宣扬婆罗门教崇拜的那些天神化身成为佛教的护法神。

根据巴利语佛经的说法，迦叶三兄弟是"蓬发苦行者"（披头散发、不修边幅的苦行者）。优楼毗罗迦叶手下有五百个苦行者，那提迦叶手下有三百个苦行者，伽耶迦叶手下有二百个苦行者，所以三兄弟的手下加起来有一千人。

这里讲到，佛陀在优楼毗罗迦叶的火室（拜火教用于供奉圣火的房间）里过夜。过夜的时候，佛陀按照佛教的规矩在草席上结跏趺坐。火室里有恶龙喷烟，佛陀也喷烟；恶龙喷火，佛陀也喷火。"蓬发苦行"的人看到火室里整夜烈火燃烧，认为佛陀已经被火烧而丧生了。一夜过后，佛陀降伏了喷火的毒龙，令它变小，放在钵里，交给了优楼毗罗迦叶。

类似的故事后来也出现在中国的民间故事里。在中国民间故事中，大家经常可以看到，某个高人把恶龙降伏成小蛇，收在碗里给大家看。恐怕就是受佛教的影响。

相关神话还有很多。比如，佛陀想要洗涤一件粪扫衣，于是婆罗门教里地位非常高的帝释天就为佛陀挖出一个水池。佛陀想要摔打这件粪扫衣（以前洗衣服要用一根棒槌敲打衣服，再在石板上摔打衣服），帝释天还为佛陀安放了石板。佛陀想要晾晒这件衣服，树神就主动让树弯下了树枝。这些都是神话描写。

佛陀还能凭自己的意念，操纵这些蓬发苦行者劈柴、生火、灭火。在非常寒冷的冬夜，佛陀为优楼毗罗迦叶的五百名"蓬发苦行者"变出五百个火盆。

巴利语佛经记载，优楼毗罗迦叶和他的五百名弟子最终都将发簪解下，将头发剃掉，将各种各样祭拜火的用品抛到水中，匍匐在佛陀的脚下，请求出家，受具足戒。

老二那提迦叶看到水面上突然漂浮着头发、发簪和火祭用品等，觉得很奇怪，心想是不是我的哥哥遭遇了灾难？后来他了解到发生的种种事情，了解到自己的大哥已经带着弟子皈依了佛陀，也带着自己三百名弟子皈依了佛陀。

老三伽耶迦叶也像他的大哥、二哥一样，率领弟子皈依了佛陀。佛陀有了这一千零三名出家人以后，在优楼毗罗待了一段时间，并且和这一千零三名比丘一起前往伽耶附近的伽耶顶，在山顶为他们宣讲了《燃烧经》。因为他们原来都是拜火教教徒，所以佛陀有针对性地为他们讲了《燃烧经》，这部经今天还保存着。这是佛教僧团早期历史上重要的一页。

当然，佛陀度化他人、发展壮大僧团的故事还远远不止这些。在度化他人、发展僧团的过程中，佛陀当然要因材施教，用各种善巧方便来弘扬佛法。这样的故事都非常精彩，我们留待后文继续为大家讲述。

㊿ 竹林精舍，传道授业解惑

接下来为大家讲述在早期佛教史上非常重要的频毗娑罗王以及王舍城的故事。无论哪一种宗教，或者哪一种学说，它往往会和某个政治人物，或者某一个地方、某一个城市有特殊的关系，佛教也不例外。

在早期佛教史上，就有像频毗娑罗这样的几位国王，对佛教的发展做出了特殊的贡献；就有像王舍城这样的城市或地方，和佛教发生了特别的关联。

上一讲，我们讲到迦叶三兄弟带着一千名弟子集体皈依了佛陀，成为佛教的僧人。这使得佛陀的声望一下子高涨了起来，消息也开始在周围传播开来。梵文和汉文系统的佛教资料，以及巴利语系统的佛教资料，都对这种情况有所记载，当然也有所不同。根据梵文和汉文系统的佛经记载，佛陀的声望在很短的时间有了很大的提高，消息很快传到摩揭陀国的频毗娑罗王那里。

前面我们提到过这位国王，大概在释迦牟尼成佛之前的六七年，当时还是悉达多太子的佛陀曾经见到过频毗娑罗王，他俩相约：如果悉达多太子成就了正等觉（成佛），那么频毗娑罗王就邀请他到摩揭陀。

所以佛陀前往摩揭陀，就是去履约。当然，也希望佛教能够得到国王这样强有力的政治人物的支持。

国王看到佛陀弟子众多，而且这些弟子中还有很多像迦叶家的老大这样早已成名、并且年龄比佛陀大的弟子，国王大为惊讶，就询问迦叶改宗的原因，同时又请佛陀开示，法喜充满。

频毗娑罗王想起王舍城内有一片名为迦兰陀的美丽竹林，打算在这里建造一座精舍来供养佛陀，佛陀欣然接受。精舍，也是寺院的一种。一般认为，竹林精舍就是佛教史上第一座寺院。

佛陀就带着一千多名弟子，过上了集体修行的生活。僧院的生活应当是以此为开端，所以竹林精舍很重要。

我国著名学者陈寅恪先生曾经专门写过文章，他提到，竹林精舍这个名字，随着佛教传入中国，对中国产生了意想不到的影响。比如魏晋南北朝有著名的"竹林七贤"。

称他们为竹林七贤，并不一定是说他们相会的地方也长满了竹子。按照陈寅恪先生的意见，这就是受到佛教的影响：用佛教中一座最著名的寺院的名称来称他们相聚的地方。所以称他们为"竹林七贤"，灵感就来自竹林精舍。这虽然是旁话，但绝不是闲话。

佛陀的名声越来越大。在摩揭陀国的首都王舍城内，大家都知道佛陀。在这一时期，佛陀最大的收获是又收到了两个重要的弟子。这两个重要的弟子，熟悉佛教的朋友们对他们的名字都如雷贯耳：一个是舍利弗，一个是目犍连。

这两个弟子未皈依前都是已经成名的修行者，博学多闻，名声很大，都是当时的大婆罗门，各自拥有自己的修行团体，各自都有上百名的弟子。这两个人还居才自傲，自视很高，平时连自己的师父删阇耶也不一定瞧得上。所以他们尽管也听说了佛陀的名声，但内心不以为意，刚开始对佛陀没有特殊的尊敬。

有一天，舍利弗在王舍城的街上看到佛陀的弟子，最早五比丘之一的阿说示，正好在托钵乞食。阿说示非常安详，非常庄严，给人感觉很不一样，舍利弗心里一动，就向他打听是谁的弟子。阿说示说是佛陀的弟子。舍利弗又向阿说示打听佛陀的教义是什么，阿说示对舍利弗进行了提纲挈领的解说。

舍利弗非常聪明，而且已经有修行的基础，听后大为叹服。他跑回去告诉了目犍连。第二天，这两个人带着各自的弟子到竹林精舍拜见佛陀，深入交谈以后，也皈依为佛门弟子。佛陀对舍利弗和目犍连大为赞扬，评价也非常高。可以说，佛陀在频毗娑罗王治下的王舍城，收获是非常大的。

巴利语佛经中的描写更为详尽一些。根据《大品》的记载，佛陀收下了迦叶三兄弟和他们的一千名弟子。佛陀带着这些弟子在迦耶顶住了一段时间，就前往王舍城。

到了王舍城，摩揭陀国王频毗娑罗带领十二万婆罗门长者前来拜见。长者们看见佛陀和优楼毗罗迦叶时，一时无法判断谁是老师和长者，因为优楼毗罗迦叶比佛陀还年长,而且当时的名望也很高,所以对于到底谁是领导者,这些婆罗门一时间心里没底。

佛陀看出了他们的心思,就问优楼毗罗迦叶:"你为什么放弃了拜火?"优楼毗罗迦叶回答:"我们崇拜、祭祀火的回报是色、声、香、味和妾妃(女人)。我现在已经看到、了解到,这些世俗的东西都是污染,所以我们不再热衷于拜火,我们放弃了拜火。"

说完以后,他拜倒在佛陀的足下,说:"世尊,您是导师,我是弟子。"频毗娑罗王带领的那么多婆罗门长者,一下子被震撼了。佛陀利用这个机缘为他们讲法,频毗娑罗王当即表示,要终身皈依佛陀,也请佛陀和这些比丘接受自己的供养,约大家明天吃饭。佛陀以沉默表示同意。

第二天上午,佛陀手持一钵,和一众比丘进入王舍城。路上,婆罗门教的大神帝释天化作一个婆罗门青年,为佛陀唱起了赞歌。频毗娑罗王亲手侍奉佛陀和比丘们用餐。饭后,国王用金罐盛水,让佛陀洗手,并且将离城不远也不近的竹园赠送给佛陀和比丘居住。

我们讲到过,在王舍城里,佛陀最重要的收获是收了舍利弗和目犍连两个重要的弟子。关于他们成为佛陀弟子的经历,巴利语佛经的描写似乎更特别一点。

巴利语佛经讲,有一天上午,最早的五比丘之一阿说示到王舍城乞食。舍利弗看到他举止端庄,目光低垂,无比安详,心想这个人了不起,他就在旁边安静地等着阿说示乞食完毕,再上前请安问好。

然后就问:"你诸根清净,皮肤光洁,是跟随谁出家的啊?老师是谁啊?通晓什么法啊?"大概在古代印度人的心目中,一个人如果听闻了或者修习了特别好的法，就会产生由内而外的美容效果，尤其是皮肤会变得特别好。这样的记载在佛经中比比皆是。

阿说示告诉舍利弗，自己的老师是释迦族之子，然后非常谦虚地说，自己是佛陀最早的五弟子之一，出家不久，还没有能力详尽地为他说法，只能简单地做个表述："诸法（世间万事万物）是从因生。如果明白了它们的因，也就明白了它们的灭。"

舍利弗是一个绝顶聪明的人，他一听到这么简单的说法，就领悟了：世间万物有生必有灭。他马上就感觉到自己遇到了前所未见的真理，他的烦恼在瞬间消尽。

所以舍利弗马上去见目犍连，因为这两个人曾经相互约定，谁先能够得到不死的智慧，就要告知对方。他按照约定马上去找目犍连，目犍连看到他就说："舍利弗，好朋友，你诸根清净，皮肤光洁，莫非已经达到了不死？"

舍利弗就把事情的经过告诉了目犍连。目犍连在瞬间也得到了一种特别的感悟，于是他们带着自己的弟子一起到竹林精舍皈依了佛教。

巴利语佛经里有这样的描写，说佛陀在竹林远远地望见舍利弗和目犍连走来，他就对身边的比丘们讲："这里走来的两位朋友将成为我的大弟子。"可见佛陀很喜欢他们。

巴利语佛经中还捎带一笔，挤对了一下舍利弗和目犍连的老师删阇耶，说当删阇耶听到自己最重要的两位弟子改换门庭，皈依了佛陀，气得当场口吐鲜血。

(51) 浩荡的僧团

接下来几讲内容，为大家有选择性地介绍几位非常有趣和特别的人物，以及他们的故事。这些人物在佛教史上都非常著名，他们身份各不相同，皈依佛教的因缘各不相同，但是我们可以从他们的故事里领悟到很多东西。

比如，佛陀是用什么样的方便（方式）来因材施教的？佛陀早期宣讲的法的基本要义有哪些？这些人物在佛教僧团中都做出了哪些比较有意义的贡献？

前文讲到，佛陀在摩揭陀国吸引了很多善知识、善男子，佛教僧团空前快速地壮大了起来。这个当然不是一帆风顺的，也不是都为大家接受的。出家的人一多，难免就会有些人抱怨。

佛经里有这样的记载，说有些人就开始不满了，认为沙门乔达摩制造孤儿寡妇，灭绝种族，那么多人跟随他出家，国家怎么办？城市怎么办？种族怎么办？所以他们看到了佛教的比丘，就念类似于诗歌或顺口溜的偈颂来嘲讽他们。这样的人不在少数。而且，他们把佛陀称为沙门乔达摩，就已经说明，他们对佛陀缺乏足够的敬意。

巴利语佛经中记载了这样一个偈颂："这个沙门乔达摩，来到摩揭陀城堡，拐走删阇耶门徒，今天又要拐走谁？"删阇耶就是舍利弗和目犍连皈依前的师父。

众比丘听到这个偈颂后非常不开心，就回去报告佛陀。佛陀说这很正常，但是这种状况不会持久，大概七天以后就会平息，你们听到别人唱这样的偈颂，也可以唱一个偈颂来回答他们。佛陀就把这个偈颂教给了自己的弟子。巴利语佛经记录了这个偈颂："他们依法引导，堪称大雄完人；既然依法引导，有何理由忌恨？"据佛经讲，果然七天以后，大家就不再抱怨，风波也得到了平息。

佛陀居住在王舍城的时候，收了很多弟子，其中有些弟子是非常特别的，他们跟佛教的因缘不同，皈依佛教的方式也不同，比如大迦叶。请大家注意，他虽然叫大迦叶，但并不是迦叶三兄弟里的老大优楼毗罗迦叶。

大迦叶皈依佛教的因缘非常简单明了。他也住在王舍城附近，也是非常有学问的人，平素非常关注佛陀的一切，内心深处早就认定了佛陀。一天他离开家，走到一座塔旁边，看见有一位沙门在树下静坐。他一看到这位沙门，就断定这是佛陀。

他走上前去叩拜致敬："师尊，我的大师，我是您的弟子。"

而佛陀的回答也简单明了："你确实是我的弟子，我就是你的师父，随我来吧。我知道你今天会来，因为你的心一直在追寻。"

有些人的出家因缘就相对比较复杂，比如舍利弗的舅舅，他跟佛教的因缘就很有意思。巴利语佛经中有一部经叫《长爪经》，长爪就是指甲很长的意思。大概舍利弗的舅舅是个苦行者，平素不剪指甲。

《长爪经》记载了这样一个故事。佛陀住在王舍城灵鹫山的一个山洞的时候，有个叫长爪的游行者（四处漫游修行的人）来拜见佛陀。

长爪来拜访，首先就介绍了自己的学说和观点。这是古印度的一种传统，大家喜欢交流和辩论，现在藏传佛教中还保留着这样的传统。长爪说自己的观点是"一切于我皆不可"，意思就是："我是否定一切的，我什么都不认可，我彻底得很，我什么都否定。"

佛陀听了以后微微一笑，说道："那你对自己的观点，是否认可呢？"换句话说，你不是否定一切的吗？那你承认"我是否定一切的"这句话吗？你如果承认了这句话，那你不就不能说自己是否定一切的了吗？佛陀利用长爪自己学说的逻辑矛盾，一下子让长爪哑口无言。

佛陀就利用这样一个因缘，对长爪进行有针对性的说法。佛陀说："有的人否定一切，有的人肯定一切，也有的人肯定一部分又否定一部分。肯定一切的人容易陷入贪欲和执着，否定一切的人固然可以远离，但如果过度了，就容易变成执着与否定（为了否定而否定，也是一种执着和束缚）。这样就会轻视生命，无视乃至藐视他人，唯我独尊。"

佛陀的说教就好像武林高手的借力打力，非常精彩。长爪梵志当然是非常聪明的人，一听马上就皈依了，成了佛陀的弟子。但巴利语佛经中讲，他成了佛陀的优婆塞（居士），并没有正式出家。

巴利语佛经中记载长爪皈依的故事时，还记载了佛陀一段非常重要的说法，主要讲如何看待身和受。佛陀讲："此身有色（人的身体是由地、水、火、风四个因素组成的），有饮食养育（身体吃了东西才能发育），但是此身无常（会有摩擦、损耗、破碎、解体等现象）。所以此身只能视作无常、苦恼、疾患、脓疮、利箭、灾祸、病痛、异己、衰亡、空和无我。顺着这个思路，人就能摆脱对此身的贪恋、喜爱和依赖。

"受有三种：乐、苦和不乐不苦。感受到乐的时候，感受不到苦和不乐不苦；感受到苦的时候，感受不到乐和不乐不苦；感受到不乐不苦的时候，感受不到乐和苦。

"乐的感受是无常，和合而成，因缘而生，必定衰竭、消退和灭寂。苦的感受也是无常，也是因缘而生，也会衰竭、消退和灭寂。不乐不苦的感受也是如此。所以，人应该因厌弃而离欲（离开欲望），离欲而得到解脱。比丘的心是已经解脱的心，他使用世间的语言而不偏执，也不会争辩什么。"

佛陀在为长爪说法的时候，舍利弗站在身后为佛陀打伞。所以舍利弗也听到了佛陀的说法，便脱尽烦恼，无所执着，而他的舅舅长爪听后也是心悦诚服，请求皈依，成为优婆塞。

根据巴利语《大品》的记载，佛陀在王舍城住了不短的一段时间，在这段居住的时间，发生了很多的故事，接纳了很多的弟子，进行了很多次随机的讲法。对早期佛教的发展来讲，佛陀在王舍城的那段岁月是非常精彩的。

(52) 因材施教，有教无类

前文我们讲到，佛教的僧团在不长的时间里得到巨大的发展。各种各样的修行者满怀着寻求真理、寻求解脱的热忱，最后认可了佛陀的学说，皈依了佛陀，成为佛教僧团的成员，也就是比丘或僧人。

佛教僧团的发展，有很多原因和复杂背景，在这里我们很难简要地把它说明白。但有一点是肯定的，佛教僧团里除了满怀热忱的虔诚求道者以外，还有很多修行人。这些修行人本身都是有一技之长的专业人士，他们为佛教僧团也做出了很大很多的贡献。然而很不幸，这些通常都被我们忽略了。

比如，我为大家介绍一位神医，他就为僧团做出了巨大的贡献。我们都知道僧团是大家共同生活在一起的一个集体，所以佛教无论是从学说还是从戒律等角度，对僧团间的团结、和合都非常重视。

我们容易忽略的是，佛教其实对僧团的卫生条件也非常重视。因此，在佛教戒律里有这样的规定：得了传染病的人，不能马上加入僧团，一般都要医好后才可加入僧团。

有这么一个故事。彼时有一位神医叫耆婆（梵文音译，意为生命、长寿），曾经奉国王之命为佛陀看病。他发现僧团的衣食都不太清洁，容易引发疾病，在集体生活当中有传染的隐患。因为早期僧人穿的衣服，多是从坟场和墓地捡来的、死者穿的粪扫衣。

粪扫衣，顾名思义，好像和粪有关，比较污秽，其实这是错误的理解。粪扫衣是指从坟场和墓地上捡来的、死者身上穿的尸衣，跟粪无关，它当然沾满了各种病菌。耆婆深知这种危险，但又不敢轻易进言和质疑。不过最后他还是决定，一定要找个机会把隐患说出来，让佛陀意识到其中的危险。

有一次，耆婆治好了国王的病，国王赏赐给他一件非常华贵的衣服。耆婆就把这件衣服供养给了佛陀，借这个由头，他说出了自己的忧心。佛陀本来就反对无谓的、极端的苦行，从善如流，不仅接受了新衣服，还告诉僧团，可以穿粪扫衣，但必须经过净洗和阳光的暴晒消毒；也可以穿整洁的衣服。这个消息传出去以后，王舍城里的民众就给僧团供养了大量的衣物。

由此可见，一个神医其实帮助僧团解决了重大问题。我们难以想象，在成百上千的僧人共同生活、共同修行的地方，如果发生了重大的传染病，对早期佛教会造成多大的打击。

我们前面介绍了很多皈依佛陀的僧人，他们好像都是辩才无碍、博学多闻、早已成名的婆罗门和智者。大家千万不要由此产生一种误会，认为佛陀只接纳这些人做自己的弟子。佛陀没有分别心，他会从每一个虔诚修行向善的人身上发现各自的优点，无论这些优点被遮盖得多深，也无论这些优点如何被大家无视。

《出曜经》里记载了一个故事。有一个叫槃特的人，非常愚笨，连短短的一首偈语都记不住，师兄们经常耻笑他。有一天，槃特在精舍门口难过，佛陀看到了就问："你为什么哭啊？"槃特说："我太笨了，师兄弟要赶我走。"佛陀说："别伤心，到我这里来吧。你一定要明白，知道自己愚笨的人才聪明，蠢人才自以为聪明呢。"

佛陀就让阿难去教槃特，阿难尽心尽力地教，但槃特就是学不会。于是佛陀亲自去教他。佛陀教他的东西很简单，就两个词：一个是"拂尘"，就是把尘埃拂掉、掸掉的意思；另一个是"除垢"，就是把污垢给除掉的意思。但槃特天资实在是太过愚笨，怎么也记不住。

可是佛陀没有放弃，说："槃特，没事，你别着急，那你换一件事情做行不行？"槃特说："佛陀，我还能做什么呢？我那么笨。"佛陀说："你能不能把比丘的鞋子擦干净？"槃特说："行,这我能做。"佛陀说："好的，你就试试看。"

就这样，槃特天天为大家擦鞋。慢慢地，大家又都开始同情他，都一遍一遍地教他。有一天，槃特突然领悟到：尘垢分两种，一种是外在的，可以用布把它擦掉；一种是内在的，布擦不掉，只有用智慧去擦掉它。槃特欣喜若狂，跑去向佛陀行礼，说："我终于明白了，佛陀，我拂去了心中之尘，我除去了心中之垢。"

佛陀听了非常欢喜，而槃特也在开悟到这么一个重要的道理后，开始受到大家的尊重。但槃特爱上了擦鞋,依然在僧团里为大家擦鞋。从这个故事我们可以看出,佛陀善于发现每个人的慧根,因材施教。

我们也不要以为,在佛教的僧团里都是像耶舍那样出身富家的、高贵的博学者。佛陀本来就反对种姓制度,反对根据人的出身或者职业就把人区分为三六九等。在佛陀眼里,众生平等,绝无分别。所以佛教僧团里边,也有一些在当时印度人的心目中出身非常低贱的人。

《贤愚经》里就有这样一个故事。有一天,佛陀带着阿难行走在舍卫城中,一个叫尼提的人迎面走来。尼提一贫如洗,以掏粪和挑粪为业。他非常尊敬出家人,当然也更加尊敬佛陀。他看到佛陀后非常欢喜,但是肩上正挑着臭气熏天的粪桶,怕自己污染了佛陀,于是赶紧躲开,避到了岔路上。

佛陀看见,便带着阿难,特意绕到了岔路上,故意和尼提又迎面相见。尼提惶恐无比,心里想:我这种下等人靠近佛陀,罪孽就更加深重了,这是前世的恶报。于是他极力闪避,慌忙之下把粪桶打翻,粪尿溅得周围到处都是,尼提赶紧跪下请罪。

佛陀走上前去,亲切地叫着他的名字:"尼提,你愿意出家吗?"尼提简直不敢相信自己的耳朵,说:"我这样卑贱肮脏的下等人,也可以出家吗?佛陀,您是太子,您是金枝玉叶,而那么多僧人都是出身高贵的。"佛陀说:"哪有这个道理,我的法好比是净水,可以洗净一切污秽。在我的法中,是没有高低贵贱的。"

佛陀接着就吟诵了一首偈语:"欲得我法益(如果想得到正法的利益),唯应早出家。甘露缘智慧(真正的不死靠高深的智慧和学问),岂能由种姓（怎么可能是看种姓）。不论贵与贱，身皆四大空，种姓暂区别（种姓的区别是短视的），无知者不救（没有智慧的人得不到救赎）。"

佛陀和阿难带着浑身是粪尿的尼提来到河边，帮他洗干净后，一同回到了精舍。尼提后来成了一位出色的出家人。

从这些记载我们就能够明白，佛教为什么能够发展，佛教的僧团为什么能够壮大，佛陀为什么能够得到大家的敬仰和皈依。我们不必从理论的角度进行非常烦琐的讲解，通过这些小故事就足够了解了。

(53) 施主的善举

前面我们讲到佛教早期快速发展的原因，也讲到佛教僧团迅速壮大的原因，这些原因在佛经里的说法是善缘（好的因缘，也叫助缘）。这些因缘有很多，我们前面提到了一些。有一个重要的善缘，我们千万不能忽略，就是佛教和僧团得到了各个阶层方方面面的支持。

在这些支持中，最重要的财政支持来自那些有能力和有信行的人。在当时，有能力的人无非是贵者和富者。贵者如国王，富者如商人和地主等。我们在前面也约略提过，富商和地主对佛教的帮助非常大，尤其是在佛教早期。

季羡林先生曾经写过一篇论文，叫《商人与佛教》，长达一百多页，从篇幅上看实际已经是一本书了。季羡林先生根据律藏的记载，用许多非常生动有趣的故事，阐述了商人、地主和佛教的关系。大家可以找来读一读，一点都不枯燥。

如果我们用一个未必稳妥的说法来表达，那么可以说，作为宗教之一佛教，主要是精神的生产者。特别是在早期，它是不从事物质生产的。当然后来有所不同，比如佛教传入中国以后，有很多僧人一日不作就一日不食，只好开始进行农业生产。有些寺庙甚至从事典当业，这些都有记载。再比如，当今日本的很多寺庙是代代相传的，从土地到寺院，产权属于一个家族，这个家族也就世世代代经营寺庙。但这些都是后来的事情，早期不是这样的。

因此，为了让佛教得以发展，僧团的生活得以维持，就必须有很多的施主（功德主），这是非常合情合理的事情，佛经里就记载了很多施主的故事。随着佛教僧团的壮大，施主也越来越多了。早期最有名的就是须达多长者，他的汉语名字叫善施，也就是爱好施舍的意思。

《佛本行集经·布施竹园品》讲的就是他的善举。这位富商听说了佛陀的殊胜事迹，急于拜见。一天夜里，他来到竹林精舍，在树林外边遇见了正在散步的佛陀，佛陀表示欢迎，并带他走进了竹林。须达多看见上千名弟子都已睡下，其中很多人直接睡在树荫底下。佛陀说："他们心中没有执着，没有烦恼，所以随时随地可以安睡。"须达多也心生欢喜，表示："我也想皈依三宝，我想遵守五戒，成为一个居士。"

佛陀表示赞许，就问他的姓名和情况。

须达多说："我略有些家产，经常施舍贫困的人，因此大家还给我起了一个外号，叫给孤独（意为经常给孤独无靠的人以帮助）。"

佛陀又问："那您的家乡在哪里？"

须达多说："在北方的舍卫国。"

佛陀说:"太好了,好因缘。我正想去北方,但是苦于弟子众多,无处安居。"

须达多赶紧表示:"我愿意建造一座精舍,供养僧团。"

佛陀欣然答应。

须达多满心欢喜地回去了,跑遍了舍卫城。他最满意的地方是一片园林,那里绿树成荫,非常漂亮。但是有一个问题:这片园林的主人是祇多太子。"祇多太子"的"祇"字在汉语佛经中经常有两种写法,一个写作"神祇"的"祇"(qí),一个则写成"祇"(zhī),它们的读音有差别,但大致来讲更多地是作"zhī 多"。须达多向祇多太子提出购买园林,太子一口回绝,须达多不愿意放弃,一再坚持。太子不胜其烦,便开出了一个天价。

他要求须达多用金币把这片地给铺满了。岂料须达多一口答应,用金币铺满地面,买下了整个园林。祇多太子后来才知道,这是为佛陀造的精舍。这下他也不好意思了,自己也出资供奉了一座大门。

建造这座精舍期间还发生了另外的故事。看到这么一位有钱人须达多出那么多钱迎奉佛陀,很多外道产生了妒忌和嗔恨之心,百般阻挠,都没成功,最后提出条件,要和佛弟子按照印度的规矩进行辩论,如果外道赢了,这片地就归他们;如果佛陀赢了,这片地就归佛陀。

这种要求在印度的文化传统和背景下是很难拒绝的。结果,根本不用佛陀出面,仅仅是舍利弗代表僧团出战就大胜外道。对手们心悦诚服,便按照印度古代的传统,改宗皈依了佛教。这一下,须达多更是高兴,更加信奉佛教。在舍利弗的配合下,须达多很快建起了有十六座正殿、六十座小殿的精舍。佛陀得知以后,就率领僧团,浩浩荡荡,一路说法、传法,向北进发,到达舍卫城。

这个故事,巴利语佛经中当然也有记载,但和梵文和汉语佛经的略有不同。据巴利文佛经中《小品》记载,在佛教的早期,比丘们没有正规的住宿,有时候就住在树林里,有时候住在峡谷里、山洞里、丛林里、空地上,或者睡在草堆上。

但是他们都充满了自信,仪态非常优雅和端庄。王舍城里有一位富商,一看到这些比丘,心里就产生了信任感,便表示,愿意为他们造房子。比丘回答说,佛陀不允许。由此可见,在早期佛陀还是坚持了相当的苦行的,还不允许僧人住在房子里。

于是,这个富商就请他们去征询佛陀的意见。谁也没想到,佛陀听到以后表示同意。富商很开心,表示要造六十处住所,请佛陀和众比丘第二天吃饭。富商正在准备的时候,他的姐夫给孤独长者(须达多)来了。

给孤独长者就问富商:"你是在干吗?你是在准备婚庆,还是在准备祭典,还是要宴请频毗娑罗王?"

富商告诉他:"明天我请佛陀和比丘吃饭。"

给孤独长者非常惊讶:"你是说佛陀吗?"连问了三次,都得到了肯定的答复。

给孤独长者就说:"在这个世上,佛陀可是难以遇到的,我能不能现在就去见佛陀?"

富商劝他:"你明天早晨就能见到了。"

给孤独长者一心一意想见到佛陀。

他一晚上辗转反侧，一夜起床三次，盼着天亮。最后天还没亮，他就前往佛陀居住的树林里去拜见佛陀。于是，佛陀跟他就有了一段对话，实际上也就是说法。而给孤独长者也悟到了一些佛法，他转而请佛陀和众比丘第二天吃饭。

第二天，他亲手侍奉佛陀和比丘吃饭，饭后表示，要在舍卫城建造一座供佛陀和众比丘在雨季安居的住所。前面我们也说过，佛教戒律规定，佛门弟子在雨季不得外出，理由之一是下雨的时候各种小生命都爬满在地上，一脚踩下去，容易杀生。

给孤独长者回到舍卫城，就发生了上文讲的故事。只不过巴利语佛典中记载，祇多太子的要价是十万金币，给孤独长者用车拉来十万金币，铺在这块地上。但是太子和给孤独长者都没想到，这个园林太大了，即使拉来了十车共十万金币，还有靠近门边的一块地没铺满。

给孤独长者说："我再去拉。"而太子说："算了，不要再拉了，那块地算是我的布施。"所以按照巴利语佛经的说，祇多太子供养了一块地方，不仅是一个大门，这些记载都是非常有意思的。

其实无论是佛教、基督教、伊斯兰教，还是犹太教，世界上的任何宗教都和商人有错综复杂的关系。大概的原因我想有这么几点。

一是，宗教都要传道，都要沿着道路走出去传播。当时的道路其实主要都是商道，在道路上成群结队的往往是商人。所以宗教信徒一般都和商队结伴而行，久而久之，商人和宗教就天然有了一种紧密感。

同时，商人由于职业的关系，对投资、回报、本金和利钱有异于常人的感受。本金在古代汉语中或者在佛经中也叫母钱，利息或者利润叫子钱。所以他们也比较容易感受到佛教以及其他任何宗教中都有的行为与结果、给予与回报的关系。因为这个缘故，佛教在早期的发展中得到了商人等富有者的帮助和施舍，而这些施舍者在佛经中有一个专门的名字：施主。

(54) 被教化了的波斯匿王

在前面我们讲到，由于一个殊胜的因缘，须达多长者为佛陀和他的弟子修建了一组寺庙。寺庙的所在地就是须达多长者的故乡。那么，须达多长者是哪里人呢?

佛经中有明确的记载。佛陀曾经问过须达多长者:“您的故乡是哪里? ”须达多说:“我的故乡是北方的舍卫国。”佛陀马上回答道:“太好了! 我正想去北方。”这就是这段貌似寻常的因缘的殊胜之处。因为从佛教史来看，像须达多这样的施主修建寺庙、供养佛陀和僧团是十分常见的。须达多供养的寺庙所在地是舍卫城，而佛陀又正好想去北方，这就注定了此段因缘非同寻常，是殊胜因缘。我认为，它的殊胜之处就在于当年离家出走的悉达多太子，在获得正等觉从而成为佛陀以后，动了回家的念头。

佛陀来到舍卫城的消息，当然是瞒不过波斯匿王的。因为波斯匿王就是祇多太子的父王。我们前面讲过,须达多长者用铺满地面的金币向祇多太子购买了一座园林,祇多太子还供养了一块额外的土地,并且供养了大门。

当时波斯匿王是中印度憍萨罗国的国王,憍萨罗国和摩揭陀国都是佛陀时代的印度大国。印度当时像中国战国时期一样,是分裂成许多国家的,并没有统一。其中,憍萨罗国是比较特殊的:憍萨罗国是佛陀的故乡释迦国的宗主国,释迦国是憍萨罗国的附属国。大家看,这个因缘殊胜不殊胜?

总而言之,佛陀到了舍卫城的消息,通过包括祇多太子在内的各种渠道,传到了波斯匿王的耳朵里。波斯匿王在此前实际上不是一个好国王,一贯暴戾无信,为所欲为,无人敢进谏,自然也没有人能够让他向善。他见佛陀的时候就非常傲慢,说道:"你这么年轻,又不是婆罗门,你怎么可能悟道呢?"

佛陀微笑着答复说:

"大王,人们通常看不起小东西和年轻人。不过有四样小东西,可不能小瞧。第一是王子,因为他长大以后就成了国王,甚至很小的时候就当国王了;第二是小龙,小龙最终将成为大龙,何况小龙的身后常常就有大龙;第三是小小的火星,星火燎原可以毁灭一切;第四就是小僧侣、小僧人,因为他们都有可能成就正等觉,成为佛陀。如果你要藐视、谩骂和诋毁他们,那你就罪孽深重了。"

波斯匿王听后一下就怔住了,开始恭敬地请教为王之道。佛陀就开示他:

"要像爱自己的儿子一样爱百姓,尊重哪怕是再小的生灵,要自我控制,战胜自己的恶德,要不信谗言,行正道。应该扶助苦难者,不能将自己的幸福建立在苦难者的痛苦之上。不要以为国王就特殊,虽然当国王不必行苦行,但也不应该纵情享受,应该保持平静之心。"

有的佛经讲,正是这位波斯匿王派人把佛陀来到舍卫城的消息传到了释迦国的都城迦毗罗卫。佛陀的父亲净饭王一直在生太子的气。

净饭王接到了波斯匿王的信,知道自己的儿子已经觉悟成为佛陀,终于忍耐不住,想见儿子一面的心情格外迫切。不过净饭王故作矜持,端着架子,先派了一个叫优陀夷的人前去打探。

有意思的是,净饭王已然知道,很多人会被佛陀的学说和人格魅力吸引,最终出家。所以他在派优陀夷前去打探的时候,告诫了优陀夷:"你可别也去出家了!"优陀夷非常有信心:"我怎么会出家呢?我要是出家做了比丘,天地倒转。"

就这样,优陀夷带着净饭王给佛陀的信出发了。优陀夷刚刚出门,净饭王就在背后对摩诃波阇波提说:"你等着瞧,等过几天优陀夷回来,他也会成为比丘的。"

《佛本行集经》里边就有《优陀夷因缘品》。这一品很长,分好几个部分,里面的说法跟上面所述略有不同,按这里面的记载,佛陀对舍利弗说:"我今当行,游历国土(我现在一直在游历),初欲往到本生地(我有点想回到我的出生地)。"当佛陀游历到家乡的城门外时,优陀夷和当年的车夫车匿一起来看佛陀。优陀夷说:"世尊,净饭王没有信心,心不够纯净,他不想看到各位比丘。"

佛陀听到自己的父亲是这样的情况以后，就问他的弟子：

"谁能往诣净饭王所，至已教化（到了后对他进行教化），令其信敬（让他信服和尊敬）？"

结果许多比丘都愿意去教化佛陀的父亲。最后，还是优陀夷自己先出家，然后再返回去。总之说法很多，区别也不小。

我们把不同佛经的记载进行综合，大概能得到这样的一个场景。优陀夷果然剃度了回去，应了净饭王的预言，净饭王大乐。佛陀拜托优陀夷，把自己到达的日期告诉了净饭王。

净饭王内心相当激动。佛陀已经是一个教主了，门下弟子上千，然而他并没有像世俗中常见的那样衣锦还乡，而是带着一众比丘托钵乞食进入了迦毗罗卫城。当年的悉达多太子，今天的佛陀，终于回来了。迦毗罗卫城一时轰动。净饭王将佛陀迎进宫中，宫里当然也是一阵骚动。

佛陀当然不会激动，因为他的心已经修得非常宁静。但净饭王担心的事情还是出现了：佛陀的异母弟难陀，以及前面我们提到过的六个堂兄弟，瞒住家人，叫来了理发匠优婆离，剃去头发，卸掉了身上所有的珠宝首饰，也出家了。

这个理发匠优婆离，悲哭了好一阵。他之所以哭，倒不是因为舍不得七个王子出家，而是他不知道像自己这样低微的出身是否也能出家。在印度的种姓制度中，理发匠的地位特别低，接近于贱民。优婆离在街上遇见舍利弗，赶紧询问："我是理发匠，身份低微，我能不能出家？"舍利弗告诉他："佛法不问身份高低、智慧有无，只要听从佛法，严守戒律，都可以出家加入僧团。"于是优婆离也出家了。

出家了的难陀和他的六个堂兄弟，按照当时的叫法，就是七位王子，看到了出家的优婆离先是一愣，不知道怎么应对：难道行平等的礼节吗？过去他们是贵族，优婆离是低贱的理发匠。佛陀就在旁边说："出家之法，就是要降伏傲慢之心，你们应该向优婆离施礼。"于是他们听从佛陀的教诲，恭恭敬敬地对优婆离行礼，欢迎优婆离出家，加入僧团。

净饭王所担心的事情，还远远不止这些。佛陀回家了，他当然开心，但这并不等于他就赞成家族中的其他人也追随佛陀出家。结果，净饭王担心的事情还是一而再、再而三地发生了。

(55) 无法摆脱历史的制约

前一讲我们讲到，当年的悉达多太子从迦毗罗卫城离家出走，经过几年的探索、修行、思考，最终成为佛陀。成为佛陀以后，他终于回到自己的故乡迦毗罗卫城。

净饭王见到自己昔日的儿子成为今天的佛陀，非常欢喜，但同时又有一些担忧，可谓喜忧参半。因为，他看到自己的亲属和迦毗罗卫国的臣民，都纷纷追随佛陀出家成为比丘。

连佛陀的儿子罗睺罗也在不知不觉中加入了佛陀的队伍，佛陀的养母兼姨母和出家前的妻子也都想出家。只不过，僧团当时并不接纳女性。所以，在最早的时候，佛陀的姨母摩诃波阇波提和妻子耶输陀罗并没有能够达成出家的心愿。

佛陀这一次回家，待的时间不算太长，不久又离开了自己的家乡，外出讲经传法去了。此后不久，净饭王病重，佛陀带着自己出家的亲属赶回去。净饭王去世的时候，已经接受儿子成为佛陀的事实，并且由衷地觉得这是非常殊胜的因缘。净饭王在离开人世的时候，应该说是感到欣慰的。当然，其他的人都很悲痛，在哭泣，只有佛陀依然平静，他已经能够控制自己的感官和心情了。

佛陀讲："他解脱了。"这里要请大家一定留意这一点。佛陀虽然已经看透了一切，发现世间万物有生必有灭的道理，是这个真理的发现者，并且一直是传播者、讲述者，然而他依然尽了自己作为儿子的孝道。佛经里有非常明确的记载，佛陀为自己的父亲净饭王抬棺出殡。

就在净饭王去世以后没几天，佛陀遇到了一件令他十分为难的事情，为难到连佛陀都没有办法直接面对，只能采取回避的方式。

事情是这样的。佛陀的姨母摩诃波阇波提，带领五百名释迦族的妇女，也坚决要求受戒出家。佛陀在这一点上并没有表现出对古老传统的突破，他不接纳女性，拒绝了她们的要求。这五百零一名释迦族妇女采取了一个历来行之有效的办法，就是集体号啕大哭，哭声震天。佛陀想：这不行，即使这次好不容易把她们劝住了，但看样子她们是不会善罢甘休的。佛陀干脆就跑了。结果，摩诃波阇波提带着那五百名妇女，自作主张，先剪去头发，换上袈裟，又追到舍卫城，在祇园精舍前面集体静坐。

阿难正好出门，被摩诃波阇波提和她所率领的五百名释迦族妇女逮了个正着。摩诃波阇波提就请阿难帮忙，去劝说佛陀改变主意。阿难勉为其难，请求佛陀准许这些妇女出家，被佛陀断然拒绝。

说实在的，佛陀对待女性的态度，要是放在今天，恐怕是世人难以接受的。他说："施教（教化、传教）可以没有男女之别，但是如果让女人加入僧团，那就好比让良田里长出恶草。这样的话，哪里还有什么收获可言呢？"

阿难怎么劝也没用，又没法回去，因为门口的摩诃波阇波提还带着五百名妇女在号哭，阿难感到左右为难，情急之下，他也哭了起来。佛陀被自己心爱的弟子搞晕了，最后也只能同意。

摩诃波阇波提赶紧向佛陀行礼，佛陀提出了特别针对比丘尼的八项教规。

第一，每半个月就要去请比丘讲授教戒。

第二，在没有比丘的地方，比丘尼不得度夏安居。

第三，结束安居之后，比丘尼应该在比丘和比丘尼面前请求大家揭发自己的过错。

第四，比丘尼不能直接出家，要先修行两年，经过各种各样的考核和检验，确定受戒之后，在两众（比丘和比丘尼）面前受具足戒。

第五，不得辱骂比丘，不得当着别人的面数说比丘的破戒或过错之处。

第六，不得检举比丘的过错，而比丘可以检举比丘尼的过错。

第七，比丘尼如果犯了诽谤之罪，必须在比丘和比丘尼面前接受半个月的处罚，然后再在比丘和比丘尼面前请求宽恕。

第八，无论比丘尼的僧腊（出家的年月，资历）多长，都要起身迎奉礼拜哪怕是刚刚受戒的比丘。

事实上，后来在佛教的戒律当中，对比丘尼的要求比对比丘的严格得多，戒条也多得多。这些条款，如果放在今天，大家想想，还了得？

但在当时，摩诃波阇波提不仅没有生气，还恭恭敬敬地说道："就像年轻的少女得到了美丽的花环，她会欢天喜地地双手捧住放在头顶一样，我们非常感恩世尊的这番教诲。"

至此，也就是在净饭王去世以后不久，比丘、优婆塞（男居士）、优婆夷（女居士）、比丘尼，这四众才真正具足了。按照他们在佛教史上的出现时间顺序排列，就是比丘、男居士、女居士、比丘尼。

如果按照出家人地位高低的顺序排列，则是比丘、比丘尼、男居士、女居士。不过，我们一定要注意，佛教对比丘尼的戒律远比对比丘的戒律严酷和繁复。这当然是一种不公平，但这也是当时的历史使然。我在这里要告诉大家的是，历史中真实的佛陀也不可能完全摆脱历史的限制和自身的局限。他是一位了不起的人物，但是他依然受到历史的制约。这些都是梵文或者汉文佛经中相关的记载，我进行了一些归纳与综合。

巴利语佛经中的记载就更具戏剧性了，当然很多地方也是与梵文或汉文佛经相似甚至相同的。

佛陀回到了迦毗罗卫城。有一天上午，他手持一钵，前往净饭王的宫殿。到了那里，耶输陀罗对她的孩子罗睺罗说道："孩子，那是你的父亲，快去向他要遗产。"

罗睺罗就站在佛陀面前说："你的影子很温暖，沙门。"佛陀起身离开。罗睺罗又追在后面说："给我遗产，沙门。给我遗产，沙门。"

于是，佛陀吩咐舍利弗说："你给他出家吧。"舍利弗就遵照佛陀制定的出家仪规，为罗睺罗剃度。

这就很有意思了。佛陀当然没有遗产，因为他出家了，所以他把自己的教法和自己倡导的修行或生活方式，视作自己的遗产，传给了儿子。而且并不是他亲自为罗睺罗剃度的，是由他的弟子舍利弗为罗睺罗剃度的。

巴利文佛经里面还记载了很重要的一点。净饭王来见佛陀，向佛陀倾诉自己在后者出家后承受的痛苦。佛陀是离家出走的，并没有征得净饭王的同意。后来，难陀又出家了，现在又是罗睺罗出家了。父母对孩子的爱是深入骨髓的，怎能忍受得了接连的失子之痛呢？因此，净饭王向佛陀建议：孩子出家应该征得父母的同意。

佛陀接受了净饭王的这条建议，告诫比丘，今后再接收出家者，必须征得出家人父母的同意。这条教规一直延续到了今天。在巴利语佛经里，对佛陀的亲戚，也就是释迦族子弟的出家经过，还有更为详尽的描写。

(56) 追随，因果已经成熟

在上一讲中，我主要根据巴利语佛经的材料，为大家讲述了佛陀的父亲净饭王去世以后，佛陀回到迦毗罗卫城时发生的一些事情。其中特别重要的是佛陀接受了自己父亲净饭王的建议，要求自己的弟子们在接纳其他人出家的时候，一定要征求对方父母亲的同意。这一条规矩非常重要，也一直延续到今天。

在巴利语的佛经中，有一些记载非常有意义，也非常有意思。比如，在记载佛陀的兄弟难陀出家的时候，有这样的描写，说难陀刚出家的时候，身上穿着熨平的上衣，还描了眼，手持非常讲究的光亮的钵，来见佛陀。

佛陀面对自己的兄弟，提出了这样的劝诫，说："诚心出家的善男子，不应该身穿熨平的上衣，不应该描眼，也不应该手上拿着锃光瓦亮的钵。诚心出家的善男子，应该是林居者（佛陀的要求更严了），应该是居住在树林里的乞食者（通过乞求施舍得到饭食的人），应该身穿粪扫衣（身穿那些不讲究的衣服），摒弃欲乐（摒弃所有的欲望和世俗的快乐）。"当然，难陀按照佛陀的指示改变了自己。

在律藏中还保留了很多记载，记载释迦族的其他青年跟随佛陀出家的情况。看样子，当时在佛陀两次回乡的时候，释迦族出现过一股追随佛陀的出家热潮。说佛陀停留在阿奴波村的时候，释迦族里有一对兄弟，一个叫摩诃那摩，一个叫阿㝹楼驮，他们的故事就很有意思。

摩诃那摩想："现在释迦族有很多王子（这个王子是尊称，在这里也略有一些夸大，和我们今天理解的王子有点不一样，不必执着），追随世尊出家，而我家还没有人出家。那么，究竟是我摩诃那摩，还是阿㝹楼驮，应该出家呢？"

他把这个疑虑、这个想法和阿㝹楼驮去商量。阿㝹楼驮说："我一直娇生惯养，我出不了家，我不能出家，你出家吧。"摩诃那摩说："那么，来吧，我教会你在家生活，这样我出家以后，家务事不得你干了吗？你先要犁地，然后播种、灌溉、排水、锄草、收割、打谷、扬糠、筛分、储藏。今年做完了，明年还要再做一遍，后年还要再做一遍，这样的工作是无穷无尽的。我们的父亲和祖父固然已经去世了，但是他们留下的工作永远都不会完结。因此你要学会在家生活。我出家去了。"

阿㝹楼驮听完以后，赶紧对自己的母亲说："我也想出家，我也出家吧，请母亲准许。"母亲开始不同意，但是在阿㝹楼驮再三请求下，她就说："如果释迦王跋提也出家，你就可以出家。"

这段记载会让人心生疑虑：是不是当时有一些人，也会有这样的一些小念头，或者有这样一些不纯洁的考虑，为了躲避在日常生活当中比较繁重的生产劳作而出家。

当然，即便有这样的念头也是可以理解的。阿㝹楼驮就去见了跋提，请求与他一起出家。跋提刚开始并不同意，后来答应说："你等我七年，七年以后咱们再一起出家。"阿㝹楼驮嫌时间太长了，于是跋提就把七年变成七个月，最后变成七天，答应七天以后一起出家。七天以后，释迦王跋提——他是一个王，地位更高一点——就和阿㝹楼驮跟阿难、婆咎、金毗罗、提婆达多、理发匠优婆离一起去见佛陀。这就跟汉文佛经的描写有些不同，跟梵语系统的佛经描写也不同。

理发匠优婆离是在这样一支队伍当中出现的。他们走过边界，就打发优婆离回去：你是一个剃头匠，出身很卑微，就不要跟着我们这些释迦族的王族成员一起出家了。

佛经中记载，优婆离在回去的路上想："释迦族人很厉害，他们可能会对我有误解，他们也许会以为是我引诱煽动这些王子出家，而我自己回去了，肯定要治我的死罪。"

于是他又转身返回去，向另外几位释迦族的王子表露了自己的想法。他们表示理解，便带着理发匠一起到佛陀那里。他们对佛陀说：

"我们是骄傲的释迦族人，这位理发匠优婆离长期伺候我们，请世尊先接收他出家，以便我们向他顶礼致敬，这样能抑制我们释迦族人的傲气。"

所以，按照这个记载，是释迦族的这些出身高贵的王子主动提出要让优婆离出家，并且请求佛陀让优婆离先剃度，然后再接收他们出家。这样的话，理发匠优婆离加入僧团的时间就要比他们早一点，释迦族的王子们就要先向优婆离致敬了。

跋提,也就是前面我们讲到的释迦王,他出家以后,不管是在什么样的状况下,比如在树林里,在树下,或者在空屋子里,都会发出阵阵感叹:"哎呀,幸福呀!哎呀,幸福呀!"很多比丘就把这情况告诉了佛陀,觉得他很怪,有点反常。有些比丘就怀疑,说这个跋提是不是对梵行不满,对我们出家修行的生活感到不满,他是不是还在留恋过去的王位?

佛陀听到大家的这种反应,就把跋提找来,询问情况,跋提告诉佛陀:"从前我在位的时候,宫里宫外,城里城外,都有卫士守卫,旁边都有人保卫我。然而,即便如此,我仍然感到害怕,感到忧虑,心存怀疑,老是担心。而现在无论是进入林中,还是住在树下,或者在空无一人的房屋里,我都不害怕,都不忧虑,都不怀疑,都不担心。现在的我生活自由,安详地接受别人的施舍。"

佛陀听后,就对跋提吟诵了一首偈颂,这个偈颂在巴利语佛经中保存了下来。郭良鋆先生汉语译文是这么说的:"身边不再潜伏危机;他已超越一切存在;无畏,有福,脱尽烦恼,连天神也无法相比。"

巴利语佛经中类似这样的记载特别多,都是一则则非常精彩的小故事。大家有兴趣的可以去找来看一看,能够让大家对佛陀如何接纳弟子,有一个直接、明确、具体的了解。

总之,越来越多的人,包括佛陀故乡迦毗罗卫国的族人,都加入了佛教的僧团。然而出家人多了,僧团规模大了,是不是一定能保证出家人彼此之间都非常亲近?

从佛经里我们看到的是,仿佛只要出了家,成了佛弟子,就马上变得清净完美，好像都能够按照四圣谛、八正道来行事。从佛经中看来好像是这样。然而这并非是历史事实，四众当中都有一些不那么守规矩，甚至严重堕落不堪的，乃至行十恶的弟子。

僧团是集体生活，难免就会有好恶、纠纷，有时候还相当激烈，甚至发生过毁坏佛寺庙的事情。也曾有大家住在一起大打出手，发生严重的纠纷。所以，佛陀经常告诫众生，不要争斗，倘若以争斗来平息争斗，那永远没有了局。以暴制暴是没有结果的，只有忍耐才能停止争斗。

不过，尽管佛陀经常这样告诫众生，似乎效果也不那么明显。还是会有一些出家人、一些僧人去做身为一个佛弟子不应该做，也不可以去做的事情，有些还相当严重，佛陀似乎也束手无策。

这样的事情多了以后，终究要找出解决的办法。我们在佛经中可以看到，有不少关于出家人破戒的故事，这当然不是好事，这是违缘。然而也正是因为有这些破戒的事情出现，才使得佛陀最后利用这种违缘成就了一段善缘。

这个善缘非常重要，它事关佛教戒律的制定。我们知道在佛教里边还有三个字叫戒、定、慧。我们现在到寺院里经常可以看到这三个字，戒律是排在第一位的。对任何一个有着共同的目标、共同的理论基础、共同的追求，或者共同的生活方式的团体而言，"纪律"——在佛教里就是"戒律"，其重要性是排第一位的。

所以，当又一次发生出家人破戒的时候，佛陀利用这个违缘创立了律条，把对僧人的规矩更加地明确化和具体化了，这在佛教史上也是一件非常重要的事情。

(57) 内部的激烈斗争

上一讲临结束的时候，我提到佛教的僧团壮大了，越来越多的人追随佛陀出家，成为僧人。然而这绝对不意味着只要出了家，成了佛弟子，穿上了袈裟，就变得清净完美，就都符合佛弟子的标准了。

在佛教僧团当中，总有那么一些实际上不像佛弟子，甚至还不如一般世俗之人，堕落而行十恶的弟子。佛教僧团内部也经常发生各种纠纷，有时候还有激烈的冲突。不少僧人由于各种各样的原因，突破了底线，换句话说叫破戒。面对这样违缘的情况，佛陀是怎么处理和面对的？

在佛教的律典《四分律》的第一卷里，就有这样的一个故事，叫“须提那做出不净行”。须提那是个人名，他听了佛陀说法以后非常感动，就发愿出家，但是这个须提那是家里的独子，不仅是独子，而且已经结婚成家。

佛陀接受了父亲净饭王的建议，所以要求须提那先取得父母的许可才可以出家。须提那出家的意愿非常坚定,面对反对他出家的父母亲友,曾经绝食数天。所以他要出家不是一个犹豫的、临时起意的决定。

最终,父母和亲友没有办法,就允许他出家了。出家以后,他修行也非常精进,在僧团里边是表现相当突出的一个僧人。后来发生了大饥荒,比丘们没有地方去乞食了——大家都没有吃的了,哪里还有施舍给僧人的呢?

须提那就带着比丘们回到了自己的家乡迦兰陀村。他的家乡是比较富裕的,大概这个地方的灾荒情况稍微好一点。他的发心很好,是希望能够让大家得到供养。他的父母知道儿子回来非常开心,就叫他回一次家。可见刚开始的时候他还是跟僧团住在村外或者村边,并没有住回到家里。刚开始须提那非常犹豫,因为出了家以后不应该再住回家里,但是他又想,佛陀不也曾经回到过自己的家乡迦毗罗卫城,去探望亲人吗?

他又想,回去以后可以劝说父母,能够得到更多的食物,帮助其他的比丘们,于是他就回去了。然而他忘记了,自己的修为怎么能够和佛陀相比,自己的定力怎么能够和佛陀相比?回家以后,他的父母为了有孙子可以传宗接代,事先做了非常精细和巧妙的安排。须提那最终没有能够抵住诱惑,犯了淫戒,也就是和他出家前的妻子有了夫妻生活。

虽然他后来承认自己犯戒,也深表忏悔,但是大错已然铸成。佛陀非常严厉地斥责须提那,又对众人说道:"受戒有十大利益。第一,可使众生和睦。第二,可以接纳僧众。第三,可以降伏恶人。第四,可以使忏悔者安乐。第五,可消除现世的烦闷。第六,可消除未来的烦闷。

第七，可使不信者信服（可以使不相信的人叹服、相信）。第八，可使已信者进步。第九，可使法永驻。第十，可使清净之心永驻。"

触犯了淫戒，就是有罪了，不能同住，必须逐出僧团。须提那后来也真的就回家了，恢复了世俗生活。

据说，这就是在佛教史上制定戒律的最初因缘。当然，佛陀制定出根本大戒以后，仍然有不少佛弟子守不住，最终违反戒律。经过很长的一个历史时期，佛教才形成了四波罗夷罪、十三僧残、二不定、三十尼萨耆波逸提、九十波逸提、四波罗夷提尼舍、七灭诤、百众学的比丘戒。这里边好多名称是直接来自梵文，比如波罗夷。须提那不是犯了波罗夷罪吗？波罗夷是什么意思呢？就是失去戒体。

换句话说，就是突破了最后的底线。汉译里用很可怕的词来翻译波罗夷这个罪，叫断头，或者放弃的弃。犯波罗夷罪，死后要堕入地狱的，而且是不能回头的，就是不能弥补的。

再比如，什么叫波逸提呢？波逸提就是比较轻的罪，还没有到断绝善根的体例，还没有到断绝善根的地步。而比丘尼的戒律就更多，有三百五十条，比丘的戒律是二百多条。并且佛陀还规定，每半个月要布萨诵戒一次。意思是僧团里规定，每半个月要把大家召集起来，一起诵读戒律，希望大家能够牢牢地记住，以便遵照实行。

戒律的出现，正是僧团面临各种考验、问题，乃至危机时的一种反应。类似的不如法或者破戒的故事，在佛经的律藏中相当常见。然而，佛陀所面临的最大的挑战，甚至可以说是最大的危险并不仅于这些，谁都没有想到，佛陀在世的时候面临的最大的危险，竟然是由自己的堂兄弟提婆达多引起的。

我前面在讲悉达多太子比赛招亲的时候提到过这个名字，还说请大家一定要记住这个名字。提婆达多，翻译成汉语，意思是天授，这是一个很好的名字。可就是这个提婆达多引发了佛陀在世时僧团内部的剧烈斗争。

1987年，季羡林先生曾经写过一篇很有名的论文，题目叫"佛教开创时期的一场被歪曲、被遗忘了的路线斗争"，副标题就是"提婆达多问题"。

季羡林先生说："提婆达多是释迦牟尼的堂兄弟，在佛经中他被描绘为十恶不赦的坏人。实际上，他是一个非常有才能、威望很高的人。他有自己的戒律，有自己的教义，有群众（基础）。他同释迦牟尼的矛盾，绝不是个人恩怨，而是两条路线的斗争，在佛教史上是重大事件。他的信徒，晋代法显在印度看到过，唐代玄奘和义净也看到过，足证他的影响之深远，历千数百年而不息。"

季先生这段话是非常持平、非常理性的。季先生是佛学研究者，所以他没有依照自己的感情选择站队，站在释迦牟尼这一边，完全按照佛经的记载，完全相信佛经的记载，去抨击提婆达多。

正如季先生所说，提婆达多和释迦牟尼之间的矛盾绝不是个人恩怨，而且提婆达多还是一个非常有才能、威望很高的人。正因为如此，问题才更严重，矛盾才更复杂。国内外有很多学者都关注过提婆达多，甚至写有专著来研究这个问题。

佛陀和提婆达多的矛盾由来已久，可以说从小就有。根据佛经的记载，悉达多小的时候学习骑马、射箭，有博士教他。他舅舅就说："唯提婆达多本质恶性，无有慈心。"

这是《根本说一切有部毗奈耶破僧事》中的话。这部佛经还记载了很多关于佛陀生平的事情，而且在巴基斯坦吉尔吉特发现了梵文本，所以是非常珍贵的史料。另据有的佛经记载，跟前面我们讲的略有不同的是，理发匠优婆离出家以后，提婆达多不愿意按照佛陀的话向他行礼，他还和一些当时重要的外道关系很好，比如普喇那，汉译叫富兰那迦叶或者叫布兰迦叶，是佛教的对立者、反对者。

佛陀很生气，很早就认为提婆达多这个人要堕入地狱。提婆达多也干脆和佛陀对着干，另立五法，就是另外立了五条规矩。

根据《根本说一切有部毗奈耶破僧事》的记载："沙门乔达摩及诸徒众咸食乳酪，我等从今更不应食。何缘由此？令比犊儿镇婴饥苦。"沙门乔达摩和信众吃乳酪，那么我们不吃这个，为什么不吃呢？因为乳酪是牛奶做的，我们吃乳酪，会使小牛犊饥饿，吃不饱了。大家看，提婆达多也不称佛陀为佛陀，也不称他为世尊，直接用最一般的称呼。

"又沙门乔达摩听食鱼肉，我等从今更不应食。何缘由此？于诸众生为断命事。"沙门乔达摩是允许吃鱼吃肉的，我们今天不吃。为什么？因为这里有杀生的问题。这里的鱼肉不是指鱼的肉，而是指鱼和肉。这是第二件事。

第三件事，"又沙门乔达摩听食其盐，我等从今更不应食。何缘由此？于其盐内多尘土故"。佛陀是允许吃盐的，提婆达多说我们不吃，为什么？因为盐里有很多尘土，不干净。

"又沙门乔达摩受用衣时截其缕绩，我等从今受用衣时留长缕绩。何缘由此？坏彼织师作功劳故。"第四件事，就是释迦牟尼穿的袈裟不是用整块的布做的，是把布截成一块一块、一段一段、一条一条的，这就是我们今天看到的百衲衣。有的时候别人布施一整块的布，而释迦牟尼和他的徒众往往要故意把它剪碎了，再把它拼接起来。提婆达多认为这是浪费了织工的劳动。

"又沙门乔达摩住阿兰若处，我等从今住村舍内。何缘由此？弃捐施主所施物故。"第五件事，乔达摩和众弟子现在是住在阿兰若，也就是这些精舍里的。我们今天不住了，就住在一般的村舍里。为什么？因为有很多施主会讲，你就住在我家吧。那我就住在家里吧，为什么一定要住在寺庙里呢？这样不就是拒绝了施主的施舍吗？

大家看，这就是提婆达多五法。这五项理由，在今天很多人看来好像很有道理，好像他对自己的要求比释迦牟尼对自己和徒众的要求更高、更严格。然而，问题没那么简单！提婆达多提出的五法，正反映了佛教开创时期僧团内部激烈的斗争。

(58) 谤毁圣说，决生邪见，定断善根

提婆达多提出五法，也就是五条标新立异的规定，在以下这五个方面，和佛陀以及佛陀的信众对立。

第一，佛陀吃乳酪，提婆达多不吃。

第二，佛陀吃鱼肉，提婆达多不吃。

第三，佛陀吃盐，提婆达多不吃。

第四，佛陀把布匹剪细剪短做百衲衣，而提婆达多则把布块剪得比较大来做衣服。

第五，佛陀住在精舍里，而提婆达多住在村舍里，随机地住在村民的家里，不住在庙里。

这五个区别，在今天很多人看来，好像提婆达多对自己的要求更高、更严格。

然而，我在上一讲讲到，事情并没有那么简单，提婆达多举出这五

条，根本用意是在反对佛陀的中道。中道是佛陀学说里非常重要的一个组成部分。所谓中道，就是不走极端，一方面不要纵情享乐，但是另一方面也不要故意用各种过分的苦行去折磨自己。

佛陀是行中道的，提婆达多却打起苦行的旗号，来与佛陀争夺僧团的领导权和僧众。提婆达多的这种考虑是有道理的，因为在印度，直到今天，苦行也是极受人尊重的。所以提婆达多就利用这种根深蒂固的传统，利用大家对苦行的敬重，达到他分裂僧团的真正目的。

佛经上讲，提婆达多还曾多次想谋害佛陀，在这方面，有些描写非常具有戏剧性。比如提婆达多在自己的指甲上涂上毒药，准备挠伤佛陀的脚，让毒药渗透到佛陀的体内；比如收买凶手；比如滚石下山，也就是当佛陀从某座山下经过的时候，把大石头从山上滚下来；再比如纵放醉象，也就是把大象灌醉，在佛陀经过或者出现的时候就把大象放出去……各种手段，无所不用其极。

提婆达多在思想学说上，是有自己的教义的。这种教义也是和佛陀根本对立的。佛经里讲："提婆达多谤毁圣说，决生邪见，定断善根。"可见他是完完全全反对佛陀的正法的。他的主要学说是："但有此生，更无后世。"只有这一生，没有来世。

对提婆达多这样的理论，我们不必费很大的脑筋，就马上可以明白，这当然是否定了轮回学说，否定了善恶果报。

佛陀面临的挑战是巨大的。佛经里曾经明确地留下这样的说法：提婆达多及其徒众曾经想把佛陀逐出僧团。他曾经和自己的心腹俱迦利、迦留罗提舍、乾罗骠、三闻达多一起密谋，想把佛陀的弟子全部争夺过来。和上面我们提到的那部佛经里讲的提婆达多五法略有不同的是，提婆达多跟他的亲信开会，最终，提婆达多及其徒众有了五项规定：第一，须穿百衲衣（粪扫衣）；第二，每日一食；第三，不吃鱼肉；第四，须行乞食，不受他人供养；第五，春夏露坐八个月（在春天和夏天露天坐八个月），冬住草庵四个月（冬天在茅草棚里住四个月），不能接受别人的屋舍，也不能住到别人提供的房间去。

这个和前面我们讲的提婆达多五法好像有所不同，但是这些细枝末节并不重要，重要的是它依然是针对佛陀所倡导的中道。提婆达多的得力助手或者说他的亲信迦留罗提舍，更是当面攻击佛陀。他说佛陀不接受他们的主张，就说明佛陀有妒忌心，有嗔恨心。

佛陀依然用中道说予以反驳，中道毕竟更富有人性和可行性，当时已经被僧团大部分成员接受，何况在一定程度上来说，佛教正是因为中道说的提出和践行，而将自己和当时印度形形色色的苦行区分开来的。

佛陀所遭遇的险阻，当然绝不仅仅来自提婆达多。在佛经里充满了各种各样的记载，各路神妖鬼怪都去挑战佛陀。这些神魔化的描写，其实正是佛陀和佛教遭遇险阻、挑战和危机的一种反映，无非是用印度人所习惯的叙事方法写出来而已。

在巴利语佛经中，也留下了很多关于提婆达多的记载。比如在律典《小品》里记载，有一天提婆达多想：我要赢得谁的信任，才能获得名闻利养呢？我要去靠谁才能得到好处呢？他想到了阿阇世王子，这位王子很有力量。于是提婆达多手持一钵前往王舍城。他施展神通（提婆达多也有神通）化作一个童子，腰上缠着一条蛇，坐在阿阇世王子的膝上。

这位王子感到惊恐，提婆达多又恢复了原形，手持一钵。领教了这样的神通以后，阿阇世王子就非常宠信提婆达多，每天早晚都用五百辆车运送很多份牛奶饭，供养提婆达多。提婆达多因此野心勃勃地想要进一步统治僧团。当然，佛经中讲，一旦提婆达多产生要统治僧团的想法，他的神通马上就会失效。

佛陀来到王舍城后，就有一些比丘向佛陀报告，说阿阇世王子每天早晚都用五百辆车运送牛奶饭供养提婆达多。佛陀劝说比丘们，不要羡慕提婆达多得到的名闻利养。佛陀讲："正如芭蕉结果导致自己的毁灭，提婆达多的名闻利养也会导致自己的毁灭。"芭蕉如果结果了，芭蕉树也就完成了一个生命周期。佛陀在这里用了一个比喻。

巴利语佛经中还记载，有一次佛陀为大众说法，国王也在场，可见这是一个很隆重正规的场合。提婆达多居然起身说："世尊年事已高，现在可以安度晚年了。请世尊把僧团交给我，我来领导僧团。"

佛陀回答说："行啦，提婆达多，你就别指望领导僧团了。"

提婆达多一而再、再而三地提出这个要求。

佛陀回答说："我甚至不会把僧团交给舍利弗和目犍连，我又怎么会把僧团交给你这样一个没用的废物呢？"

提婆达多非常愤怒，心里想，当着大众的面，当着国王的面，世尊居然赞扬舍利弗和目犍连，羞辱他。他心里很生气，但是表面上并没流露出来，依然向佛陀右旋行礼后离去。总之，这样的斗争非常多。

佛陀指示舍利弗在王舍城公开揭露提婆达多。当时有一些不明是非的人就说，这些人是妒忌提婆达多有名闻利养。而另外也有一些明白事理的人讲，世尊在王舍城揭露提婆达多，事关重大。发展到最后，提婆达多居然对他的恩主阿阇世王子说道："从前人的寿命长，现在人的寿命短。或许你还来不及登基，就死去了。你为什么不杀死你的父亲成为国王呢？我也要杀死世尊，取而代之。"

阿阇世王子居然听信了提婆达多的话，暗藏匕首，试图刺杀自己的父王，最后被发现了。被逮住以后，阿阇世王子承认，是提婆达多教唆他的。人们把阿阇世王子和他的部下押到了频毗娑罗王面前，报告事情的经过。

频毗娑罗王非常明白，说："这事跟佛、法、僧有什么关系呢？佛陀不是在王舍城已经公开揭露提婆达多了吗？"然后他就问王子："你为什么要杀死我？"王子回答说："我想要整个王国。"没想到，频毗娑罗王居然回答道："如果你想要王国，好，这王国就是你的。"于是频毗娑罗王就把王国交给了太子。可见这个时候频毗娑罗王已经有了相当修为。

阿阇世王子当了国王后，提婆达多就请求阿阇世说："大王，请派人杀死乔达摩。"阿阇世还真命令一些人按照提婆达多的计划去刺杀佛陀。结果，根据佛经的记载是，刺客们接触佛陀后，听了佛陀的开导和说法，全部皈依了佛陀。这样一来，提婆达多就只能亲自上阵了。于是就出现了我们前面提到的种种恶行，比如，在指甲里涂毒药、在山上滚石头下来、纵放醉象，等等。

提婆达多和佛陀之间的争论，无论从哪个角度看，都是佛教开创时期和佛陀在世时期，佛教所面临的各种各样的挑战、曲折、风波和危险的真实写照。提婆达多和释迦牟尼之间的争论，可能是最激烈的，但绝对不是唯一的。所以，佛陀虽然创立了佛教，建立了僧团，但佛教的传播和僧团的建立，绝不是一帆风顺的，而是经历了很多波折和斗争。这是佛教史上的重要事实，我们一定不要遗忘。

(59) 涅槃之前

释迦牟尼，二十九岁出家，经过六年的艰难苦行，终于在三十五岁的时候，觉悟成佛。此后又有四五年的时间，佛陀率领他的弟子们辗转各地，讲经弘法，传播佛教。在不知不觉之间，佛陀已经八十岁了。这个年龄放在今天都是高寿，更不必说在那么久远的古印度时代了。

佛陀在世时，已经有不少家人和弟子先他往生。关于佛陀在世间最后几个月的情况，佛经中有长篇的记载，比如《大般涅槃经》。这部经在梵文、巴利文佛经里都有遗存，但彼此未必能够完全对应。汉译本也有好多种，和梵文本、巴利文本或多或少地都能对应上。

我们现在有这样一些汉译本，如东晋法显译的三卷本《大般涅槃经》，北凉昙无谶译的四十卷本《大般涅槃经》，宋慧严译的三十六卷本《大般涅槃经》，等等。此外还有关于《大般涅槃经》的《义记》《玄义》等经本，不一而足。

关于佛陀涅槃前几个月的情景，这方面的资料还是比较多的。受篇幅的限制，我在这里只能根据英国著名佛教学者渥德尔的《印度佛教史》里的第三章《佛陀生平》中的"最后数月与涅槃"这一章节来予以概述。

这部书是名著，出版以来广受好评，学术地位已经奠定，内容比较可靠。渥德尔所依据的原始资料，是保存得最好的上座部经本，而且在其他版本中没有旁证的部分都被他略去了。根据最可靠的材料，他把主要的事件翻译出来，并且有意识地少加评论，尽量把最原始的样态呈现给大家。

根据渥德尔的研究，我们可以大致这样来描述佛陀留在这个人世间的最后几个月的情况。当时，阿阇世王正准备发兵攻打跋耆国，行动前派了一位大臣禹舍去见佛陀，传达阿阇世王对佛陀的问候，并且征求佛陀的意见（根据前面所讲，阿阇世王对佛陀未必友善。类似矛盾不一致之处，佛经中常见）。

因为他们对佛陀是非常有信心的，他们了解佛陀是实话实说，不会说假话的。禹舍赶到的时候，佛陀正在打坐，阿难在为佛陀打扇。佛陀说，他在吠舍离时曾经教导过跋耆国民七条法则，根据这七条法则来治理国家和应对各种情况，就可以使国家富强。现在既然已经富强，就不能指望它衰落。

禹舍回去，对阿阇世王说，跋耆国哪怕是做到其中的一条，它也是无法战胜的，何况还有七条？换句话说，佛陀用自己的智慧使得阿阇世王对攻打跋耆国这件事情产生了犹豫，最终打消了攻伐的念头，这当然是一件大功德了。

而在这件事情以后,佛陀又召集僧众开会,再次讲述了七条法则,只不过这七条法则不是治国的,而是如何使僧团能够发展壮大的。不过,佛陀教给僧团的七条法则和教给跋耆国的七条法则,在精神本质上却有相通之处。

这七条法则是:

第一,经常集会(要经常聚集在一起开会);

第二,行动一致;

第三,遵守已经确立的修行规则;

第四,尊敬教团中的长者,听从他们的指导;

第五,不受欲望的支配;

第六,时常要想到修行同道有可能到来;

第七,对那些已经来了的修行的同道,要让他们生活安适(生活要比较舒适,比较如法)。

过了一段时间,佛陀带了很多僧人,往北往西出发云游。实际上,根据佛经的记载,佛陀是前往跋耆国的。途经恒河,停留在波咤梨村,很多弟子来看望佛陀。佛陀为他们讲述了"品质不善、德性不良",也就是品德不好的"五不利",又为他们讲述了品德好的"五利"。佛陀一直说法,鼓励村里的信众直至深夜,并接受了村民的供养。

禹舍此时正好在这里防卫跋耆国人,修筑了一个有围墙的要塞。这个要塞后来成为佛教史和印度史上都十分著名的华氏城,成为摩揭陀国的都城。

佛陀看到这个城市很开心，预言这座城市将会成为主要的城市和商业中心，不过这座城市也将面临考验，它会有三种危险：水、火和内乱。佛陀在这里再次见到了禹舍，禹舍用非常丰盛的食物供养佛陀和僧众。

佛陀就从这里渡过河，抵达跋耆国。途中在摩揭陀和跋耆国的好几个地方为比丘说法。其中有一次着重提戒、定、慧。戒是戒律，定是禅定，慧是智慧、见解。这三个词，在后来的佛教中十分常见，且十分重要。到了跋耆国的首都吠舍离，这里有很多佛陀的信众，其中就有一个非常著名的女艺人，她叫庵摩罗女。

庵摩罗女当时年龄已经很大了，非常富有。根据上座部的说法，庵摩罗女后来也出家成了一位比丘尼。她听说佛陀到了吠舍离以后，居住在她的一个果林里，马上前去拜见。佛陀当然也向她说法，她恳请佛陀和僧众在第二天接受供养。

庵摩罗女发心供养佛陀，这当然是件好事，结果却引发了一场风波。在吠舍离城有个跋耆国最重要的部落，叫力车人。这个部落的人听说佛陀来了，就成群结队地驾着车辆前来迎接。他们也想得到供养佛陀的荣誉，但是被庵摩罗女抢先了。力车人非常不快，就弹指叫嚷："哎呀，我们被庵摩罗女打败了，我们被庵摩罗女打败了。"这是一场不大不小的风波。第二天，庵摩罗女供养佛陀，并且将这个果林赠送给了佛陀和他的僧团。

之后，佛陀又去了吠舍离附近的一个村庄，嘱咐僧众准备雨季安居。大概雨季要来了，这个时候不能再走了，按照戒律，要住下来。佛陀要求他们分散居住在吠舍离周围，佛陀本人则住在村子里。

为什么要让僧众分散居住呢？因为当时跟随佛陀的弟子人数众多，单独一个村子是没有力量来供养那么多僧众的，所以叫他们分开居住。然而，就在这个雨季，佛陀得了重病，而且似乎是致命的疾病。

佛陀平静地接受痛苦，准备在圆寂前向弟子们告别，向他一手创建的僧团告别。因为要从各地赶过来的他的弟子太多了，为了能够跟尽量多的弟子见面，佛陀努力抑制病情。病情稍好的时候，佛陀坐在屋外，侍奉佛陀的阿难非常忧虑。佛经记载，阿难是这么说的：

"因世尊有恙，吾茫然无措，有如酒醉，忘却佛法。若使得知，佛涅槃前，将为比丘，发布法谕，则吾忧怀，可以免除。"

阿难的这些担忧，当然不是他一个人的担忧，随行的比丘们都有这种担忧。佛陀高龄重病，给僧众们带来巨大的忧虑，甚至是恐惧。佛陀看到这种情况，就用说法开示的方式，向身边的弟子们陆陆续续进行了交代。

⑥⓪　尾声　涅槃

上一讲为大家讲到，佛陀在八十岁那年的雨季，得了一场来势汹汹的重病。阿难和其他随侍在佛陀身边的弟子们都深感担忧。他们希望佛陀能够对众弟子有所开示和交代，这样他们茫然无措的心才会有所依靠。

佛陀了解阿难的想法，就这样回答：

"诸比丘众，望于我者，厥为何事？阿难，吾所说法，无有遗漏，无所排除。至若佛法，阿难，如来所教，不效拳师，保留一手。"

这段话的意思用白话来说就是：各位比丘，你们希望我做的是什么事情呢？我所讲的法，我所传的法，没有遗漏，无所排除。如来传授佛法，不像有些拳师教授拳法一样，是会保留一手的。

佛陀又继续说：

"吾今耄矣，光阴已逝，八十之年，生期将尽。犹如破车，捆绑而行，如来躯体，今亦如是，有赖捆绑扎缚而行。阿难，如来到时，将摄心归一，离一切境，绝各种受，入无尽定，止于其中。彼时如来身体，即觉安适。"

这段话的意思是：我现在岁数大了，光阴消逝，我已经八十岁了，生命行将结束，我的身体就好比是一辆破车，是靠着捆捆绑绑才能够前行的。到了这个时候，如来就会摒弃、弃绝所有的感受，进入到无尽的、无边的禅定当中，并且停留在其中。只有到那个时候，如来的身体才会觉得安然，觉得舒适。

接着，佛陀为阿难和旁边的弟子们说法："实处此境，汝当自依，以己为岛，以己为归，舍己而外，他无所依。以法为岛，以法为归，舍法而外，他无所依。"

这一段讲法非常重要。佛陀这段话的意思是：现在大家确确实实就面临着这样一个处境，我可能要向各位告别了，要离开人世了。你们应当依靠自己，把自己作为汪洋大海里的一座岛屿，以自己为皈依，除了自己而外，他无所依，不去指望他人。以佛法为汪洋大海中的岛屿，以佛法为皈依，除了佛法以外，不要依靠其他的东西。

在这一段时间，佛陀早晨起来，洗漱之后，还会拿起他的衣钵，依然像一个普通的出家人一样，到吠舍离城随缘乞食。回来以后，他又对阿难说："阿难，把我的坐垫取过来，我在中午要休息一会。"佛经上讲，就在这次午休的时候，佛陀暗示过阿难，如果运用四种神力，或许可以让他度过此劫，活得更久一点。但是不知道为什么，非常聪慧的阿难居然没有领会。可能当时因为看到佛陀的身体状况，又听到佛陀类似临终嘱托的开示，他的心情已乱。后来，因为这个缘故，阿难受到僧众们非常严厉的责难。

死神开始出现在佛陀的面前。佛陀说，他的说法、传法的工作已经完成，他将在三个月以后入灭（涅槃）。佛陀还预言，在自己进入涅槃的时候，大地将会震动。阿难不解，就请教佛陀。

佛陀讲："菩萨入母胎（摩耶夫人怀上佛陀的时候），佛陀出家，佛陀成道，初转法轮，佛陀决定入灭，最后涅槃，大地都会震动。"

阿难又奉佛陀之命，召集众僧。佛陀坐在座位上，向僧众们说道："我所证悟之法，为慈悲故，为众生故。汝当精研深通，勤修不懈，发扬光大。"佛陀再一次不厌其烦地强调：我是为了慈悲，为了众生，才证悟了佛法的。你们应当精进研究，深切地了解，永远不要懈怠，要将我的学说发扬光大。佛陀在这一次说法中，将自己的学说总结为：四念住、四正勤、四如意、五根、五力、七觉支、八正道。

做完这番重要的总结以后，佛陀最后一次告别了吠舍离城，开始一个村庄接着一个村庄漫游，途中还发表了新的、重要的教导：佛法以经、律为准，即便有比丘声称他听到过佛陀或者某位大德说过什么，都必须与经、律核对，如果和经、律不相符，那就不是佛陀所言，应该拒绝。

佛陀来到一个非常小的国家，叫南末罗，这个国家的都城婆波城位于喜马拉雅山脉的南麓。居士弟子，一个铁工纯陀，隆重迎接佛陀，进行了供养。

就在这个时候，佛陀的病情开始加重，他立即动身前往拘尸那城，这是北末罗国的都城，而这个城市非常重要。因为它是佛陀八十年人生旅程结束之地，佛陀就是在拘尸那城涅槃的。北末罗国的大臣菩迦索，用两件金色的袈裟供养佛陀，佛陀把它穿在了身上。

此时，佛陀依然非常慈悲，他想起了那个铁匠纯陀，对他有些担心。佛陀为什么会担心铁匠纯陀呢？因为如果纯陀知道自己供养的是佛陀最后一餐饭的话，就有可能会想，佛陀的涅槃是不是跟这顿饭有关？他心里会很不安。

到这个时候，佛陀想的还是这些信众和弟子，可见佛陀是非常慈悲的。佛陀就派阿难专门去安慰纯陀，告诉纯陀，涅槃前的最后一餐等同于成道前的最后一餐。能够供养佛陀在成佛之前的最后一餐，那是多大的功德啊！而涅槃前的最后一餐与此等同。

佛陀渡过河，来到了拘尸那附近的优婆伐檀那林。阿难在两棵娑罗树中间铺下卧具，佛陀头朝北躺下，向右侧侧卧，左脚放在右脚之上，宁静而清醒。众僧围绕在身边，佛陀让阿难以及弟子不要伤心，安慰他们说：

"凡有生者，因缘和合而成，具有坏灭法。何能不坏？汝等所亲所喜者，无不具有生住异灭之法。今夜五更，吾将涅槃。"

这段话的意思是：只要有生的东西，都是因为因缘和合而成的，一定是要坏灭的。怎么可能不坏呢？你们亲近的，你们喜欢的一切，都要生、住、异、灭，经过这四个过程的。今夜五更时分，我就要涅槃。

说完以后，佛陀嘱咐，入灭后他的遗体要火化（梵文叫荼毗），而骨灰（舍利）要放入坛中，上建塔。佛陀还对阿难说，将来有四个地方会对信众产生巨大的鼓励作用：一个是佛陀的降生地；一个是佛陀的悟道地；一个是佛陀初转法轮地；一个就是佛陀的入灭地。

佛陀又把阿难派到拘尸那城，去邀请末罗人在佛陀入灭前前来探望佛陀。当地有一个游行沙门须跋陀，听到这个消息，也来到林中，要求阿难让他见一见佛陀，为他解除心中的困惑。

阿难当然予以拒绝。然而佛陀让须跋陀过去，进行了最后一次说法。须跋陀也由此成了佛陀最后一名亲授弟子。这是多么大的福报啊。

最后时刻，佛陀说道："汝等或作如是想，从此教言失却教师，吾辈导师已不复存。阿难，不应作如是观。吾所言说，经教律教，当吾灭后，将永为汝等之师。"

佛陀讲："你们现在大概是这样的一个想法：从此我们失去了教师，我们失去了导师。阿难，你们不应该这么想。我所讲的，都在经教律教里边（当然那个时候还没有写定的佛经，只有口口相传的佛经），都在我的学说里。我走了以后，我的学说就永远都是你们的老师。

"今者，比丘互称先生、大人，此后不应如是。年老比丘对年少者，应呼其名或其族姓；年少比丘呼年长者，应称长老，或称大德。"

佛陀接着交代："吾圆寂后，阿难，若孚众僧之望，修行戒律，凡次要者，可以废除。"佛陀又讲："我涅槃以后，如果大家都同意，那么修行的各种戒律里边有些次要的，不是那么根本的，可以废除。"

佛陀又关照："阿难，比丘乾陀，应受梵罚。无论乾陀有何言说，诸比丘众，与之断绝交谈，不与劝告，不与教导。"乾陀是一个破坏佛戒、破坏根本戒的比丘。如果有这样的比丘，那么不管他说什么，大家都不要跟他交谈，也不对他进行劝告，也不对他进行教导。

在生命的最后阶段，佛陀让弟子们如果还有迷惑不解的地方就发问，不要他日后悔。但是，谁还会在这个时候发问呢？佛陀连问几遍，众弟子都无应答。

佛陀说:"汝等不言,或为尊敬师长欤?可在友好之间,相互问难。"意思是:你们现在不说话,大概是尊敬我这个做师长的吧。那么也好,你们要在同学好友之间相互请教,相互解答疑难。

最后,还是阿难代表众僧,说了这么一段话:"我于此比丘众,深具信心,曾无一人,于佛法僧道修诸事,有所怀疑迷惑不解者。"阿难这段话的意思是:我们对佛法对僧团都深有信心,我们对修行、学佛没有任何的怀疑和迷惑。

佛陀留在这个世间最后的话是:"如汝所言,阿难,如来实知,此比丘众,曾无怀疑佛法僧道修者。阿难,此五百比丘中,有最后一比丘,身在流转中,而具无毁法,独立无倚,唯依正觉。善哉,诸比丘众,吾今与汝言尽。一切行向力,皆具可灭性,善自为之,皆得正果。"佛陀这段话也表达了他对自己的弟子们的信心。

佛陀说:"我今天和各位的话就说到这里了,话交代完了,你们要好自为之,精进修行,最后都能得到正果。"

佛经记载(特别是巴利文的《杂阿含》和《增一阿含》),佛陀说完上面这句话后,进入初禅,也就是初步的禅定。之后,出初禅进入二禅,出二禅进入三禅,出三禅进入四禅,出于此处进入空无边处,出空无边处进入识无边处,出识无边处进入无所有处,出无所有处进入非想非非想处。出于此处遂进入灭尽一切想与受处。

佛陀涅槃。